U0836150

CHUANGXIN CHUANGYE DASAI

创新创业大赛
案 例 集

A N L I J I

CHUANGXIN

主　编　彭　情　蔡永强　陆尚平

副主编　李思琦　谢其琪　韦凤兰　潘　红

主　审　潘念萍

中国水利水电出版社

www.waterpub.com.cn

·北京·

内 容 提 要

创新创业大赛已经成为各高校深化创新创业教育改革的重要抓手，以赛促学、以赛促教、以赛促创。本书以创新创业项目案例的形式，对中国国际“互联网+”大学生创新创业大赛的精彩瞬间和大学生开展创新创业项目的生动实践进行呈现。全书共收录了45个“互联网+”创新创业大赛获奖项目典型案例，并对各个项目进行了分析，为大学生开展创新创业项目实践及大赛备赛提供一定参考，也为相关老师开展创新创业课程建设提供案例参考。

图书在版编目（CIP）数据

创新创业大赛案例集 / 彭情，蔡永强，陆尚平主编. -- 北京 : 中国水利水电出版社，2023.6
ISBN 978-7-5226-1291-1

Ⅰ. ①创… Ⅱ. ①彭… ②蔡… ③陆… Ⅲ. ①大学生—创业—案例 Ⅳ. ①G647.38

中国国家版本馆CIP数据核字(2023)第022381号

书　　名	**创新创业大赛案例集** CHUANGXIN CHUANGYE DASAI ANLI JI
作　　者	主　编　彭　情　蔡永强　陆尚平 副主编　李思琦　谢其琪　韦凤兰　潘　红 主　审　潘念萍
出版发行	中国水利水电出版社 （北京市海淀区玉渊潭南路1号D座　100038） 网址：www.waterpub.com.cn E-mail：sales@mwr.gov.cn 电话：（010）68545888（营销中心）
经　　售	北京科水图书销售有限公司 电话：（010）68545874、63202643 全国各地新华书店和相关出版物销售网点
排　　版	中国水利水电出版社微机排版中心
印　　刷	天津嘉恒印务有限公司
规　　格	184mm×260mm　16开本　12.5印张　296千字
版　　次	2023年6月第1版　2023年6月第1次印刷
印　　数	0001—1000册
定　　价	**88.00**元

凡购买我社图书，如有缺页、倒页、脱页的，本社营销中心负责调换

本书编写人员

主　编　彭　情　蔡永强　陆尚平

副主编　李思琦　谢其琪　韦凤兰　潘　红

主　审　潘念萍

参　编　张海明　岑　斌　郭　畅　李文娟　常志勇

丁　欣　郭　平　杜艳珍　包　毅　黎海阳

谢佳宾　牟　林

前言

近年来，“大众创业、万众创新”在全国全社会深入人心。2015年，国务院办公厅发布《关于深化高等学校创新创业教育改革的实施意见》，标志着我国高校创新创业教育进入快速发展阶段。意见指出，通过深化高等学校创新创业教育改革，完善创新型人才培养机制，推进创新创业实践发展，加快培养规模宏大、富有创新精神、勇于投身实践的创新创业人才队伍，努力造就大众创业、万众创新的生力军，增强学生的创新精神、创业意识和创新创业能力，为实现“两个一百年”奋斗目标和中华民族伟大复兴的中国梦提供强大的人才智力支撑。习近平总书记多次提到，创新是引领发展的第一动力，是一个民族进步的灵魂，是一个国家兴旺发达的不竭动力；在激烈的国际竞争中，惟创新者进，惟创新者强，惟创新者胜。2018年9月10日，在全国教育大会上，习近平总书记出席会议并发表重要讲话，指出要把创新创业教育贯穿人才培养全过程，以创造之教育培养创造之人才，以创造之人才造就创新之国家。

随着创新创业教育的大力推进，近些年各类创新创业大赛风靡各大高校及全社会，已经成为深化创新创业教育改革的重要抓手。这些双创赛事主要包括教育部等主办的中国国际“互联网+”大学生创新创业大赛、共青团中央等主办的“挑战杯”全国大学生课外学术科技作品竞赛和“挑战杯”中国大学生创业计划竞赛、中华职教社等主办的中华职业教育创新创业大赛、科技部等指导举办的中国创新创业大赛、中国科协及科技部主办的中国创新方法大赛、人力资源社会保障部等主办的“中国创翼”青年创业创新大赛等双创赛事，加上地方组织举办的创新创业比赛多达几十项。广西地方举办的有广西高校大学生创新设计与制作大赛、广西“筑梦助飞创新广西”大学生创业支持大赛、广西乡村振兴创业大赛、广西创业大赛、广西农民工创业大赛、广西退役军人创业创新大赛、广西－东盟经济技术开发区青年人才创新创业大赛等。

2022年2月22日，中国高等教育学会高校竞赛评估与管理体系研究工作组发布2021全国普通高校大学生竞赛分析报告，对大学生竞赛获奖等情况进行了分析。同时，根据相关管理原则，基于竞赛数据采集、综合评价和专家委员会投票情况，共有 56项竞赛纳入榜单，其中创新创业类竞赛共17项，约占总数的30%，中国国际“互联网+”大学生创新创业大赛、“挑战杯”全国大学生课外学术科技作品竞赛、“挑战杯”中国大学生创业计划竞赛更是长期位居榜单前三。通过各类双创大赛，形成了良好的创新创业氛围，有力推进各高校的各高校创新创业教育改革发展，以赛促学，以赛促教，以赛促创。

目前，在全国乃至全球院校影响力和参赛规模最大的双创赛事是中国国际“互联网+”大学生创新创业大赛。中国国际“互联网+”大学生创新创业大赛由教育部、中央统战部、中央网络安全和信息化委员会办公室、国家发展改革委、工业和信息化部、人力资源社会保障部、农业农村部、中国科学院、中国工程院、国家知识产权局、国务院扶贫开发领导小组办公室、共青团中央等共同主办。自2015年第一届大赛开启，截至2021年，大赛已经连续举办了七届，参赛人数逐年快速上升。第一届大赛共吸引了全国1878所高校的57253支团队报名参加，提交项目作品36508个，参与学生超过20万人，带动全国上百万大学生投入创新创业活动；2020年第六届大赛共有100多个国家和地区报名参赛，参赛项目与报名人数再创新高，内地共有2988所学校的147万个项目、630万人报名参赛，包括内地本科院校1241所、科研院所43所、高职院校1130所、中职院校574所；2021年第七届大赛共有来自国内外121个国家和地区、4347所院校的228万余个项目、956万余人次报名参赛，参赛项目数增幅达55%，参赛人次增长51%。

2017年8月15日，习近平总书记给中国“互联网+”大学生创新创业大赛“青年红色筑梦之旅”大学生回信，极大鼓舞了全体大学生创新创业的热情。习近平总书记鼓励广大青年学生走进革命老区、贫困地区和城乡社区，接受思想洗礼、加强实践锻炼，扎根中国大地了解国情民情，在创新创业中增长智慧才干，在艰苦奋斗中锤炼意志品质，在亿万人民为实现中国梦而进行的伟大奋斗中实现人生价值，用青春书写无愧于时代、无愧于历史的华彩篇章。经过5年的实践探索，共有450余万大学生参与“青年红色筑梦之旅”活动，该活动成为一堂有温度的国情思政金课，为中华民族伟大复兴的中国梦培养有理想、有本领、有担当的热血青春力量。

7年来，中国国际“互联网+”大学生创新创业大赛规模与质量逐年攀升，成为覆盖全国所有高校、面向全体大学生、影响最大的高校双创盛会。同时大赛秉持教育本色，将思想政治教育、专业教育和创新创业教育相结合，以赛促学、以赛促教、以赛促创。大赛通过以赛促教，深化创新创业教育改革，引领各类学校人才培养范式深刻变革，建构素质教育发展新格局，形成新的人才培养质量观和质量标准，切实提高学生的创新精神、创业意识和创新创业能力；通过以赛促学，激发学生的创造力，在创新创业中增长智慧才干，把激昂的青春梦融入伟大的中国梦，努力成长为德才兼备的有为人才；通过以赛促创，把教育融入经济社会产业发展，以创新引领创业、以创业带动就业，努力形成高校毕业生更高质量创业就业的新局面。大赛为新时代大学生绽放自我、展现风采、服务社会提供了新平台，为世界创新创业教育改革提供了中国方案。

本书以创新创业项目案例的形式，对中国国际“互联网+”大学生创新创业大赛的精彩过程和大学生创新创业的生动实践进行呈现。全书共收录了45个“互联网+”创新创业大赛获奖项目典型案例，其中部分为广西水利电力职业技术学院的优秀创新创业项目案例，还有的为一些国内高校获得大赛国赛金奖、银奖的部分典型案例，分为职教赛道、高教主赛道、“青年红色筑梦之旅”赛道依次展开，并对各个项目情况进行了分析，为大学生开展创新创业项目实践及大赛备赛提供一定参考，为双创导师进行项目指导提供借鉴，也为相关老师开展创新创业课程建设提供典型案例参考。

本书在编写过程中，参考和引用了一些国内外同行专家的文献资料及有关材料，对相关作者及单位表示衷心的感谢！同时，对开展创新创业项目实践、参加创新创业大赛、收集提供创新创业项目典型案例材料的相关项目指导老师及学生表示衷心感谢！

最后，由于编者水平有限，加上时间紧迫，书中难免存在疏漏和不当之处，敬请读者给予批评指正。

编者

2022年9月

目　录

第一章 中国国际“互联网+”大学生创新创业大赛（2021年）

第一节 大赛概述（2021年）

一、大赛主题

我敢闯，我会创。

二、总体目标

更中国、更国际、更教育、更全面、更创新，传承跨越时空的伟大的井冈山精神，聚焦“五育”并举的创新创业教育实践，推进赛事组织线上线下相融合，打造共建共享、融通中外的创新创业盛会。

——更中国。在更深层次、更广范围体现红色基因传承，为全球创新创业教育提供中国经验、中国模式，提升高等教育感召力。

——更国际。汇聚全球知名高校、企业和创客，融入经济双循环创新浪潮，搭建全球性创新创业竞赛平台，提升高等教育影响力。

——更教育。建设德智体美劳“五育并举”实践平台，提升青年学生的爱国情怀、社会责任感和创新创造精神，展现高等教育塑造力。

——更全面。形成创新创业教育在高等教育、留学生教育、职业教育、基础教育各学段的全覆盖，打通创新创业人才培养各环节，提升高等教育引领力。

——更创新。优化竞赛形式与内容，激发全社会创新创业创造动能，助推科技创新成果转化应用，服务国家创新发展，提升高等教育创造力。

三、主要任务

以赛促教，探索人才培养新途径。全面推进高校课程思政建设，深化创新创业教育改革，引领各类学校人才培养范式深刻变革，建构素质教育发展新格局，形成新的人才培养质量观和质量标准，切实提高学生的创新精神、创业意识和创新创业能力。

以赛促学，培养创新创业生力军。服务构建新发展格局和高水平自立自强，激发学生的创造力，激励广大青年扎根中国大地了解国情民情，在创新创业中增长智慧才干，坚定执着追理想，实事求是闯新路，把激昂的青春梦融入伟大的中国梦，努力成长为德才兼备的有为人才。

以赛促创，搭建产教融合新平台。把教育融入经济社会产业发展，推动互联网、大数据、人工智能等领域成果转化和产学研用融合，促进教育链、人才链与产业链、创新链有机衔接，以创新引领创业、以创业带动就业，努力形成高校毕业生更高质量创业就业的新局面。

四、大赛内容

（1）主体赛事。包括高教主赛道、“青年红色筑梦之旅”赛道、职教赛道和萌芽赛道，增设产业命题赛道。

（2）“青年红色筑梦之旅”活动。

（3）同期活动。即“慧秀中外”国际大学生创新创业成果展、“慧智创业”中国民族品牌主理人面对面、“慧展华彩”历届大赛优秀项目对接巡展、“慧治创新”全球乡村振兴智慧化高端论坛、“慧云闪耀”全球数字化教育云上峰会、“慧聚未来”国际青年学者前沿思辨会。

五、组织机构

（1）大赛由教育部、中央统战部、中央网络安全和信息化委员会办公室、国家发展和改革委员会、工业和信息化部、人力资源和社会保障部、农业农村部、中国科学院、中国工程院、国家知识产权局、国家乡村振兴局、共青团中央和江西省人民政府共同主办，南昌大学、南昌市人民政府和井冈山市人民政府承办。

（2）大赛设立组织委员会（简称“大赛组委会”），由教育部和江西省人民政府主要负责同志担任主任，教育部和江西省分管领导担任副主任，教育部高等教育司主要负责同志担任秘书长，有关部门（单位）负责人作为成员，负责大赛的组织实施。

（3）大赛设立专家委员会，负责项目评审等工作。

（4）大赛设立纪律与监督委员会，负责对赛事组织、参赛项目评审、协办单位相关工作等进行监督，对违反大赛纪律的行为予以处理。

（5）大赛总决赛由中国建设银行冠名支持，各省级教育行政部门可积极争取中国建设银行分支机构对省级赛事的赞助支持。

（6）各省级教育行政部门可成立相应的赛事机构，负责本地比赛的组织实施、项目评审和推荐等工作。

第二节　参赛要求（2021年）

（1）参赛项目能够将移动互联网、云计算、大数据、人工智能、物联网、下一代通信技术、区块链等新一代信息技术与经济社会各领域紧密结合，服务新型基础设施建设，培育新产品、新服务、新业态、新模式；发挥互联网在促进产业升级以及信息化和工业化深度融合中的作用，促进制造业、农业、能源、环保等产业转型升级；发挥互联网在社会服务中的作用，创新网络化服务模式，促进互联网与教育、医疗、交通、金融、消费生活等深度融合。

（2）参赛项目须真实、健康、合法，无任何不良信息，项目立意应弘扬正能量，践行社会主义核心价值观。参赛项目不得侵犯他人知识产权；所涉及的发明创造、专利技术、资源等必须拥有清晰合法的知识产权或物权；如有抄袭盗用他人成果、提供虚假材料等违反相关法律法规的行为，一经发现即刻丧失参赛相关权利并自负一切法律责任。

（3）参赛项目涉及他人知识产权的，报名时须提交完整的具有法律效力的所有人书面授权许可书等；已在主管部门完成登记注册的创业项目，报名时须提交营业执照、登记证书、组织机构代码证等相关证件的扫描件、单位概况、法定代表人情况、股权结构等。参赛项目可提供当前真实财务数据、已获投资情况、带动就业情况等相关证明材料。在国赛通知发布前，已获投资1000万元及以上或在2020年及之前任意一个年度的收入达到1000万元及以上的参赛项目，请在总决赛时提供投资协议、投资款证明等佐证材料。

（4）参赛项目不得含有任何违反《中华人民共和国宪法》及其他法律、法规的内容。须尊重中国文化，符合公序良俗。

（5）参赛项目根据各赛道相应的要求，只能选择一个符合要求的赛道报名参赛。已获本大赛往届全国总决赛各赛道金奖和银奖的项目，不可报名参加本届大赛。

（6）参赛人员（不含师生共创参赛项目成员中的教师）年龄不超过35岁（1986年3月1日之后出生）。

第三节　高教主赛道方案（2021年）

第七届中国国际“互联网+”大学生创新创业大赛设高教主赛道（含国际参赛项目）。具体实施方案如下。

一、参赛项目类型

（1）“互联网+”现代农业，包括农林牧渔等。

（2）“互联网+”制造业，包括先进制造、智能硬件、工业自动化、生物医药、节能环保、新材料、军工等。

（3）“互联网+”信息技术服务，包括人工智能技术、物联网技术、网络空间安全技术、大数据、云计算、工具软件、社交网络、媒体门户、企业服务、下一代通信技术、区块链等。

（4）“互联网+”文化创意服务，包括广播影视、设计服务、文化艺术、旅游休闲、艺术品交易、广告会展、动漫娱乐、体育竞技等。

（5）“互联网+”社会服务，包括电子商务、消费生活、金融、财经法务、房产家居、高效物流、教育培训、医疗健康、交通、人力资源服务等。

参赛项目应结合以上分类及自身项目实际，合理选择项目类型。参赛项目不只限于“互联网+”项目，鼓励各类创新创业项目参赛，根据行业背景选择相应类型。

二、参赛方式和要求

（1）本赛道以团队为单位报名参赛。允许跨校组建参赛团队，每个团队的成员不少于3人，原则上不多于15人（含团队负责人），须为项目的实际核心成员。参赛团队所报参赛创业项目，须为本团队策划或经营的项目，不得借用他人项目参赛。

（2）根据参赛团队负责人的学籍或学历确定参赛团队所代表的参赛学校，且代表的参赛学校具有唯一性。按照参赛学校所在的国家和地区，分为中国大陆参赛项目、中国港澳台地区参赛项目、国际参赛项目三个类别。国际参赛项目和中国港澳台地区参赛项目要求详见国赛通知。

（3）所有参赛材料和现场答辩原则上使用中文或英文，如有其他语言需求，请联系大赛组委会。

三、参赛组别和对象

根据参赛项目所处的创业阶段、已获投资情况和项目特点等，分为本科生创意组、研究生创意组、初创组、成长组、师生共创组。具体参赛条件如下：

（一）本科生创意组

参赛项目具有较好的创意和较为成型的产品原型或服务模式，在国赛通知下发之日前尚未完成工商等各类登记注册，并符合以下条件：

（1）参赛申报人须为团队负责人，团队负责人及成员须均为普通高等学校全日制在校本科生或专科生。

（2）学校科技成果转化项目不能参加本组比赛（科技成果的完成人、所有人中参赛申报人排名第一的除外）。

（二）研究生创意组

参赛项目具有较好的创意和较为成型的产品原型或服务模式，在国赛通知下发之日前尚未完成工商等各类登记注册，并符合以下条件：

（1）参赛申报人须为团队负责人，团队负责人和团队成员须为普通高等学校全日制在校研究生或本专科生。

（2）学校科技成果转化项目不能参加本组比赛（科技成果的完成人、所有人中参赛申报人排名第一的除外）。

（三）初创组

参赛项目工商等各类登记注册未满3年（2018年3月1日后注册），且获机构或个人股权投资不超过1轮次，并符合以下条件：

（1）参赛申报人须为初创企业法定代表人，须为普通高等学校全日制在校生（包括本专科生、研究生，不含在职教育），或毕业5年以内的学生（即2016年之后的毕业生，不含在职教育）。企业法定代表人在国赛通知发布之日后进行变更的不予认可。

（2）初创组项目的股权结构中，参赛企业法定代表人的股权不得少于10%，参赛成员股权合计不得少于1/3。

（3）学校科技成果转化项目（不含基于国家级重大、重点科研项目的科研成果转化项目）可以参加初创组，允许将拥有科研成果的教师的股权与学生所持股权合并计算，合并计算的股权不得少于51%（学生团队所持股权比例不得低于26%）。

（四）成长组

参赛项目工商等各类登记注册3年以上（2018年3月1日前注册）；或工商等各类登记注册未满3年（2018年3月1日后注册），且获机构或个人股权投资2轮次以上（含2轮次），并符合以下条件：

（1）参赛申报人须为企业法定代表人，须为普通高等学校全日制在校生（包括本专科生、研究生，不含在职教育），或毕业5年以内的学生（即2016年之后的毕业生，不含在职教育）。企业法定代表人在国赛通知发布之日后进行变更的不予认可。

（2）成长组项目的股权结构中，参赛企业法定代表人的股权不得少于10%，参赛成员股权合计不得少于1/3。

（3）学校科技成果转化项目（不含基于国家级重大、重点科研项目的科研成果转化项目）可以参加成长组，允许将拥有科研成果的教师的股权与学生所持股权合并计算，合并计算的股权不得少于51%（学生团队所持股权比例不得低于26%）。

（五）师生共创组

基于国家级重大、重点科研项目的科研成果转化项目，或者教师与学生共同参与创业且教师所占权重比例大于学生（如已注册成立公司，教师持股比例大于学生）的项目，并符合以下条件：

（1）参赛项目如已注册成立公司，公司注册年限不得超过5年（2016年3月1日后注册），师生均可为公司法定代表人。企业法定代表人在国赛通知发布之日后进行变更的不予认可。股权结构中，师生股权合并计算不低于51%，且学生参赛成员合计股份不低于10%。

（2）参赛申报人须为普通高等学校全日制在校生（包括本专科生、研究生，不含在职教育），或毕业5年以内的学生（即2016年之后的毕业生，不含在职教育）。

（3）参赛项目中的教师须为高校在编教师（2021年6月1日前正式入职）。

四、奖项设置

1.本赛道设置金奖、银奖、铜奖，中国大陆参赛项目设金奖150个、银奖350个、铜奖1000个，中国港澳台地区参赛项目设金奖5个、银奖15个、铜奖另定，国际参赛项目设金奖50个、银奖100个、铜奖350个。

2.本赛道设置最佳带动就业奖、最佳创意奖、最具商业价值奖、最具人气奖等若干单项奖。

3.本赛道设置高校集体奖20个、省市优秀组织奖10个（与职教赛道合并计算）和优秀创新创业导师若干名。

五、其他

本附件所涉及条款的最终解释权，归第七届中国国际“互联网+”大学生创新创业大赛组委会所有。

第四节 “青年红色筑梦之旅”活动及赛道方案（2021年）

第七届中国国际“互联网+”大学生创新创业大赛继续在更大范围、更高层次、更有温度、更深程度上开展“青年红色筑梦之旅”活动。参加“青年红色筑梦之旅”活动的项目，符合大赛参赛要求的，可自主选择参加“青年红色筑梦之旅”赛道或其他赛道比赛（只能选择参加一个赛道）。本赛道单列奖项、单独设置评审指标。

（一）参赛项目要求

（1）参加“青年红色筑梦之旅”赛道的项目应符合大赛参赛项目要求，同时在推进革命老区、贫困地区、城乡社区经济社会发展等方面有创新性、实效性和可持续性。

（2）以团队为单位报名参赛。允许跨校组建团队，每个团队的参赛成员不少于3人，原则上不多于15人（含团队负责人），须为项目的实际核心成员。参赛团队所报参赛创业项目，须为本团队策划或经营的项目，不得借用他人项目参赛。

（3）参赛申报人须为项目实际负责人，须为普通高等学校全日制在校生（包括本专科生、研究生，不含在职教育），或毕业5年以内的学生（即2016年之后的毕业生，不含在职教育）。企业法定代表人在国赛通知发布之日后进行变更的不予认可。

（二）参赛组别和对象

参加“青年红色筑梦之旅”赛道的项目，须为参加“青年红色筑梦之旅”活动的项目，否则一经发现，立即取消参赛资格。根据项目性质和特点，分为公益组、创意组、创业组。

1. 公益组

（1）参赛项目以社会价值为导向，在公益服务领域具有较好的创意、产品或服务模式的创业计划和实践。

（2）参赛申报主体为独立的公益项目或社会组织，注册或未注册成立公益机构（或社会组织）的项目均可参赛。

（3）师生共创的公益项目，若符合“青年红色筑梦之旅”赛道要求，可以参加本组比赛。

2. 创意组

（1）参赛项目以商业手段解决农业农村和城乡社区发展的痛点问题，巩固脱贫攻坚成果，助力乡村振兴，实现经济价值和社会价值的融合。

（2）参赛项目在国赛通知下发之日前尚未完成工商等各类登记注册。

（3）师生共创的商业项目不允许参加“青年红色筑梦之旅”赛道，可参加高教主赛道。

3.创业组

（1）参赛项目以商业手段解决农业农村和城乡社区发展的痛点问题，巩固脱贫攻坚成果，助力乡村振兴，实现经济价值和社会价值的融合。

（2）参赛项目在国赛通知下发之日前已完成工商等各类登记注册。项目的股权结构中，企业法定代表人的股权不得少于10%，参赛成员股权合计不得少于1/3。如已注册成立机构或公司，学生须为法定代表人。

（3）师生共创的商业项目不允许参加“青年红色筑梦之旅”赛道，可参加高教主赛道。

（三）奖项设置

1.本赛道设置金奖50个、银奖100个、铜奖350个。

2.本赛道设置乡村振兴奖、社区治理奖等若干单项奖，奖励对农村地区教育、科技、农业、医疗以及城乡社区治理等方面有突出贡献的项目。

3.本赛道设置高校集体奖20个、省市优秀组织奖8个和优秀创新创业导师若干名。获奖单位和个人颁发证书或奖牌。

（四）其他

本附件所涉及条款的最终解释权，归第七届中国国际“互联网+”大学生创新创业大赛组委会所有。

第五节　职教赛道方案（2021年）

一、参赛项目类型

（1）创新类：以技术、工艺或商业模式创新为核心优势。

（2）商业类：以商业运营潜力或实效为核心优势。

（3）工匠类：以体现敬业、精益、专注、创新为内涵的工匠精神为核心优势。

二、参赛方式和要求

（1）职业院校（包括职业教育各层次学历教育，不含在职教育）、国家开放大学学生（仅限学历教育）可以报名参赛。

（2）大赛以团队为单位报名参赛。允许跨校组建团队，每个团队的参赛成员不少于3人，原则上不多于15人（含团队负责人），须为项目的实际核心成员。参赛团队所报参赛创业项目，须为本团队策划或经营的项目，不得借用他人项目参赛。

三、参赛组别和对象

本赛道分为创意组与创业组。

1. 创意组

参赛项目具有较好的创意和较为成型的产品原型、服务模式或针对生产加工工艺进行创新的改良技术，在国赛通知下发之日前尚未完成工商等各类登记注册。参赛申报人须为团队负责人，须为职业院校的全日制在校学生或国家开放大学学历教育在读学生。

2. 创业组

参赛项目在国赛通知下发之日前已完成工商等各类登记注册，且公司注册年限不超过5年（2016年3月1日后注册）。参赛申报人须为企业法定代表人，须为职业院校全日制在校学生或毕业5年内的学生（即2016年之后的毕业生）、国家开放大学学历教育在读学生或毕业5年内的学生（即2016年6月之后的毕业生）。企业法人在国赛通知发布之日后进行变更的不予认可。已完成工商等各类登记注册的参赛项目的股权结构中，企业法定代表人的股权不得少于10%，参赛成员合计不得少于1/3。

学校科技成果转化的项目只能参加创业组（科技成果的完成人、所有人中参赛申报人排名第一的除外），允许将拥有科技成果的教师的股权与学生所持股权合并计算，且股权不得少于51%（学生团队所持股权比例不得低于26%）。教师持股比例大于学生团队持股比例的项目，不能报名参加职教赛道，可参加高教主赛道师生共创组。

四、奖项设置

1. 本赛道设置金奖50个、银奖100个、铜奖350个。

2. 本赛道设置院校集体奖20个，省市优秀组织奖10个（与高教主赛道合并计划），优秀创新创业导师若干名。

五、其他

各地要成立有职业教育部门参与的职教赛道工作小组，推进各阶段的赛事组织工作。

本附件所涉及条款的最终解释权，归第七届中国国际“互联网+”大学生创新创业大赛组委会所有。

第六节　萌芽赛道方案（2021年）

第七届中国国际“互联网+”大学生创新创业大赛设立萌芽赛道，推动形成各学段有机衔接的创新创业教育链条，发现和培养基础学科和创新创业后备人才。具体工作方案如下。

一、目标任务

推动创新创业素质教育，探索基础教育阶段创新创业教育的新模式，引导中学生开展科技创新、发明创造、社会实践等创新性实践活动，培养创新精神、激发创新思维、享受创造乐趣、提升创新能力。

二、参赛对象

普通高级中学在校学生。参赛学生须为项目的实际成员，鼓励学生以团队为单位参加（团队成员原则上不超过15人），允许跨校组建团队。

三、参赛项目要求

（1）项目应紧密融合学习、生活、社会实践，能创造性地解决问题或提供解决思路，具有可预见的应用性与成长性，可以是教育部公布的面向中小学生的全国性竞赛活动名单中学生赛事获奖项目或作品。项目不只限于“互联网+”项目，鼓励各类创新创业项目参赛。

（2）项目须真实、健康、合法，无任何不良信息，不得借用他人项目参赛。项目立意应弘扬正能量，践行社会主义核心价值观。参赛项目不得侵犯他人知识产权；所涉及的发明创造、专利技术、资源等必须拥有清晰合法的知识产权或物权，涉及他人知识产权的，报名时须提交完整的具有法律效力的所有人书面授权许可书、专利证书等；抄袭盗用他人成果、提供虚假材料等违反相关法律法规的行为，一经发现即刻丧失参赛相关权利并自负一切法律责任。

四、赛程安排

各地成立有基础教育部门参与的大赛萌芽赛道工作小组，研究、制定工作方案，推进各阶段的赛事组织工作：

（1）项目遴选（2021年4—8月）。各地要做好本地优秀创新项目的遴选工作，遴选环节和方式等可自行决定。

（2）项目推荐（2021年9月）。请各地于9月15日前，向大赛组委会推荐不超过10个参加全国总决赛的萌芽赛道的项目。

（3）网络评审（2021年9月）。根据萌芽赛道评审规则评选出200个入围全国总决赛的项目，其中前60个项目参加总决赛现场比赛。每所学校入选全国总决赛萌芽赛道的项目总数不超过2个。

（4）总决赛（2021年10月下旬）。进入总决赛现场比赛的60个项目参加现场展评，通过项目讲解、实物展示和专家问辩，决出奖项。

五、奖项设置

本赛道设置创新潜力奖20个、单项奖若干个，获奖项目由大赛组委会颁发获奖证书。

六、其他

本附件所涉及条款的最终解释权，归第七届中国国际“互联网+”大学生创新创业大赛组委会所有。

第七节　评审规则（2021年）

（一）高教主赛道项目评审要点：本科生创意组、研究生创意组

评审要点	评审内容	分值
创新维度	1.具有原始创新或技术突破，取得一定数量和质量的创新成果（专利、创新奖励、行业认可等）。 2.在商业模式、产品服务、管理运营、市场营销、工艺流程、应用场景等方面取得突破和创新。	30
团队维度	1.团队成员的教育、实践、工作背景、创新能力、价值观念等情况。 2.团队的组织构架、分工协作、能力互补、人员配置、股权结构以及激励制度合理性情况。 3.团队与项目关系的真实性、紧密性，团队对项目的各类投入情况，团队未来投身创新创业的可能性情况。 4.支撑项目发展的合作伙伴等外部资源的使用以及与项目关系的情况。	25
商业维度	1.商业模式设计完整、可行，项目已具备盈利能力或具有较好的盈利潜力。 2.项目目标市场容量及市场前景，项目与市场需求匹配情况、项目的市场、资本、社会价值情况，项目落地执行情况。 3.对行业、市场、技术等方面有详实调研，并形成可靠的一手材料，强调实地调查和实践检验。 4.项目对相关产业升级或颠覆的情况；项目与区域经济发展、产业转型升级相结合情况。	20
就业维度	1.项目直接提供就业岗位的数量和质量。 2.项目间接带动就业的能力和规模。	10
引领教育	1.项目的产生与执行充分展现团队的创新意识、思维和能力，体现团队成员解决复杂问题的综合能力和高级思维。 2.突出大赛的育人本质，充分体现项目成长对团队成员创新创业精神、意识、能力的锻炼和提升作用。 3.项目充分体现多学科交叉、专创融合、产学研协同创新等发展模式。 4.项目所在院校在项目的培育、孵化等方面的支持情况。 5.团队创新创业精神与实践的正向带动和示范作用。	15

（二）高教主赛道项目评审要点：初创组、成长组

评审要点	评审内容	分值
商业维度	1.商业模式设计完整、可行，产品或服务成熟度及市场认可度。 2.经营绩效方面，重点考察项目存续时间、营业收入（合同订单）现状、企业利润、持续盈利能力、市场份额、客户（用户）情况、税收上缴、投入与产出比等情况。 3.成长性方面，重点考察项目目标市场容量大小及可扩展性，是否有合适的计划和可靠资源（人力资源、资金、技术等方面）支持其未来持续快速成长。 4.经营管理方面，是否有科学、完备的研发、销售、运营、管理、人力等制度和体系支撑项目发展。 5.现金流及融资方面，关注项目已获外部投资情况、维持企业正常经营的现金流情况、企业融资需求及资金使用规划是否合理。 6.项目对相关产业升级或颠覆的情况；项目与区域经济发展、产业转型升级相结合情况。	30

续表

评审要点	评 审 内 容	分值
团队维度	1.团队成员的教育和工作背景、创新能力、价值观念、分工协作和能力互补情况，重点考察成员的投入程度及团队成员的稳定性。 2.团队的组织构架、股权结构、人员配置以及激励制度合理性情况。 3.支撑项目发展的合作伙伴等外部资源的使用以及与项目关系的情况。	25
创新维度	1.具有原始创新或技术突破，取得一定数量和质量的创新成果（专利、创新奖励、行业认可等）。 2.在商业模式、产品服务、管理运营、市场营销、工艺流程、应用场景等方面取得突破和创新。	20
就业维度	1.项目直接提供就业岗位的数量和质量。 2.项目间接带动就业的能力和规模。	10
引领教育	1.项目充分体现多学科交叉、专创融合、产学研协同创新等发展模式。 2.突出大赛的育人本质，充分体现项目成长对团队成员创新创业精神、意识、能力的锻炼和提升作用。 3.项目所在院校对项目发展的支持情况或项目与所在院校的互动、合作情况。 4.团队创新创业精神与实践的正向带动和示范作用。	15

（三）高教主赛道项目评审要点：师生共创组

评审要点	评 审 内 容	分值
商业维度（未注册公司）	1.商业模式设计完整、可行，项目已具备盈利能力或具有较好的盈利潜力。 2.项目目标市场容量及市场前景，项目与市场需求匹配情况、项目的市场、资本、社会价值情况，项目落地执行情况。 3.对行业、市场、技术等方面有详实调研，并形成可靠的一手材料，强调实地调查和实践检验。 4.项目对相关产业升级或颠覆的情况；项目与区域经济发展、产业转型升级相结合情况。	30
商业维度（已注册公司）	1.商业模式设计完整、可行，产品或服务成熟度及市场认可度。 2.经营绩效方面，重点考察项目存续时间、营业收入（合同订单）现状、企业利润、持续盈利能力、市场份额、客户（用户）情况、税收上缴、投入与产出比等情况。 3.成长性方面，重点考察项目目标市场容量大小及可扩展性，是否有合适的计划和可靠资源（人力资源、资金、技术等方面）支持其未来持续快速成长。 4.经营管理方面，是否有科学、完备的研发、销售、运营、管理、人力等制度和体系支撑项目发展。 5.现金流及融资方面，关注项目已获外部投资情况、维持企业正常经营的现金流情况、企业融资需求及资金使用规划是否合理。 6.项目对相关产业升级或颠覆的情况；项目与区域经济发展、产业转型升级相结合情况。	30
团队维度	1.团队成员的教育和工作背景、创新能力、价值观念、分工协作和能力互补情况，重点考察师生分工协作、利益分配情况及合作关系稳定程度。 2.项目的组织构架、股权结构、人员配置以及激励制度合理性情况。 3.支撑项目发展的合作伙伴等外部资源的使用以及与项目关系的情况。	25

续表

评审要点	评 审 内 容	分值
创新维度	1.具有原始创新或技术突破，取得一定数量和质量的创新成果（专利、创新奖励、行业认可等）。 2.在商业模式、产品服务、管理运营、市场营销、工艺流程、应用场景等方面取得突破和创新。	20
就业维度	1.项目直接提供就业岗位的数量和质量。 2.项目间接带动就业的能力和规模。	10
引领教育	1.项目展现了师生共创对团队成员特别是学生的创新创业能力的提升。 2.项目充分体现多学科交叉、专创融合、产学研协同创新等发展模式。 3.突出大赛的育人本质，充分体现项目成长对团队成员创新创业精神、意识、能力的锻炼和提升作用。 4.项目所在院校对项目发展的支持情况或项目与所在院校的互动、合作情况。 5.团队创新创业精神与实践的正向带动和示范作用。	15

（四）“青年红色筑梦之旅”赛道项目评审要点：公益组

评审要点	评 审 内 容	分值
项目团队	1.团队成员的基本素质、业务能力、奉献意愿和价值观与项目需求相匹配。 2.团队的组织架构与分工协作合理。 3.团队权益结构或公司股权结构合理。 4.团队的延续性或接替性。	20
公益性	1.项目以社会价值为导向，以解决社会问题为使命，不以盈利为目的，有可预见的公益成果，公益受众的覆盖面广。 2.在公益服务领域有良好的产品或服务模式。	15
实效性	1.项目对巩固脱贫攻坚成果、乡村振兴和社区治理等社会问题的贡献度。 2.在引入社会资源方面对农村组织和农民增收、地方产业结构优化等的效果。 3.项目对促进就业、教育、医疗、养老、环境保护与生态建设等方面的效果。	20
创新性	1.鼓励技术或服务创新、引入或运用新技术，鼓励高校科研成果转化。 2.鼓励组织模式创新或进行资源整合。	20
可持续性	1.项目的持续生存能力。 2.创新研发、生产销售、资源整合等持续运营能力。 3.项目模式可复制、可推广、具有示范效应等。	10
引领教育	1.项目充分展示了创业团队扎根中国大地了解国情民情，运用创新思维和创业能力服务社会。 2.项目充分体现专业教育与创新创业教育的有机融合，充分体现思政教育与创新创业教育的有机融合。 3.突出大赛的育人本质，充分体现项目成长对团队成员的社会责任感、创新精神、实践能力的锻炼和提升作用。 4.项目所在院校对项目发展的支持情况或项目与所在院校的互动、合作情况。 5.团队创新创业、社会服务精神的正向带动和示范作用。	15
必要条件	参加由学校、省市或全国组织的“青年红色筑梦之旅”活动，符合公益性要求。	

（五）“青年红色筑梦之旅”赛道项目评审要点：创意组

评审要点	评 审 内 容	分值
项目团队	1.团队成员的基本素质、业务能力、奉献意愿和价值观与项目需求相匹配。 2.团队的组织架构、股权结构、人员结构与分工协作合理。 3.团队外部资源引用及与项目关系结构清晰，逻辑合理。	20
创新性	1.鼓励高校科研成果和文创成果在乡村或社区进行产业转化落地与实践应用。 2.鼓励技术或服务创新、引入或运用新技术在乡村和社区生产生活中的实践应用。 3.鼓励组织和协作模式的创新或进行资源有效性优化和整合。	20
实效性	1.项目商业模式设计完整、可行，产品或服务对巩固脱贫攻坚成果、乡村振兴和社区治理等社会问题的贡献度。 2.项目对农民增收、农村组织、社区服务和地方产业结构优化的效果。 3.项目对促进文化、教育、医疗、养老、环境保护与生态建设等方面的效果。	20
可持续性	1.项目的持续生存能力，在创新研发、生产销售、资源整合等方面具备良性成长能力。 2.项目具备模式可复制性、产业可推广性、成果可示范性等。 3.项目的成长与区域经济发展、地方产业升级高度融合，经济价值和社会价值适度融合。	15
带动就业	1.项目直接提供就业岗位的数量和质量。 2.项目间接带动就业的能力和规模。	10
引领教育	1.项目充分展示了创业团队扎根中国大地了解国情民情，运用创新思维和创业能力服务社会。 2.项目充分体现专业教育与创新创业教育的有机融合，充分体现思政教育与创新创业教育的有机融合。 3.突出大赛的育人本质，充分体现项目成长对团队成员的社会责任感、创新精神、实践能力的锻炼和提升作用。 4.项目所在院校对项目发展的支持情况或项目与所在院校的互动、合作情况。 5.团队创新创业、社会服务精神的正向带动和示范作用。	15
必要条件	参加由学校、省市或全国组织的“青年红色筑梦之旅”活动。	

（六）“青年红色筑梦之旅”赛道项目评审要点：创业组

评审要点	评 审 内 容	分值
项目团队	1.团队成员的基本素质、业务能力、奉献意愿和价值观与项目需求相匹配。 2.团队的组织架构与分工协作合理。 3.团队权益结构或公司股权结构合理。	20
实效性	1.项目商业模式设计完整、可行，产品或服务对巩固脱贫攻坚效果、乡村振兴和社区治理等社会问题的贡献度。 2.在引入社会资源方面对农村组织和农民增收、地方产业结构优化的效果。 3.项目对促进文化、教育、医疗、养老、环境保护与生态建设等方面的效果。 4.项目的成长性与区域经济发展、产业转型升级相结合。	20

续表

评审要点	评审内容	分值
创新性	1.鼓励技术或服务创新、引入或运用新技术，鼓励高校科研成果转化。 2.鼓励在生产、服务、营销等方面创新。 3.鼓励组织模式创新或进行资源整合。	20
可持续性	1.项目的持续生存能力。 2.经济价值和社会价值适度融合。 3.创新研发、生产销售、资源整合等持续运营能力。 4.项目模式可复制、可推广，具有示范效应。	15
带动就业	1.项目直接提供就业岗位的数量和质量。 2.项目间接带动就业的能力和规模。	10
引领教育	1.项目充分展示了创业团队扎根中国大地了解国情民情，运用创新思维和创业能力服务社会。 2.项目充分体现专业教育与创新创业教育的有机融合，充分体现思政教育与创新创业教育的有机融合。 3.突出大赛的育人本质，充分体现项目成长对团队成员的社会责任感、创新精神、实践能力的锻炼和提升作用。 4.项目所在院校对项目发展的支持情况或项目与所在院校的互动、合作情况。 5.团队创新创业、社会服务精神的正向带动和示范作用。	15
必要条件	参加由学校、省市或全国组织的“青年红色筑梦之旅”活动。	

（七）职教赛道项目评审要点：创意组

评审要点	评审内容	分值
创新维度	1.具有原始创意、创造。 2.具有面向培养“大国工匠”与能工巧匠的创意与创新。 3.项目体现产教融合模式创新、校企合作模式创新、工学一体模式创新。 4.鼓励面向职业和岗位的创意及创新，侧重于加工工艺创新、实用技术创新、产品（技术）改良、应用性优化、民生类创意等。	30
团队维度	1.团队成员的教育、实践、工作背景、创新能力、价值观念等情况。 2.团队的组织构架、分工协作、能力互补、人员配置、股权结构以及激励制度合理性情况。 3.团队与项目关系的真实性、紧密性，团队对项目的各类投入情况，团队未来投身创新创业的可能性情况。 4.支撑项目发展的合作伙伴等外部资源的使用以及与项目关系的情况。	25
商业维度	1.商业模式设计完整、可行，项目已具备盈利能力或具有较好的盈利潜力。 2.项目目标市场容量及市场前景，项目与市场需求匹配情况、项目的市场、资本、社会价值情况，项目落地执行情况。 3.对行业、市场、技术等方面有详实调研，并形成可靠的一手材料，强调实地调查和实践检验。 4.项目对相关产业升级或颠覆的情况；项目与区域经济发展、产业转型升级相结合情况。	20
就业维度	1.项目直接提供就业岗位的数量和质量。 2.项目间接带动就业的能力和规模。	10

续表

评审要点	评 审 内 容	分值
引领教育	1.项目的产生与执行充分展现团队的创新意识、思维和能力，体现团队成员解决复杂问题的综合能力和高级思维。 2.突出大赛的育人本质，充分体现项目成长对团队成员创新创业精神、意识、能力的锻炼和提升作用。 3.项目充分体现多学科交叉、专创融合、产学研协同创新等发展模式。 4.项目所在院校在项目的培育、孵化等方面的支持情况。 5.团队创新创业精神与实践的正向带动和示范作用。	15

（八）职教赛道项目评审要点：创业组

评审要点	评 审 内 容	分值
商业维度	1.商业模式设计完整、可行，产品或服务成熟度及市场认可度。 2.经营绩效方面，重点考察项目存续时间、营业收入（合同订单）现状、企业利润、持续盈利能力、市场份额、客户（用户）情况、税收上缴、投入与产出比等情况。 3.成长性方面，重点考察项目目标市场容量大小及可扩展性，是否有合适的计划和可靠资源（人力资源、资金、技术等方面）支持其未来持续快速成长。 4.经营管理方面，是否有合理、完备的研发、销售、运营、管理、人力等制度和体系支撑项目发展。 5.现金流及融资方面，关注项目已获外部投资情况、维持企业正常经营的现金流情况、企业融资需求及资金使用规划是否合理。 6.项目对相关产业升级或颠覆的情况；项目与区域经济发展、产业转型升级相结合情况。	30
团队维度	1.团队成员的教育和工作背景、创新能力、价值观念、分工协作和能力互补情况，重点考察成员的投入程度及团队成员的稳定性。 2.团队的组织构架、股权结构、人员配置以及激励制度合理性情况。 3.支撑项目发展的合作伙伴等外部资源的使用以及与项目关系的情况。	25
创新维度	1.具有原始创意、创造。 2.具有面向培养“大国工匠”与能工巧匠的创意与创新。 3.项目体现产教融合模式创新、校企合作模式创新、工学一体模式创新。 4.鼓励面向职业和岗位的创意及创新，侧重于加工工艺创新、实用技术创新、产品（技术）改良、应用性优化、民生类创意等。	20
就业维度	1.项目直接提供就业岗位的数量和质量。 2.项目间接带动就业的能力和规模。 3.项目创造新就业形态的现实性与可能性情况。	10
引领教育	1.项目充分体现多学科交叉、专创融合、产学研协同创新等发展模式。 2.突出大赛的育人本质，充分体现项目成长对团队成员创新创业精神、意识、能力的锻炼和提升作用。 3.项目所在院校对项目发展的支持情况或项目与所在院校的互动、合作情况。 4.团队创新创业精神与实践的正向带动和示范作用。	15

（九）萌芽赛道项目评审要点

评审要点	评 审 内 容	分值
创新性	1.项目的想象力和创造力，就发现的问题和解决途径进行创意设计，创意设计过程符合客观规律。 2.科技创意证据充分，有足够的科学研究参与度（调查、实验、制作、验证等）。 3.文化创意逻辑清晰、完整，调研和分析数据充分。	40
实践性	1.项目的可行性、应用性和完整性。 2.项目具备可执行的计划或实践方案。 3.项目具有可预见价值，能够让未来的生活更美好。	20
自主性	1.项目符合团队成员年龄段的知识结构和实施项目能力。 2.项目选题、创意模式构建主要由学生提出和完成。 3.团队成员能够准确表述项目内容及原理，真实可信。 4.涉及科技成果和专利发明的，需提供证明材料或授权证明材料。	20
团队情况	1.团队成员的创新精神和创新意识与能力。 2.项目团队成员的教育背景、基本素质、价值观念、知识结构、擅长领域。 3.团队构成和分工协作合理。	20

第二章

职教赛道（创意组）

案例一：电力安全作业智能监控管理系统

项目名称：电力安全作业智能监控管理系统

学校名称：广西水利电力职业技术学院

团队成员：杨金海、赖伟聪、岑家娟、黄蕊怡、潘志崇、卢利长 、邓舒薇 、张丽怡、唐晨晖、唐松林、李雨轩、梁宝升等

指导老师：岑　斌、彭　情、潘元忠、施　华

创业宣言：预警先锋——为全国电力工作者的生命安全保驾护航

团队简介：预警先锋团队是由广西水利电力职业技术学院不同专业背景的学生，和三位在所处领域各有建树的校外顾问以及四位优秀指导老师组成。团队核心成员主要来自学院国家重点骨干示范特色电力专业，具有丰富的专业知识和实践经验。团队涉及智能控制技术、计算机编程技术、无线传输技术、电路分析等各项领域，并且团队在具备强大的研发技术能力的同时，还拥有着先进的电力实训基地，为更好地完成和推广该项目提供了强有力的保障。

获奖情况：第八届中国TRIZ杯大学生创新方法大赛全国一等奖
第六届广西高校大学生创新设计与制作大赛一等奖
第七届“创青春”区直院校创业设计与职业生涯规划比赛一等奖
第六届“互联网+”大学生创新创业大赛广西选拔赛银奖
第五届“互联网+”大学生创新创业大赛广西选拔赛银奖
第九届“挑战杯”广西大学生创业计划竞赛银奖
第三届中华职业创新创业大赛高职组广西区赛铜奖
第六届“互联网+”大学生创新创业大赛院内选拔赛金奖
广西－东盟经济技术开发区青年人才创新创业大赛一等奖
实用新型专利：一种智能安全带监测装置、一种智能接地线的检测装置

项目背景：电力照亮了人们的生活，也给电力工作者带来了生命危险，一旦发生事故，很多可能造成严重后果。2021年6月，国家出台新修订的《中华人民共和国安全生产法》，对安全生产提出更高要求。

一、项目介绍

（一）项目概述

电力安全事故时有发生。据国家能源局网站公布，几乎每个季度都发生电力企业安全生产事故。安全措施没有做好、监护人没有监护到位、发生违章操作等，这些都有可能会使工作人员在一瞬间失去生命。如何让电力作业人员严格按照电力作业相关规范和流程进行作业，确保不会出现有意、无意的违章操作，保证电力作业人员和电力设备的安全是目前整个电力行业所面临的难题。

预警先锋——电力安全作业智能监控管理系统是适用于火力发电厂、水力发电厂、光伏电站、风力发电厂、电网公司、铁路变电站、钢铁厂及市政设施维护等大中型企业的智能监控管理系统，是集监测、警告、物联网传输、后台监控四大功能于一体的系统。

本系统主要用于监测电力工作人员的作业情况，利用先进的传感技术、物联技术、通信技术对工作人员作业中的违章操作行为进行检测识别，实时警告提醒，并传输违章信息到后台监控中心，能够检测电力工作人员是否正确佩戴安全带、是否正确佩戴安全帽、是否跨越围栏、是否不正确安装接地线、是否不正确悬挂标识牌等违章行为，自动形成记录储存。当电力工作人员出现违章操作时，系统就会发出警报，警示在场的工作人员即刻纠正违章操作行为，以此高效避免发生高空坠落、坠落砸伤、人体触电等事故，能有效提高电力作业的安全性和管理效率。项目团队如图2-1-1所示。

图2-1-1　项目成员及指导老师在第六届中国国际"互联网+"大学生创新创业大赛广西赛区合影

本产品由项目团队历时两年多研发而成，经过团队的不懈努力、迭代创新，目前已经成功研发出一套产品样机，在电力建设施工现场试用，应用效果良好，并且获得国家专利证书3项。

（二）产品/服务介绍

产品名称：电力安全作业智能监控管理系统

产品用途：为保护电力作业人员的生命安全提供整体解决方案

产品概况：本产品主要用于监测电力工作人员在作业中的违章操作行为，实时进行警告处罚，并记录到后台。本产品根据电力生产的工作需要来进行监控点的规划部署，当电力工作人员在作业时如果有违规操作，比如未正确佩戴安全帽、跨越围栏、未正确安装接地线、未正确使用安全带、错挂（拆）标示牌等出现时，现场数据采集器就会收集到违章信息并发出警告，与此同时通过与数据中心的连接进行相应的处理，反馈违章信息到后台进行记录。系统在违章操作事故发生之前发出预警，纠正电力工作人员的不良行为，树立安全理念，减少人身伤亡事故，提高企业效益，为电力行业营造良好的安全氛围。产品结构图如图2-1-2所示。

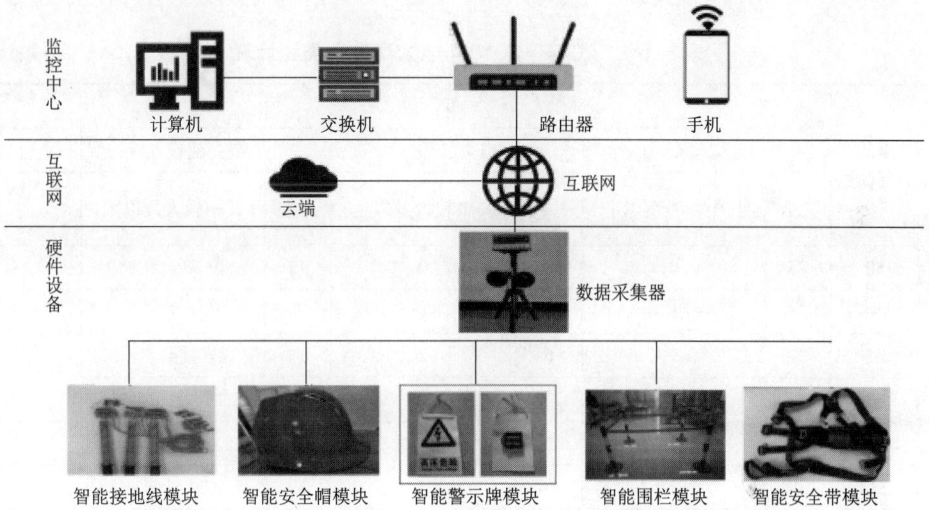

图2-1-2　产品结构图

（三）市场分析

1. 电力行业发展迅猛

能源行业在国家发展中具有重要地位，放眼历史，能源领域，尤其是电力工业的发展不仅关乎国民经济的振兴和社会发展的全局与变局，同时还关乎政治体系的根基与全球地位的稳固。根据国家能源局发布的2021年全国电力工业统计数据，截至2021年12月底，全国发电装机容量约23.8亿千瓦，同比增长7.9%。其中，风电装机容量约3.3亿千瓦，同比增长16.6%；太阳能发电装机容量约3.1亿千瓦，同比增长20.9%。2021年，全国6000千瓦及以上电厂发电设备利用3817小时，比上年同期增加60小时。全国主要发电企业电源工程建设投资完成5530亿元，同比增长4.5%，其中，水电988亿元，同比下降7.4%。电网工程建设投资完成4951亿元，同比增长1.1%。

2. 电力生产伤亡事故频发

电力工业的快速发展，离不开电力工作人员的不懈努力，但在不断进步、不断突破、不断飞跃的同时，电力工作人员在工作中失去生命的事故还频频发生。根据国家能源局统计，2014—2018 年，全国电力行业累计发生人身伤亡事故 238 起，其中较大及以上事故 16 起。2014 年发生电力事故 50 起，2015 年发生电力事故 40 起，2016 年发生电力事故 55 起，2017 年发生电力事故 53 起，2018 年发生电力事故 40 起。以上事故中，按发生的领域分类统计如下：

电力生产领域发生 143 起，占事故总数的 60.08%。较大及以上事故 2 起，在较大及以上事故中占比 12.50%。

电力技改领域发生26起，占事故总数的 10.92%。其中较大及以上事故 3 起，在较大及以上事故中占比 18.75%。

电力建设领域发生69起，占事故总数的 28.99%。其中较大及以上事故 11 起，在较大及以上事故中占比 68.75%。

事故情况年度数据统计及原因分析见表2-1-1和表2-1-2。

表2-1-1　2014—2018年电力事故分类统计表　　单位：起

年度	事故总起数	事故分类						
		电力生产		电力技改		电力建设		合计
		总数	其中较大及以上	总数	其中较大及以上	总数	其中较大及以上	其中较大及以上
2014	50	25	0	8	0	17	4	4
2015	40	25	1	7	1	8	1	3
2016	55	35	1	6	2	14	4	7
2017	53	36	0	3	0	14	2	2
2018	40	22	0	2	0	16	0	0
总计	238	143	2	26	3	69	11	16

表2-1-2　2014—2018年电力事故原因分析统计表　　单位：起

年度	事故总起数	事故分类									
		产品质量		违规违章操作		自然因素		建设质量不合格		其他（含意外事故）	
		总数	较大及以上	总数	较大及以上	总数	较大及以上	总数	较大及以上	总数	较大及以上
2014	50	3	0	35	2	2	2	0	0	10	0
2015	40	2	1	33	2	1	0	0	0	4	0
2016	55	3	1	40	3	4	2	0	0	8	1
2017	53	2	0	41	2	2	0	0	0	8	0
2018	40	3	0	34	0	0	0	0	0	3	0
总计	238	13	2	183	9	9	4	0	0	33	1

通过数据可以看出，全国电力人身伤亡事故主要集中于电力生产领域，但较大及以上人身伤亡事故则主要集中于电力建设领域。由此可见，电力建设过程中的事故危害是更为严重的，安全监管责任风险应该是高于其他领域的。

3. 电力安全措施急需改进

通过数据分析可知，电力工作人员不管是从事电力生产还是电力建设方面的工作，安全措施没有做好，监护人没有监护好，违章操作，都会发生安全事故。针对电力工作人员对安全重视不够、安全意识薄弱、习惯性违章导致的人为事故，为纠正电力工作人员的不良行为，树立安全理念，减少人身伤亡事故，营造电力行业良好的安全氛围，我们团队着手研发了“电力安全作业智能监控管理系统”。

4. 国家政策支持

2018 年 6 月，国家能源局发布了《关于印发电力安全生产行动计划（2018—2020 年）》的通知，其中明确指出到 2020 年，电力安全生产法律法规、规章制度、标准体系进一步优化完善，电力安全责任体系更加科学严密，电力安全监管体制机制进一步健全。电力安全技术水平和创新能力取得明显进步，电力安全保障能力进一步提高。

（四）市场规模

据统计，国家电网在中国27 个区域都有子公司，南方电网有23 个子公司，全国一共拥有火力发电厂约3600 座，水力发电厂46758 座，变电站约10万座，电力工程施工企业约16962个，这些都是我们的目标客户。在进行全国电力工程施工企业、发电厂、变电站总量、工作人数估算后，估计全国的电力工作者的人数约800万人，保守估计电力安全作业装备的全国市场容量约300亿元。发电厂、变电站的总量和工作人数统计见表2-1-3。

表2-1-3 发电厂、变电站的总量和工作人数

类 型	数量/座	人员配置/人	总人数/万人
火力发电厂	3600	300	108
水力发电厂	46758	100	468
变电站	100000	10	100
电力工程施工企业	16962	60	102
总 计	167320	470	778

1. 电力装机

截至2019年年底，全国发电装机容量201066万千瓦，同比增长5.8%。其中，火电装机占总装机容量的59.2%；水电、核电、风电、太阳能发电等清洁能源装机总容量占总装机容量的40.8%，如图2-1-3所示。

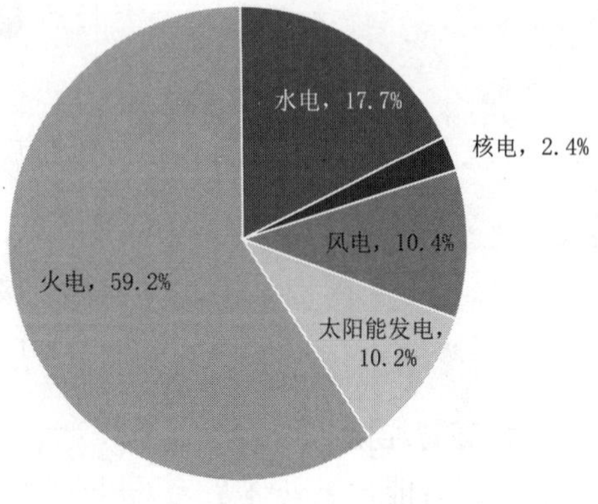

图2-1-3 2019年全国电力装机构成情况

2. 电力投资

2019年，全国电力投资累计7995亿元，同比下降2.0%。其中，电源投资3139亿元（含水电814亿元、火电630亿元、核电335亿元、风电1171亿元），电网投资4856亿元。2009—2019年全国电力投资情况如图2-1-4所示。

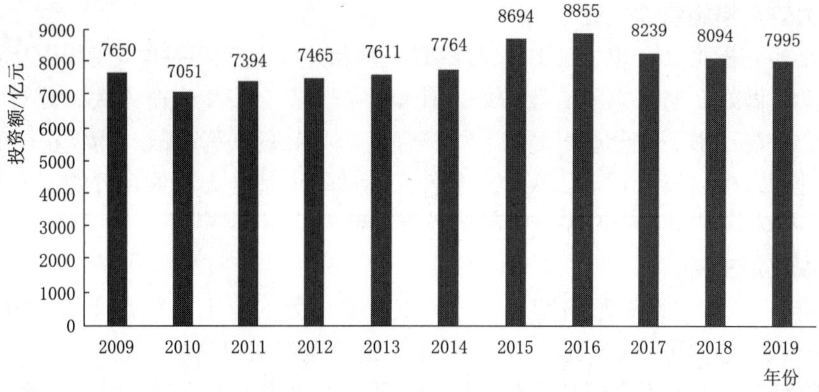

图2-1-4　2009—2019年全国电力投资情况

根据《2019—2025年中国安全工器具市场运营状况分析及前景预测报告》中的预测，近年来，随着我国对外贸易的快速增长，国家发布了一系列的政策法规，有力地推动了安全工器具行业的发展，促使我国安全工器具制造业的行业对外贸易规模也在不断增长，2014年，我国安全工器具行业的市场规模约为74.6亿元，到2015年，我国安全工器具行业的市场规模达到83亿元，预计2023年，我国安全工器具行业的市场规模将达到168亿元，市场规模翻倍。

（五）竞品分析

传统的监控系统只能起到一个人员出入和设备运行状态的监视作用，而我们的电力安全作业智能监控管理系统可以对工作人员是否违反电力安全规程的行为自动做出警报和处罚。

团队研发的“电力安全作业智能监控管理系统”属于国内首创，目前整套系统在市场上暂无竞争者，但系统套装拆散后形成的散件模块拥有一些竞争者。系统的竞争优势如图2-1-5所示。

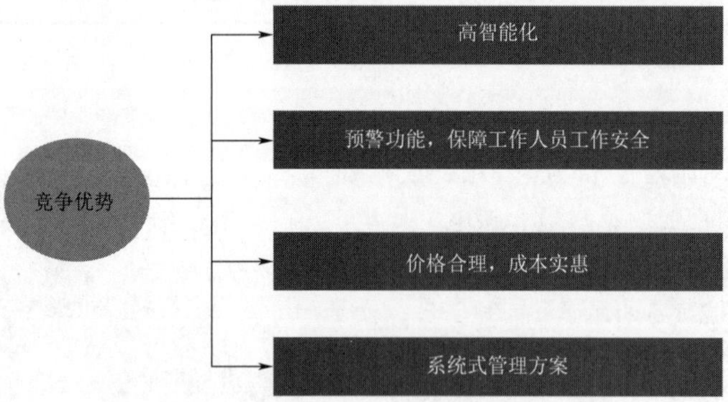

图 2-1-5　系统的竞争优势

1. 高智能化

搭载智能信息处理系统可以自动识别工作人员是否出现违章操作，并且及时提醒，能够提高工作人员人身安全、工作现场安全、工作效率等。

2. 预警功能，保障工作人员工作安全

本产品安全可靠，通过专业的技术手段，实现实时监测工作人员是否佩戴安全帽、是否正确佩戴安全带、是否有人跨越围栏、是否正确挂（拆）标示牌、接地线是否按要求悬挂、安全带是否正确使用等六大主要功能。这六大主要功能都是根据电力作业时常犯的错误来研发的，有了这套电力安全作业智能监控管理系统，就能在这些错误出现的时候发出警报，并提醒在场的工作人员，及时制止违规操作的发生。有效地避免了因为违反规程而导致电力生产事故的发生，使得电力作业的安全性得到显著提升。

3. 价格合理，成本实惠

本团队发明的电力安全作业智能监控管理系统，不仅使用效果好，而且在生产的过程中很大程度地节约了成本，销售的价格合理，经济实惠，同时质量可靠，比其他产品价格更低、质量更好，相比一些高价产品有很大的优势。

4. 系统式管理方案

散件模块由现场数据采集器连接起来，再由云端数据中心整体进行控制，形成系统式的管理。对比市场上的竞争对手，他们的产品没有形成系统式的管理，很难去解决电力作业人员的安全需求，而本产品可以满足电力工作人员系统式的管理需求。

（六）市场营销

销售计划如图2-1-6所示。

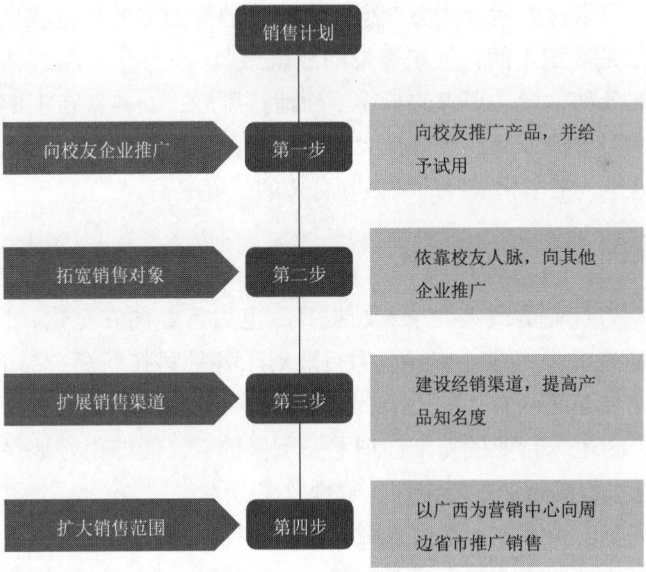

图 2-1-6　销售计划

1. 第一阶段客户：电力建设企业

作为我们第一阶段需要面对的客户，因为电力建设行业存在许多零零散散的施工队，所以将产品销售给建设单位的上层，即电力建设企业。针对这些，我们会进行散件销售和套装销售，用户可以自行挑选，根据自身的需求选择所需要的模块和现场数据采集器。

2. 第二阶段客户：变电站、发电厂

有了前期对电力建设企业的销售，在这些用户使用产品过程中，我们的口碑不断地打造起来，拥有了自己的品牌后，就开始向变电站、发电厂发展，针对他们的情况对产品进行相应地调整。

3. 第三阶段客户：与电力专业相关的学校

向电力专业相关的学校销售，学校可以把产品用于实习实训中，让电力专业学生可以提前适应电力企业的工作环境和工作要求，进一步提高安全意识。

二、创业心得

中国国际“互联网+”大学生创新创业大赛是由教育部、中央统战部等12个中央部委主办的大赛，是国内规模最大和认可度最高的大学生竞赛之一。

得益于学校对于创新创业工作的高度重视，在组建队伍、资金支持、备赛工作上都得到了学校的大力支持，使得学生的创新创业思维得到快速的提升。

作为电力精英训练营的老成员，经历了各种不同的创新创业竞赛。我参加的比赛多达十几场，而且在学校的支持下，带领许多学弟学妹参加各种双创竞赛，帮助他们提升自己的双创思维，让他们能够为自己打下良好的就业优势。

我在比赛中总结出的一套心得体会，第一是“不断以更高的目标刺激自己前进”，因为我们只有在树立了目标之后，才会获得一个明确的努力方向，也就自然而然地拥有了拼搏的动力；第二是“积累的苦换来爆发的成就感”，在一个人经过长时间的努力、奋斗、坚持，以及被各种枯燥、琐碎的事物不断地打压后，站在舞台上慷慨激昂地向大家展示自己一直以来努力的成果，并且被大家认可时，就会感觉到自己之前准备工作的艰辛瞬间变得微不足道，艰辛化成一股骄傲和喜悦的成就感。

三、案例分析

随着国家对电力行业的政策要求不断提升，电力行业向安全化、智能化方向发展，越来越多的资本涌进电力行业，使得电力行业对于各种科技新高产品的需求日益增长，该预警先锋项目站在互联网时代的风口，以自身优秀的科技创新能力制作出一个又一个新奇实用的产品，为电力行业的安全性加上一层保护罩，能够很好地保护到工作人员以及电力设备的安全，提高行业的安全性、管理效率。

传统的工作现场安全基本上都由人跟人或者监控设备等方法来保证现场安全，随着时代的不断发展，传统的方式终究还是会被新产物代替。因此，在行业中，对于各种提高工作效率、工作安全的科技创新产品需求日渐增大。目前市场上虽然出现类似“预警先锋”的竞争产品，但每个竞争产品都是单个独立的运行，得不到系统式的运行方法，而“预警先锋”正是抓住这一点，故能在众多产品中独树一帜。

预警先锋目前处于创新发展的阶段，还需在其使用性能、使用方便、续航能力、包装及成本等要素之间找到一个绝佳的平衡点，当找到平衡点后，其对外销售的速度将会有飞快的提升。

案例二：“热了么”液冷服

项目名称：“热了么”液冷服

学校名称：广西水利电力职业技术学院

团队成员：叶子华、唐敏婕、韦福柏、刘　琳、黄艺聪、苏阳成、盘恩宏、覃兴妹、易忠垚、陈永鑫、冯海勋等

指导老师：彭　情、潘元忠、岑　斌

创业宣言：给高温作业送去一份清凉，带来一份保障!

团队简介：创业团队主要由学院电力工程系等相关专业的同学组成，团队成员有很强的领悟力，自主学习知识的能力强，善于接受新事物，思路活跃，创意新颖，能将所学的知识很快内化为能力，外化为创造。团队成员参加各类职业技能大赛及创新创业大赛竞赛获奖10余项，申请了多项国家专利。

获奖情况：第五届中国“互联网+”大学生创新创业大赛广西赛区金奖
第六届广西高校大学生创新设计与制作大赛三等奖
学院第二届创新设计与制作大赛二等奖
实用新型专利：一种半导体制冷雾化液冷服（2020年10月）

项目背景：来自广西水利电力职业技术学院电力工程系的叶子华等同学，有感于电力作业人员夏天户外工作的炎热，致力于研制可穿戴的降温装置——“热了么”液冷服。产品主要应用于高温环境工作的场合，减少高温作业时中暑的危险，主要目标客户除了电力作业人员，还有外卖小哥、快递小哥、交警、消防员、建筑工人、环卫工人、农民工等高温环境工作者。“热了么”液冷服目前已经完成第二代样机的研制并进行了试用，申请并获得国家专利1项。

一、项目介绍

（一）项目概述

据世界气象组织统计，高温造成的伤亡人数从1991—2000年的6000人急剧增长到2001—2010年的136000人，增幅超过2000%，远高于所有极端天气（包括高温、冷冻、干旱、洪涝和风暴）总共造成的伤亡增长率（20%）。随着时代的变化，全球气温不断上升，夏天也越来越热，人们对于凉爽的需求也更迫切。虽然现在空调已较普及，但空调只能在室内，而本产品则适用于室内外各种场合。我们这次所研发的产品正是从气温变化的原因出发，以提升人们在室外工作的清凉体验为目的，在炎热的夏日中满足客户的凉爽需求。项目团队合影如图2-2-1所示。

图2-2-1　项目团队在第五届中国“互联网+”大学生创新创业大赛广西赛区合影

本团队研发的“热了么”液冷服产品主要应用在高温环境工作的场合。它在炎热的酷暑环境下，可以有效降低人体表面温度，减少高温作业时中暑的危险，是夏天防暑降温的产品。产品采用半导体制冷技术进行制冷，制冷后的液体沿着液冷服内部的特制管道循环流动，带走多余热量，从而降低人体表面温度。本产品采用液冷循环系统，设计巧妙、操作简单、实用方便。产品使用的范围较广，可以适用于交通执勤人员、建筑工人、修建铁路工人等人群。

随着科学技术的发展和人类在生产生活过程中对自身的防护和舒适意识的提高，人们在物质上的需求不断增长。在炎热的夏天，外出旅游、工作等户外活动中，会有更多的人需要液冷服，经济的发展也使越来越多的人能够接受本产品。本产品制冷速度快，使用寿命长，价格优惠，具有很大的竞争优势，相信能够吸引众多客户的青睐。

（二）产品/服务介绍

“热了么”液冷服产品通过微型的水泵将半导体制冷模块降温后的制冷液，输送至液冷服管道，使冰冷的液体均匀地在其内部管线循环流动，从而降低人体表面温度，带走多余热量，减少人体在高温天气下发生热激应和中暑的风险，从而保护交警、消防员、电力巡检人员、快递小哥、外卖小哥等室外工作人员的身体健康以及延长其持续工作的时间。为满足客户的不同需求，我们研制了不同类型的液冷服，主要有夹克型、休闲型、长袖型等。产品结构原理图如图2-2-2所示。图2-2-3为团队成员叶子华同学在老师指导下进行产品研制。

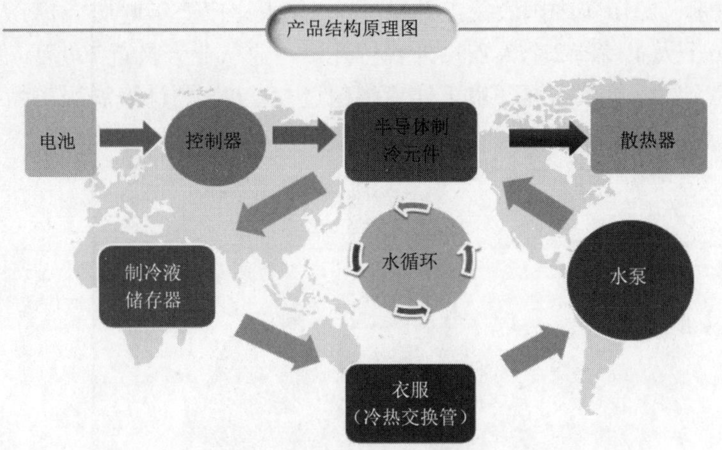

图2-2-2　产品结构原理图

图2-2-3　团队成员叶子华同学在老师指导下进行产品研制

（三）市场分析

液冷服最初是为了保护航天员在舱外活动期间不受外界高温的影响而研制的，但是航天液冷服价格昂贵，不是普通民众可以接受的，无法满足市场的需求。随着研发的不断改进，创新式液冷服不断推出，价格也逐渐适合市场的需求，越来越多在高温环境工作的人们开始使用可降温服装，客户从最开始的航天员到现在的交警、建筑工人、环卫工人、快递小哥、电力工人等，客户容量逐渐扩展。今后，随着环境气温的不断上升，越来越多的工种需要用到我们的产品。

据统计，电力行业从业人数持续增加，2018年中国电力从业行业人数已超过500万人。中国400多万城镇环卫从业人员常年坚守在岗位一线，用辛勤的汗水换来了城市的整洁。数据显示，2018年中国农民工总量约达2亿人，比上年增加481万人，增长1.7%。在中国，每10个人中就有2个人点过外卖，外卖行业从业人员近700万人，加上其他户外活动所需的人数，夏季高温环境工作者将超过1亿人，预计降温服产品我国的市场容量超过700亿元。市场需求分析如图2-2-4所示。

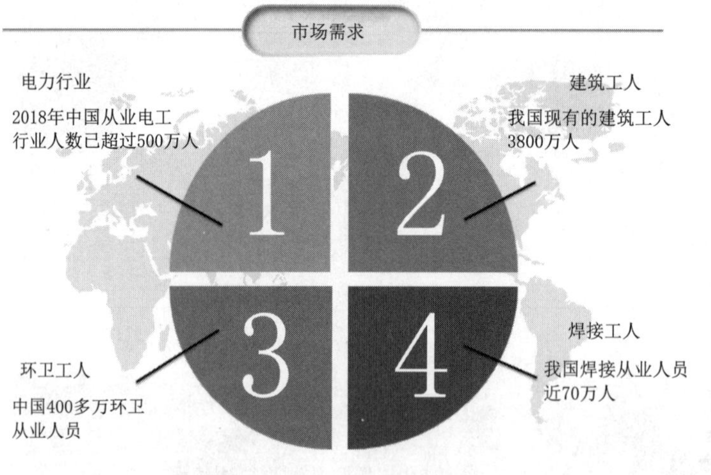

图2-2-4　市场需求分析

本产品与同类产品进行对比，本产品的优势是采用半导体制冷，体积小，重量轻，方便携带，对工作者不会有太大的负重感；工作中无噪声，不使用有害的工作介质，不污染环境；产品操作简单，设备简单易维护，制冷续航时间较长；制冷效果能让穿戴者舒适工作，对工作者作业活动影响小。市场竞品分析如图2-2-5所示。

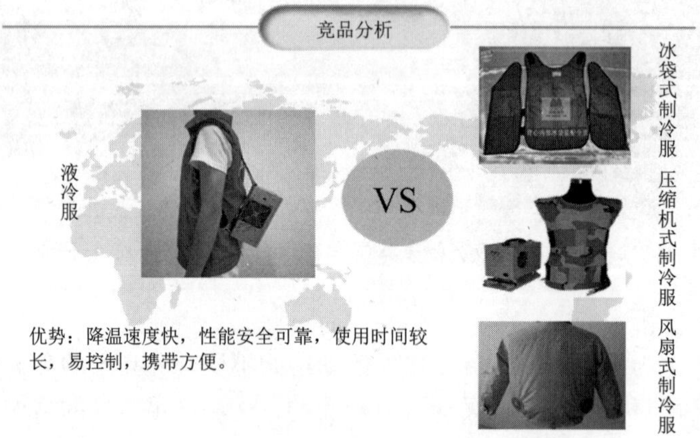

图2-2-5　市场竞品分析

（四）营销策略

本产品主要目标客户有：电力公司、建筑事业单位、中高端社区物业公司、大型外卖公司、大型快递公司、各大机场地勤、政府事业单位及其他户外活动有需求的客户群体。营销策略分析如图2-2-6所示。

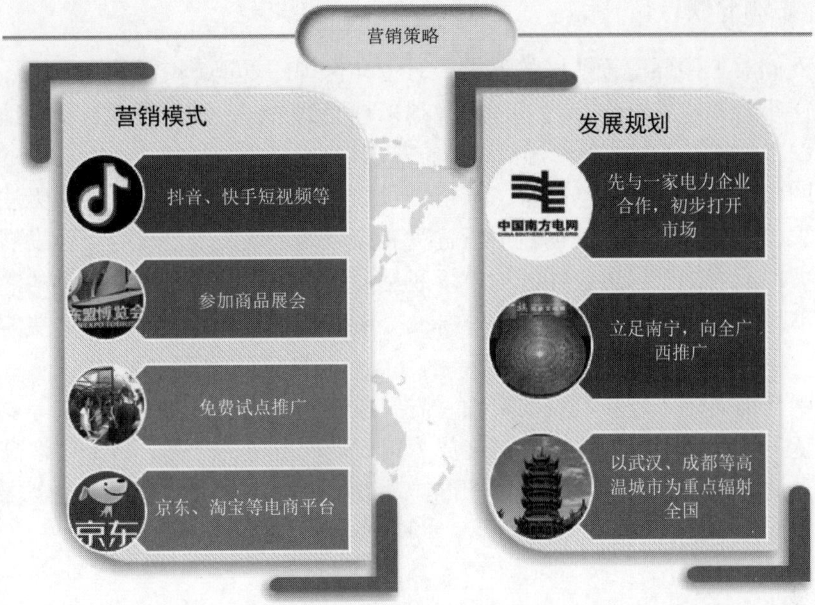

图2-2-6　营销策略分析

二、创业心得

“互联网+”创新创业大赛是一个能培养大学生创业意识和创业精神的比赛。“互联网+”大赛不仅培养了我的创新意识，而且团队互相协作可以补足许多个人的不足，让我体会了团队精神的重要性。

“互联网+”大赛不仅仅是一场比赛，它更多的是让大家学到了该如何去创业，创业需要准备什么。大赛非常需要严谨性，小到一个字一个空格都需要我们去修改。从第一个项目计划书撰写到后面去比赛，我们团队成员都付出了巨大的努力，在这个过程中我们不断进步、不断团结，从开始的没人干、不想干，到后来的熬夜加班修改制作，我们一直在进步！

同时，我接触到了学校的电力精英营，也因此接触到了很多关于科研立项的项目。在科研过程中，我们到底有没有认真在准备，我也深刻地思考了这个问题，我觉得需要改进的地方就是团队成员不需要太多，宁缺毋滥，我们需要高质量的想做、能做、敢做的成员。

经过“互联网+”大赛的历练以及专业老师的指导，收获还是不小的。特别是第二次比赛，自己的自主性、主动性更强，把一个项目从头到尾通盘考虑，认识到事情的复杂性，而且发现多经历这种比赛，多多学习，会对自己的语言表达能力、思维模式的提升有很大帮助。

以上是我在参加本次区决赛的总结，创新创业大赛是一个真正让大学生可以实现创业的平台，在其中我学到了很多，让我的能力也得到了很大的提升，相信在这之后，我们会越来越好！

三、案例分析

随着人们对工作环境舒适度的追求和对劳动保护的重视，交警、建筑工、环卫工人和外卖快递小哥等户外工作者的工作环境越来越受到关注，液冷服项目很好地抓住了当前户外工作者炎热夏季工作的降温消暑防护需求。

传统的航天用液冷服价格昂贵，不是一般的公司和民众可以接受的，无法满足现在的市场需求，因此，寻求系列创新手段解决液冷服的市场需求已成为行业发展的必然趋势。民用方向的液冷服可以说在国内市场还是发展缓慢。目前市场上常见的冷却服均存在一定的不足，“热了么”液冷服制冷效果好、寿命长，价格上更有优势，更容易让消费者接受。

液冷服目前还处于创新发展的阶段，需要在性能、使用方便性及成本等要素之间找到一个更优的平衡点，希望将来有机会成为跟空调同价值的产品，成为很多高温环境工作者的必备防护用品。高温环境工作者群体基数很大，未来将呈现更大的需求增长，市场前景值得期待。

案例三：渔乡——专注内循环生态水产养殖设备研发销售

项目名称： 内循环水体陆地水产养殖技术

学校名称： 广西水利电力职业技术学院

团队成员： 范　杰、徐国安、周阳林、盛铭远、吕玉娟、谢春雨、黄书鹏

指导老师： 郭　畅

创业宣言： 实施“人才优先，科技领先”的发展战略，立志做“水产养殖环保卫士”，为水产养殖行业提供优质、高效、低成本的养殖设备和技术服务

团队简介： 淬渔团队由广西水利电力职业技术学院机电工程系4名和水利系、经管系各1名大学生组成。团队不但有超强的技术能力和创新思维，还与多家企业达成合作，建立科研创新试验基地，接入先进微生物水体净化技术，拥有多方销售渠道支持，为更好地推广该项目提供了强有力的保障。本技术涉及在水质测控、视频监控、物理过滤、生化处理、恒温供氧等装置，对鱼类养殖全程实行精准监测、调控与管理，实现控水、控温、控苗、控料、控菌和控藻的养殖等各项领域，完美实现软件与硬件相结合的综合应用。

获奖情况： 2018年4月荣获第八届全国大学生机械创新设计大赛慧鱼组竞赛国家二等奖

2018年6月荣获我院第二届“沃源杯”机器人创意大赛学院二等奖

2018年12月荣获学院第二届创新设计与制作大赛学院二等奖

2018年12月荣获广西全区高校“创客马拉松”活动一等奖

2018年12月荣获广西全区高校“创客马拉松”活动最佳创意奖

2019年全国技能大赛“水环境监测与治理技术”一等奖
2019年广西技能大赛“水环境监测与治理技术”一等奖
2019年学院技能大赛“水环境监测工”优秀奖等多个奖项

项目背景： 内循环水体陆地水产养殖技术可以替代对河流造成极度污染的、传统的“靠天吃饭”的网箱养殖技术，采用养殖箱+透析箱+自动化控制技术，摆脱了传统养殖需要天然河流或鱼塘进行自然净化的现状，实现了内循环式净化。

一、项目介绍

（一）项目概述

1. 第一代产品

第一代产品采用集装箱作为养殖容器，利用透析箱进行水的内循环，集装箱中的水通过透析箱进行净化，再转回到集装箱。自主研发的控制系统采用一套自动化装置来进行水质检测、水位监控、恒温控制、自动投食等，保证鱼在合格的水质中成长，如图2-3-1所示。

在进行生产验证过程中，发现集装箱投资成本过高，容水量、产量还有提升空间。在安装时需要起重设备，安装场地需要打地基，因此限制了内陆山地等特殊区域的养殖。

经过一期的生产验证，我们针对降低成本、简化设备安装、提升场地适应性等方面进行技术改进。

2. 第二代产品

第二代采用刀刮布容器取代第一代的集装箱容器。比起集装箱，刀刮布的成本更低、前期投入更少、水产养殖容量大大提升、安装时更方便、产量更高、更环保。刀刮布不受地形限制、不像集装箱需要地基，同时拆装便捷，如图2-3-2所示。

图2-3-1　第一代产品应用照片

图2-3-2　第二代产品应用照片

该产品已经进行两期生产验证，可以应用于广西、广东、湖南等南方地区。

3. 第三代产品

在产品推广过程中，我们通过自有渠道与新疆、内蒙古、东北地区客户进行接洽发现，北方内陆地区对鲜活水产需求量大，但是水资源匮乏。北方的环境、天气与南方相比大有差异，故在第二代的基础上研发“南鱼北养”技术。要实现南方的鱼北方养首先要解决气温问题，由于北方天气较冷，温度较低，保暖成为现在面临的最主要的问题。考虑到成本，如果利用普通的保暖方式，则需要用电能来进行加热，但电能加热耗费大，成本很高，所以我们制定了初步方案，改进容器结构，设计出地下养殖容器，提高保温效果。在热源方面，跟垃圾焚烧厂、炼钢厂等工厂达成合作协议，利用他们的工业余热，再利用管路连接给水产养殖区域供暖，降低了保温成本，并对能源进行二次利用，提高了经济效益。

（二）项目商业性分析

（1）技术国内领先。产品采用内循环水体陆地水产养殖技术，不依靠外部水体的自然沉降。经过一年的生产验证和监测，我们的技术已经完全成熟，目前有两项技术正在申请专利。

（2）大幅降低养殖成本，提高产量产值。通过材料、自动化技术等手段，降低设备成本、鱼料和药物成本（几乎零投药）、人工成本（一个工人可以看管40个养殖箱），实现高密度养殖，产量高、质量好，养殖户收入提高。

（3）不受设备、场地限制。设备对场地和安装要求低，内循环水质处理不需要外部水源，山地、内陆地区均可实现养殖，内陆水产养殖没有休渔期，可一年四季出鱼。

（4）制定整体解决方案，提供完整售后技术服务。针对不同鱼种和不同养殖地区进行个性化定制，实现淡水、海水各类水产品养殖。强大的技术团队为客户提供完整的售后服务，保证渔民轻松上手，无忧养殖。

（5）市场前景广阔。目前国家实行退耕还湿政策，传统网箱养殖被禁止和取缔，国内水产需求市场需求大，国家对环保型水产养殖支持力度大。

（三）营销策略

进行全面的市场推广，在各个省份招收代理商，代理商再发展客户；营销方式以直销为主，能迅速得到顾客的反馈；国家扶贫政策对集装箱养殖特色产业的支持。以客户的需求为首要出发点，我们将从地区、环境、气温等方面因地制宜地为客户制定最合适的养殖方案。客户购买了我们的设备后，我们将会提供养殖容器的安装指导、养殖培训和全面的售后技术服务，包括养殖容器的维护检修等。

二、创业心得

通过开展内循环生态水产养殖设备项目，进一步熟悉了如何进行市场调研，如何撰写商业计划书，如何进行产品设计，如何进行市场推广，进而对如何创业有了深刻体验，对项目下一步发展有了更进一步的想法。

三、案例分析

该项目有别于传统的水产养殖方式，其采用内循环生态水产养殖设备进行可控养殖，并且能够采用信息技术进行管理，对于提高养殖效率、降低人工成本、提升养殖存活率和生长情况有重要作用，可用于广泛开展规模化养殖。这种方式养殖出来的水产品的口感、品质是需要进行严格把控的，毕竟目前人们对食物的口感体验要求是越来越高的。

案例四：便携多功能手拖车

项目名称：便携多功能手拖车

学校名称：广西水利电力职业技术学院

团队成员：粟依宁、张鸿富、黄林波、罗豪严、杨济敬、蒙锐星、莫燕玲

指导老师：张海明、刘　珺、肖　芬、谭　程、危　雲

创业宣言：打造高级实用的搬运小能手

团队简介：机舞团队由7名优秀的在校大学生组成，涉及技术、管理、市场、财务等相关领域，本团队由资质过硬的老师与思维活跃的学生强强联合，不仅有对市场的敏锐分析观察，也有超强的技术支持，还具有对事物的深入分析及发散性思维等能力，为项目的成功完成以及运行提供了有力的保障。团队成员均为“00”后，年轻富有活力。团队成员整体具备创新意识，策划能力、执行能力，分工合理有序。

获奖情况：第四届中华职业教育创新创业大赛广西区赛金奖

第六届中国国际“互联网+”大学生创新创业大赛广西赛区铜奖

项目背景：项目为广西水利电力职业技术学院粟依宁等同学有感于传统手推车功能单一、占用空间大、不便携带、拖动费力等而研制的一款多功能手拖车，产品主要应用于果园、超市、物流公司、企业仓库、货站等需货物搬运的地方。便携多功能手拖车目前已完成了第一代初始产品，试用效果可观，并已获得发明型专利和实用型专利各1项。

一、项目介绍

（一）项目概述

手拖车是人们生活中必不可少的搬运工具，目前市场上的手拖车存在功能单一、占用空间大、不便携带、拖动费力、价格昂贵等问题。我们设计制造的便携多功能升降手拖车集拖（推）车、升降机和称重机于一体，充分考虑人体工学来助力搬运，轻松省力。产品可折叠、便于携带、占用空间小，可作为简易升降机使用，搬运货物更为方便，操作人员疲劳时还可作为椅子休息。此外产品还集成了数码称重模块，可以实时显示货物的重量，便于统计货物重量，也可避免过载损坏产品。产品广泛应用于果园、超市、物流公司、企业仓库和家庭等需要搬运货物的场合，如图2-4-1所示。

产品目前已完成模型图纸设计、样品制作和专利申报，样品经周边果园使用测试，效果良好，已具备批量投入市场的充分条件。产品设计巧妙，操作简便，功能丰富，适用性广，性价比高，具有广阔的市场前景。项目指导老师和团队成员合影如图2-4-2所示。

图2-4-1　项目分析

图2-4-2　项目指导老师和团队成员合影

（二）产品介绍

便携多功能升降手拖车是集拖车、升降机和称重机于一体的手拖车，拖车的拉杆分上下两部分，设计巧妙，结构简单，通过一个简单的活动套筒就可实现拖车和推车的转换。除此以外，当作为升降机使用时，在升降机构上还安装了数显称重模块装置，可以实时显示出拖运、升降货物的重量，以便于实时统计货物重量，还可以避免过载对设备结构的损坏。手拖车在不使用时，可以充分折叠，占用空间少，携带和存放都十分方便，适合多类人群使用。产品效果分析如图2-4-3所示，产品技术原理如图2-4-4所示。

（三）市场分析

1. 市场容量

手推车是以人力来推和拉的搬运车辆，它是一切车辆的始祖。随着科技进步，物料搬运技术不断发展，但拖车仍作为不可缺少的搬运工具而沿用至今。在机动车辆不便使用的场合和短距离搬运较轻的物品时得到广泛应用，具有稳定增长的市场容量。2015—2019年手推车市场容量如图2-4-5所示。

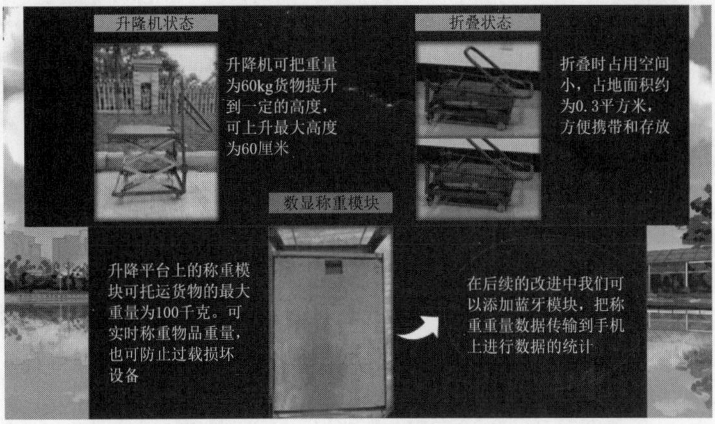

图2-4-3　产品效果分析

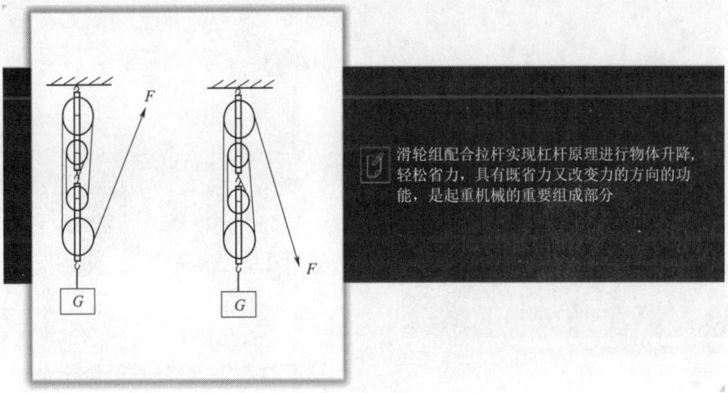

图2-4-4　产品技术原理

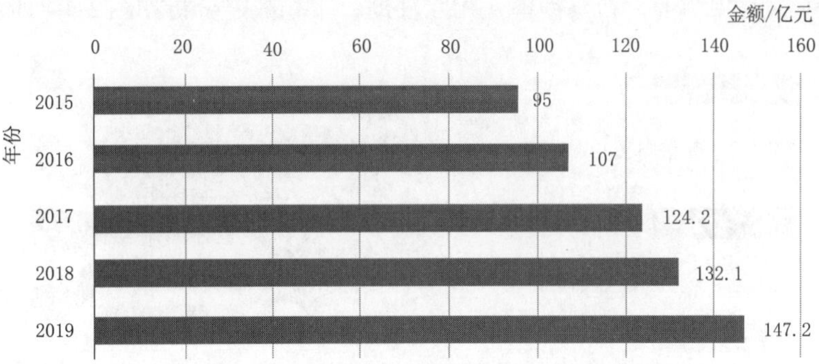

图2-4-5　2015—2019年手推车市场容量

随着产品的不断发展，手推车在国内的市场容量增大。目前，广西壮族自治区内拥有各类小拖车企业596家，规模以上企业37家，从业员29.8万人。截至2017年年底，广西壮族自治区内小拖车产值超过10亿元，较2016年的不足9亿元增长11.37%。产值前十位企业合计收入41977.35万元，较前一年38150.82万元同比增长10.03%。近年来，市场容量稳定在10%左右的增长。

2. 目标市场

本产品的主要目标客户群体面向果园、超市、物流公司、企业仓库、货站、家庭六大类，目前主要以果园作为首要客户，并已对周边果园进行实际的测试，效果良好，果农对我们的产品高度认可。

3. 竞争者分析

根据调查显示，目前国内市场上已存在的同类产品，主要可分为两类：液压式或电动式升降平台。

液压式升降平台（图2-4-6），在升降方面有着巨大的调控能力，但造价较昂贵（市场售价在4000元左右），安装过程稍显复杂，且面向消费群体性弱。

电动式升降平台（图2-4-7），同样是造价昂贵（市场售价在3000元左右），面向消费群体性弱，并且它主要是靠电机来提供动能，一定程度上有着较大的实用性，但在电瓶电量消耗完后移动不方便，在一定的程度上造成了工作上不必要的麻烦。

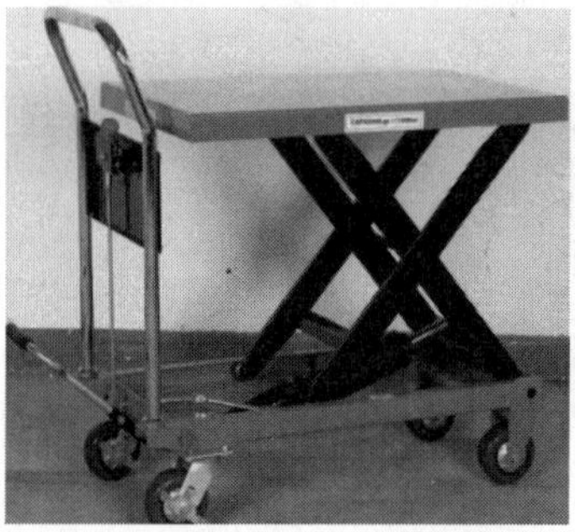

图2-4-6　液压式升降平台

图2-4-7　电动式升降平台

（四）营销战略

线上线下渠道相结合，新营销模式相互辅助，市场战略分析如图2-4-8所示。

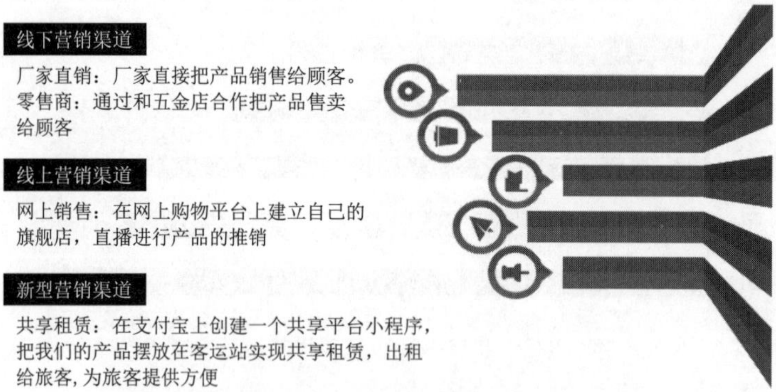

图2-4-8　市场战略分析

二、创业心得

在一起备赛过程中，我们在团队协助方面有了更进一步地加强，对机械方面的专业知识有了更深了解，感觉到我们学习的知识十分有用，并且学以致用才能更有收获。

三、案例分析

普通的手拖车功能单一，功能复杂的手拖车价格过于昂贵，便携多功能手拖车项目针对目前市面上的手拖车痛点进行差异化设计，集拖车、升降机和称重机于一体。手拖车在不使用时，可以充分折叠，占用空间少，携带和存放都十分方便，产品还获得了国家专利，是一块性价比极高的多功能手拖车。

案例五：安心输液

项目名称：Nandinger——安心输液

学校名称：广西水利电力职业技术学院

团队成员：杨丽梅、肖福楠、谢基用、吴泰森、黄国策、梁恒星、李德山、黎健辉等

指导老师：彭　情、潘元忠等

创业宣言：安心输液，健康生活！

团队简介：创业团队主要由学院电力工程系近10名大学生及指导教师组成，擅长领域涵盖智能控制技术、电力电子技术、计算机编程技术、电力远动技术、无线传输技术、DCS集控技术、电路分析等，完美结合软件与硬件的综合应用。团队拥有国家专利5项，曾获得国家级证书3项，省级证书12项。此外，团队不仅具有较强的技术能力，还拥有着先进的电力精英训练营创新基地，为能更好地完成和推广本项目提供了强有力的保障。

获奖情况：第三届中国“互联网+”大学生创新创业大赛国赛铜奖

第三届中国“互联网+”大学生创新创业大赛广西赛区冠军争夺战季军（金奖）

2017年中国–东盟职业教育联展技术创新一等奖

第五届广西高校大学生创新设计与制作大赛二等奖

学院第三届“互联网+”大学生创新创业大赛特等奖

实用新型专利：一种医疗输液液位自动报警装置

实用新型专利：一种基于无线传输的医疗输液实时监控系统

项目背景：在医院打点滴的时候，经常发现护士总会时不时地跑过来看一下输液瓶还剩多少药液量，从而判断大概什么时候输完，而患者自己也常常焦虑地盯着输液瓶看，想知道还要多久才能输完，也生怕输完了不能及时拔针发生危险。为了解决这一痛点问题，项目团队前往广州、南宁、桂林等多家医院及医疗器械公司进行了调研，在老师的指导下，历经多年不断研发改进，横跨三届学生共同的努力，最终研制出可行的产品，并申请了国家专利，获得了多位行业专家的高度肯定，在大赛路演中吸引了广西电视台等

多家权威媒体的广泛报导，获得多位投资人的持续关注并给出投资意向，先后与多个投资机构进行了融资洽谈。

一、项目介绍

（一）项目概述

静脉输液技术运用到临床，至今已有百余年的历史，因其方法直接、见效快，成为当今临床最常用的技术操作。经对156所医院的调查显示，住院患者的平均输液率每年呈上升趋势，2016年，住院患者的平均输液率已高达94.46%。由此可见，输液技术已成为了当下医疗的常用技术。

目前，我国医疗卫生机构数总体呈现增长的态势。截至2016年，我国共有大型医院3.29万家，基层医疗卫生机构91.73万家，专业公共卫生机构3.50万家。其中为社会提供高水平医疗卫生服务并执行高等教育、科研任务的区域性以上的三级医院数目也在不断增长。

与此同时，2008—2016年，中国的卫生总费用以28%的复合增长率迅猛发展，其主体医院市场在2016年整体规模接近3.6万亿元人民币。生活水平提高导致的就医差异化诉求以及人口老龄化推动了我国的医疗及健康行业的比重向更高进发。从长期来看，中国医疗服务市场仍有长足的发展空间。

随着输液患者人数的不断上涨，如何提高护士的工作效率就显得尤为重要。每当我们在医院打点滴时，并不难发现医护工作者总会时不时地跑过来查看我们当下输液瓶内的药液高度具体到了什么位置，从而判断大概什么时候输完，这样在很大程度上降低了医护人员的工作效率，严重浪费时间。病人也会经常抬头观看药液输完了没有，担心输完了护士没有及时过来拔针。针对以上情况，项目团队研究出一套医疗输液监控系统，在有效提高护士及医护工作者工作效率的同时，且不影响原有医疗设备的使用。产品能有效地提升医疗机构的自动化与信息化水平，充分发挥现有医疗资源的能力，有效地提升医疗机构的运营效率与患者满意度。同时本产品也使得区域内医疗信息的整合、交换与共享成为可能。就当下中国医疗设备的发展水平而言，产品本着较低的成本、简单轻便的设计，必将拥有着广阔的发展前景。图2-5-1为本项目参赛情况，图2-5-2为项目负责人接受广西电视台采访。

图2-5-1　参加第三届中国“互联网+”大学生创新创业大赛广西赛区冠军争夺战

图2-5-2　项目负责人接受广西电视台采访

（二）产品/服务介绍

Nandinger是一款基于无线传输的互联网+医疗输液监控装置系统。该系统可在大屏幕、电脑、手机App上同时监控整个医院的输液进度情况，并显示输液开始时间、预计完成时间，对输液完成先后进行排序，极大地方便了护士实时监控输液情况。当病人的输液瓶即将完成时，发出声光报警信号，并把病人的输液编号显示出来，方便护士及时处理，极大地提高了工作效率，减轻了劳动强度。病人也可在现场的显示器上看到输液预计完成时间，以便做好心理准备和合理安排其他事情。该系统不但能有效地提高护士的工作效率，还可减轻患者焦虑的情绪，真正做到安心输液。图2-5-3为团队成员在老师指导下进行产品设计。

图2-5-3　团队成员在老师指导下进行产品设计

（三）市场分析

项目团队针对广西医疗市场进行分析，截至2017年年底，全区有医疗卫生机构4.8万个，医院1323个、基层医疗卫生机构45016个、专业公共卫生机构1877个。与上年相比，医疗卫生机构增加280个。在全广西，三级医院149个，二级医院433个，一级医院301个；

按经济类型分，公立医院767个，民营医院556个。在广西基层医疗机构中，卫生院1216个，社区卫生服务机构2554个，门诊部（所）14068个，村卫生室27178个。根据实地调研情况以及数据表明，医院急需使用一种新型的工作模式来改善护士工作应接不暇的局面。根据我们的调查访谈发现，80%的医护工作人员对我们的产品表示期待，且希望可以尽快投入该医院使用，免去来回奔波的时间，以减轻他们的工作压力，提高工作的效率。85%的患者也对产品表示期待，免去他们担心输液结束未能及时换药或拔针的焦虑情绪，在输液时安心休息。图2-5-4为项目团队参加“互联网+”全国总决赛合影。

图2-5-4　参加第三届中国“互联网+”大学生创新创业大赛全国总决赛

二、创业心得

刚进入大学，我从没想过创业，直到遇到了电路老师潘元忠，让我开启了一段不一样的大学时光，在学完电路之后，我又自学了单片机编程，然后开始慢慢进行创意创新产品的研发设计，和学长们一起做电路和作品，先后申请了多项国家专利。对于创业大赛，一开始什么都不懂，不知道什么是商业计划书，什么是路演PPT，后来指导老师给了我们很多建议，我们也去听了一些讲座，渐渐地对创新创业及大赛有了更深的认识，收获了很多，自身的专业技能也有了很大的提升。通过参加这个比赛，对产品以后的发展，还有市场前景方面，我们都有了一个更深入的了解，然后认识了很多的投资人，有的也给出了投资意向，还有相关的一些导师也给了我们一些很好的建议，希望我们的创新创业道路能越走越远。

三、案例分析

据不完全统计，自2015年1月以来，由国务院及相关部门出台的医疗器械法规、部门规章和规范性文件，多达20余项，比较重要的有9项。在巨大市场需求和政策红利指引下，各类资本开始以多种模式进军医疗服务市场。本项目很好地关注了医疗输液过程中病人、护士、医院各方面的需求，切中了市场痛点，具有很大的市场需求。

这是一个很优秀的项目，计划书与PPT都做得很好，具有较高的创新性、商业性，团队很优秀，产品就当下医护工作者的工作效率问题和病人输液过程中的焦虑问题提供了很好的解决方案。产品适用范围广，灵活程度高，能够更好地适应当下市场需求。

然而，医疗器械属于专业性很强、周期长、行业壁垒较高的细分行业，对团队和资金的持续投入要求很高，这方面对一个以电力专业为主要背景的项目团队来说是一个很大的挑战。对于与医疗器械公司的合作模式来说，如果想要取得比较大的成功，那就不再是简单制作出好的创新作品，而是要有一个更好的经营模式。这一经营模式涉及产品生命周期内的每一阶段，从设计、制造、注册申请、市场分销至售后服务。医疗器械的产品生命周期管理对于产品和公司是否能获得成功都是关键。

案例六：落灯花——传承非遗点亮千万家

项目名称：落花灯文创

学校名称：广西水利电力职业技术学院

团队成员：施　婷、施　敏、卢世敏、覃秀炼、钟奕裕、蒙香杉、李筱娟、谭文渊、陈喜楠、谢久林

指导老师：李文娟、刘家铭、彭　聪

创业宣言：落灯花文创为您打造诗境化生活空间！

团队简介：落灯花文创团队核心成员由4名优秀指导教师、2名校外专家、两届大学生共10名在校大学生组成。涉及室内设计、家具设计与陈设设计、财务管理等相关领域。

获奖情况：第一代文创组成员，由施婷、施敏、卢世敏、覃秀炼、钟奕裕、蒙香杉组成，作品《万家灯火》参加2019年度第六届广西高校大学生创新设计与制作、第一届广西大学生材料绿色循环再利用设计大赛均获三等奖。作品《落灯花文创项目》参加2020年第六届中国国际“互联网+”大学生创新创业大赛，获校内选拔赛金奖，区级三等奖；参加第九届“挑战杯”广西大学生创业计划竞赛，获区级铜奖。

第二代文创组成员，由钟奕裕、蒙香杉、李筱娟、谭文渊、陈喜楠、谢久林组成。参加第三届创新设计与制作校内选拔赛，获金奖；参加广西—东盟经济技术开发区青年创新创业大赛，获三等奖。

项目背景：无论是古今文人学子，还是农家百姓、市井商民，都渴望夜晚的一盏灯，给予了人们生活的便利与希望。据统计，2017年全国超过9万家文化及相

关产业企业的营业收入，比上年增长10.8%，增速提高3.3个百分点。同时，文化产业带动旅游、文化艺术、新闻出版、电影等多个产业持续同步增长。近几年，相对于中规中矩的灯具，有着文化特色、诉说情怀的灯具更吸引人们眼球。中高端消费人群，对定制化需求、工艺的精细度、产品的服务特色要求更高，特别是年轻人群喜欢独特个性明显的产品，这种民族风情的灯饰会有一定的优势。

一、项目介绍

落灯花文创公司成立于2019年6月26日，团队成员都是有理想、有能力、有想法的优秀大学生。

落灯花文创团队致力于设计与制作广西文化创意灯饰。原创作品将文化、文物、民族风情、自然风光“转译”成“生活用品+装饰艺术品的文创灯具”，在灯饰上表现广西各地特色文化，打造富有民族艺术形象的灯饰品牌。

目前已制作出一系列产品，有古典、新中式、现代等风格系列，有布艺、红木、竹子等材料系列，纹饰和图案工艺有印染、蜡染、干花、手绘、编织等系列，灯饰图案来源于广西各地特色文化，如壮乡铜鼓、宁明花山岩画、少数民族风情文化等。

古典风格的灯饰：如图2-6-1所示，充分继承和发展中国传统文化，革故鼎新地设计出古色古香的传统灯饰。

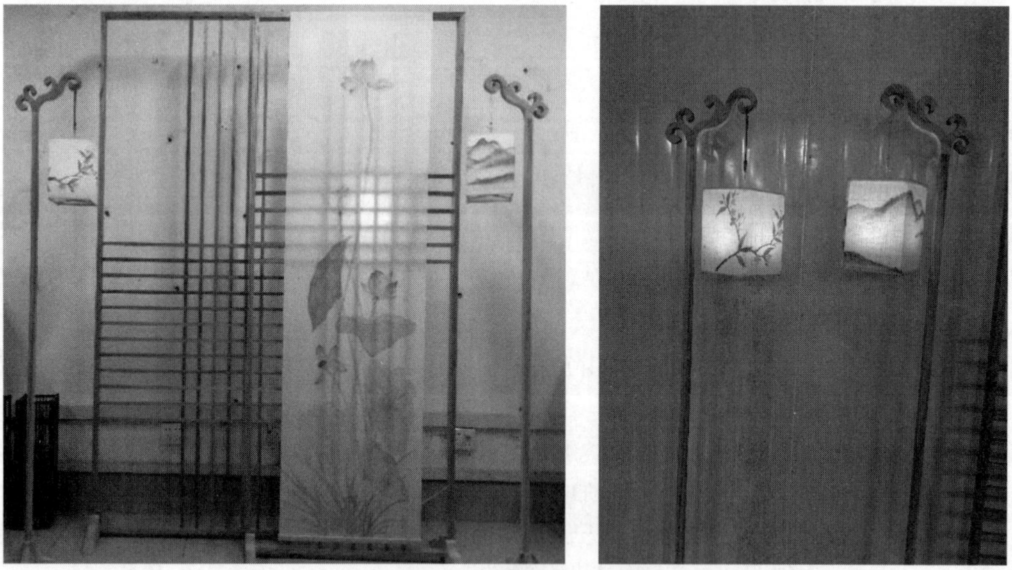

图2-6-1　古典风格的灯饰

新中式风格的灯饰：如图2-6-2所示，融合了传统文化和现代时尚元素，以梅兰竹菊等意象，传达安谧娴静的意境。

现代风格的灯饰：如图2-6-3所示，在前者的基础上融合广西著名文化，打造出别具一格的新型灯饰。

图2-6-2　新中式风格的灯饰

图2-6-3　现代风格的灯饰

二、创业心得

课堂的学习始终有限，同学们在大学三年除了日常学习生活外，还能做些什么？参加竞赛是最多的答案。一个比赛首先来源于老师的指导，团队的合作，以及自身的付出。起初特别困难，有种“曲高和寡”的寂寞，但随着竞赛的展开，会收获老师的认可，同学的称赞。通过竞赛也接触到了不一样的人、事、物，开阔了眼界，学会了待人接物，面对困难时也从容不迫。

三、案例分析

“落灯花”文创，以侗族木构营造技艺为依托，唱响“非遗”主旋律，聚焦文化创意和区域合作，具有“大国工匠”与能工巧匠的创意、创新特点。

案例七：绿糠——滚筒堆肥装置

项目名称：绿糠——滚筒堆肥装置

学校名称：广西水利电力职业技术学院

团队成员：熊志涛、韦杨晶、魏枭柔、覃　旭、孙俪嘉、梁绍兴、黄　婧、陈维进、陈宣超、石金兰、黄金全、杨庚兆、凌雯婷、覃伟成、杨奇赛

指导老师：常志勇、杜艳珍、覃　通

创业宣言：致力于解决有机垃圾肥料化的处理问题

团队简介：创业团队主要由学院水利工程系等相关专业的同学组成。团队成员具有很强的自主学习能力，思维活跃，能够捕捉生活中的痛点，并能灵活应用到创作中，且团队凝聚力强，参加各类职业技能大赛及创新创业大赛竞赛获奖。

获奖情况：2020年10月获广西第六届中国国际"互联网+"大学生创新创业大赛广西赛区铜奖

2020年4月获广西第六届高校大学生创新设计与制作大赛二等奖

2020年9月第九届"挑战杯"广西大学生创业计划竞赛三等奖

2019年10月获广西第二届中华职业教育创新创业大赛广西区赛决赛银奖

2019年10月学院第五届"互联网+"大学生创新创业大赛二等奖

实用新型专利：一种可旋转的庭院用垃圾堆肥桶（2019年9月）

项目背景：实行垃圾分类，关系广大人民群众生活环境，关系节约使用资源，也是社会文明水平的一个主要体现。我们为了响应国家的绿色环保政策，于2018年4月2日成立了庭院垃圾堆肥小组，作品运用生活中发现的一种普遍的微生物发酵，运用生活中回收的废品制作成简易的装置能将落叶和厨余等庭院垃圾转化为有机肥料，循环利用，有效地解决了庭院垃圾的堆积问题，还可形成绿色环保、无害利用和庭院零污染的生态模式。目前项目已经完成第二代堆肥与二代装置的研制并进行了试用，申请并获得国家专利1项。

一、项目介绍

（一）项目概述

落叶及厨余是垃圾的重要组成部分，都属于可降解的有机垃圾，约占生活垃圾的70%（重量比）。落叶新型处置解决方案可将落叶、厨余等有机垃圾通过发酵转化为有机肥。据统计，2017年，全国202个大、中城市生活垃圾产生量为20194.4万吨，处置量达到20084.3万吨，处置率达99.5%。202个大、中城市中，城市生活垃圾产生量最大的是北

京市，产生量为901.8万吨，其次是上海、广州、深圳和成都，产生量分别为899.5万吨、737.7万吨、604.0万吨和541.3万吨。前10位城市产生的城市生活垃圾总量为5685.8万吨，占全部信息发布城市产生总量的28.2%。垃圾产生量的不断增加导致了垃圾清运量的不断攀升。2009—2017年，全国生活垃圾清运量总体呈现逐年增加的态势。到2017年，全国生活垃圾清运量达到了21521万吨，同比增长5.69%。垃圾产量与清运量的不断增加，给生活垃圾处理带来了新的挑战。图2-7-1为本项目团队参赛合影；图2-7-2为项目团队进行产品研发。

图2-7-1　荣获广西第二届中华职业教育创新创业大赛区赛银奖

图2-7-2　水利工程系覃通老师指导项目团队进行产品研发

截至2017年，我国生活垃圾无害化处理能力达到67.99万吨/日，拥有生活垃圾无害化处理厂1013座。垃圾焚烧将成为未来生活垃圾处理主流方式。由于用地紧张和二次污染等问题的存在，尤其在中国东部等一些经济发达的省份，人口密度大且土地资源紧缺，填埋式垃圾处理方式的发展已经遭遇了瓶颈。但垃圾焚烧和垃圾填埋都是垃圾集中式处理，如果从每个家庭解决生活垃圾出发，每户的生活垃圾自行处理，家庭式处理能缓解以上矛盾。

（二）项目成果

将生活中的落叶、厨余垃圾等通过发酵制成有机肥。通过制作一种经济、环保、易操作的落叶处置新型解决方案装置，采用微生物发酵技术，将落叶和厨余等垃圾转化为有机肥料。制成的有机肥，是属于无毒无公害的熟化产品，不会产生异味，也不会污染环境，其主要功效为改良土壤。此种方式可循环利用，改善生态环境，有效解决垃圾的堆积问题，形成绿色环保、无害利用和环境零污染的生态模式，以减轻对人类健康和环境的危害，走上生态可持续发展道路，绿水青山就是金山银山。我们欲将堆肥首先进行后山土壤改良实验，找出最佳施用堆肥量，然后把此方法推广到小区、公园等区域。图2-7-3为堆肥的操作流程图，图2-7-4为项目参加创新设计制作大赛情况。

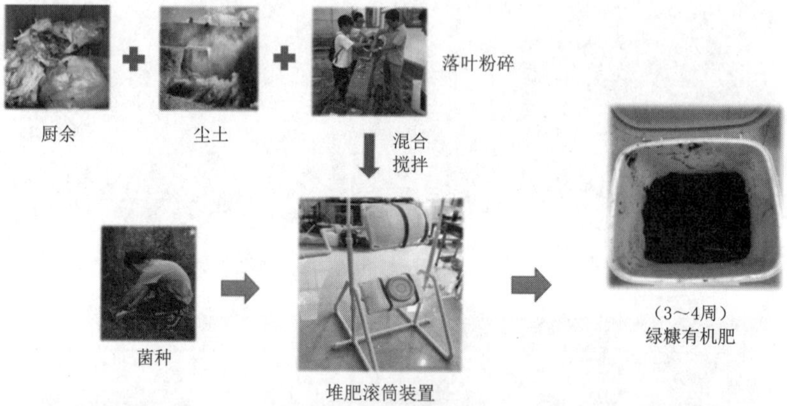

图2-7-3　堆肥流程图

图2-7-4　参加学院第三届创新设计与制作大赛

（三）市场分析

许多生活垃圾与落叶无法得到充分的利用，就产生了堆肥装置。但堆肥装置现在市场类似产品售价高且都是大型生产机器不方便家庭使用，无法满足市场需求。随着研发的不断改进，我们的堆肥装置越来越轻便，越来越适合家庭自用且能起到变废为宝作用。

国内堆肥市场，有机肥料及微生物肥料装置制造行业企业达到235家，其中62%的企业以生产大型堆肥装置为主；24%的企业以生产集成化堆肥装置为主，另外的10%的企业则以生产混合式堆肥装置为主。其中小型便携堆肥装置生产企业仅占10%。本团队研究的滚筒堆肥装置轻便快捷，非常适合家庭自用，处于市场空白区且主要在于在让生活垃圾、庭院垃圾变废为宝。此外，我们的垃圾发酵菌种现可以大规模投产，其中有能够改善土壤的菌群，对现阶段环保需求起到一定作用。

（四）营销策略

结合装置本身的特点，以及市场调查，将市场营销定位定为：首先与学校合作为主，其他营销渠道为辅，后期会加入电商直播等途径进行产品售卖。市场目标人群分析如图2-7-5所示。

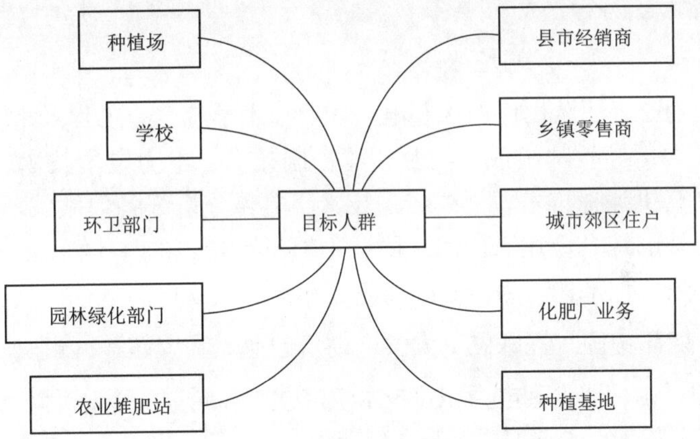

图2-7-5　市场目标人群分析

二、创业心得

一分耕耘，一分收获，我们付出了辛苦，也得到了相应的回报。创业团队和项目计划从无到有，然后到尽善尽美，个人创新能力和工作能力不断加强，创业团队人员收获了深刻友谊。创业过程中，我的收获很大。首先，我深刻认识到团队力量的伟大，大家在工作中分工明确，相互团结，培养了一种良好的创业气氛，我的知识面也在此次创业中有了很大的提高，除了本专业的学习，对于创业项目中涉及的垃圾分类、模型制作、土壤改良等，成为我新收获的知识。这只是一次尝试，但它却使我们认识到了创业的艰难，锻炼了我们克服各种困难的勇气，使我们以后的人生路更加宽阔。同时真心感谢各位老师在比赛各个方面给予的热心指导和足够重视，真心感谢老师们的不辞辛劳和辛勤付出，以及对我们的关怀和帮助。

三、案例分析

在当今世界，绿色发展已经成为一个重要发展趋势，许多国家把发展绿色产业作为推动经济结构调整的重要举措，突出绿色的理念和内涵。垃圾分类的目的是提高垃圾的资源价值和经济价值，力争物尽其用，减少垃圾处理量和处理设备的使用，降低处理成本，减少土地资源的消耗，具有社会、经济、生态等几方面的效益。将落叶和厨余等垃圾转化为有机肥料，循环利用，改善生态环境，有效解决垃圾的堆积问题，且有效改良土壤，形成绿色环保、无害利用和环境零污染的生态模式，这非常符合时代发展趋势，前景广阔。

案例八：微型无功补偿装置

项目名称：微型无功补偿装置

学校名称：广西水利电力职业技术学院

团队成员：欧　君、卢史和、陈文翔、谢丽云、蒙　豪、张显证

指导老师：潘元忠、岑　斌

创业宣言：解决“无功”，就是“有功”！

团队简介：无功匠人团队由广西水利电力职业技术学院电力工程系6名大学生，及2名优秀指导教师组成。涉及智能控制技术、电力电子技术、电力远动技术、计算机编程技术、无线传输技术、电路分析等各项领域，完美结合软件与硬件的综合应用。同时，团队不但具有超强的技术能力，还拥有着先进的创新实训基地。为能更好地完成和推广该项目的运行提供了强有力的保障。

获奖情况：第四届中国“互联网”大学生创新创业大赛广西赛区银奖

项目背景：项目由广西水利电力职业技术学院欧君等同学基于对无功补偿装置市场的调查分析而致力研究的一款微型无功补偿装置，本产品主要应用于中小型工厂、电气设备生产企业、与电力相关的学校。本产品结构简单，使用方便，固定电容器和固定电抗器组成的一个无功补偿加滤波支路，可控硅电子开关。

一、项目介绍

（一）项目概述

本团队研发的一种微型无功补偿装置，各种功能已经实现，可投入市场使用。现在社会用电负荷量与日俱增，对我们产品的需求量不断增大，市场前景广阔。本产品结构简单、使用方便、价格实惠。且具备自动投切功能，可减少人工监视运行，本产品投切时不会影响设备正常运行，其制造周期短，较容易让消费者所接受，能够很好地推广并率先抢占市场。本产品主要目标客户群体是面向中小型工厂、电气设备生产企业、与电力相关的学校。根据预测，产品投入市场后第一年盈利可达到80万元。微型无功补偿装置实物电路装置如图2-8-1所示。

图2-8-1　微型无功补偿装置实物电路装置

（二）产品介绍

微型无功补偿装置是用于补偿感性负荷所需要的无功功率的装置。该装置对于提高系统的功率因数、改善电能质量、延长电力设备使用寿命、降低电网传输损耗、抑制电压波动具有重要作用。该装置提高了系统的功率因数，降低了线路中的无功电流，充分响应了国家环保节能的号召；同时帮助用户解决了用电罚款的担忧。微处理器原理图如图2-8-2所示，图2-8-3为项目团队进行产品研发调试，图2-8-4～图2-8-7为产品投入前后的参数对比。

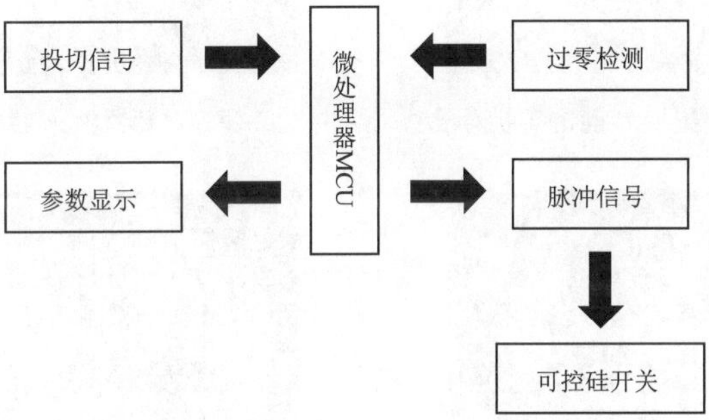

图2-8-2　微处理器原理图

（三）市场分析

电力工业是国民经济发展中最重要的基础能源产业之一，同时也是社会公用事业的重要组成部分之一，是我国经济发展战略中优先发展的重点领域。近年来，国内经济的快速发展，带动电力行业发展迅速，装机容量、发电量及用电量呈现良好的增长态势。据统计，截至2021年全国发电量为81121.8万千瓦时，同比增长4.28%。预计未来我国电力消费需求仍将保持平稳较快增长。据了解，目前中国电网的建设和运行中长期存在的一个问题是无功补偿容量不足和配备不合理，特别是可调节的无功容量不足，快速响应

图2-8-3　团队进行产品研发调试

图2-8-4　装置投入前的电流示数

图2-8-5　装置投入后的电流示数

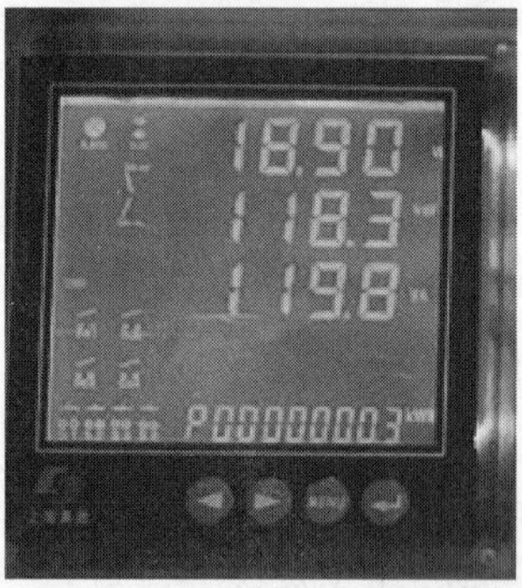

图2-8-6　装置投入前的无功功率示数

图2-8-7　装置投入后的无功功率示数

的无功调节设备较少。

智能电网作为未来电网的发展方向，渗透到发电、输电、变电、配电、用电各个环节。从2011年开始，国家电网将开始全面建设智能电网，特高压投资和电网智能化建设投资即将进入快速增长期，再结合国家节能减排战略规划和我国发电装机容量的远期规划。无功补偿设备作为电能质量治理市场的重要组成部分，据统计，2020年我国无功补偿设备销量为18.28亿千瓦，同比增长11.3%，从销量分布来看，2020年我国无功补偿设备销量中电力企业销量16.10亿千瓦，同比增长10.9%，占比88.0%；用户自备2.19亿千瓦，同比增长14.7%，占比12.0%。未来几年，我国无功补偿装置市场规模将呈现迅速增长的局面。

（四）营销策略

1. 与中小型工厂合作

计划率先在部分中小型工厂投入使用，将产品更好推入市场，打响地方品牌效应，利用本产品在技术上、价格上的双重优势，为工厂提高生产效率，降低成本。

2. 与电力相关的学校合作

本产品可作为无功补偿装置实训演示。学校学生的实验实训操作频繁，容易导致相关设备损坏。本产品价格低廉，结构简单，方便安装与维修，对学校来说是个不错的选择。

二、创业心得

我们在上专业课时，深知功率因数对于整个电力系统来说是一个重要指标，为了达到符合要求的功率因数，各个环节都采取了各种措施。我们研发的微型无功补偿装置是针对工厂末端用于补偿感性负荷所需要的无功功率装置。在项目研发制作过程中，我们对电力系统运行中的参数要求、设备原理、行业现状、技术使用等方面都有了更多的了解。

三、案例分析

本项目是一个紧扣所学专业和电力行业背景的创新创业项目，充分体现了专创融合、产学研用结合。该产品能有效提高电力系统的功率因数，降低电网传输损耗，抑制电压波动，充分响应了国家环保节能的号召。产品的生产、推广应用，都需要进一步加强与上下游相关电力行业企业的合作，这样才能更好地形成推广效果。

案例九："水上保镖"智能救生衣

项目名称："水上保镖"智能救生衣

学校名称：广西水利电力职业技术学院

团队成员：叶敬阳、廖广凤、吴德芬、陈润波、苏阳成、张　建、余学梅等

指导老师：彭　情、岑　斌、潘元忠

创业宣言：给游泳的您最好的安全保障

团队简介：团队由广西水利电力职业技术学院多名电力等专业的大学生组成，在机械、电子、物理等各方面都有研究，是一群具有创新意识，知识互补、能力互补、性格互补，拥有共同目标的朝气蓬勃的年轻人。

获奖情况： 第四届中国“互联网+”大学生创新创业大赛广西赛区银奖
第五届中国“互联网+”大学生创新创业大赛广西赛区铜奖
学院第二届创新设计与制作大赛二等奖
实用新型专利：智能救生衣

项目背景： 游泳溺水问题是目前全世界共同存在的难题。本项目具有一定的难度，综合了物理、化学、电子、电力及编程控制等知识的应用，项目团队经过长时间的研发和试验，尝试了多种方案，最终形成智能救生衣的产品设计，并申请了国家专利。

一、项目介绍

（一）项目概述

世界各地每年有大量的人因溺水而失去宝贵的生命，据统计，我国因溺水死亡的人数排在各种死亡的第三位。根据2020年统计数据，全国每年约有5.7万人溺亡，其中14岁以下的占比56.58%，中小学生溺亡占比25.6%。平均每天40名中小学生溺亡。很多水上运动者、户外探险者、渔民，甚至救援人员也因为没有做好安全防护而失踪。本项目基于以上背景，研制了一款不影响游泳体验，又可以有效保障安全的新一代防溺水紧急安全防护产品——智能救生衣。

智能救生衣还配备监测手环，可监测人体生命体征及外界变化。手环和救生衣进行通信连接，对救生衣进行控制。当水中运动发生意外时，可以按动手环的救生按钮或者由手环对救生衣发出指令，救生衣快速启动救生装置就会使得顾客脱离危险，可以解决游泳时发生突发事故而不能及时得到救援的问题。图2-9-1为项目团队参加第四届中国“互联网+”大学生创新创业大赛广西赛区合影。

图2-9-1　团队参加第四届中国“互联网+”大学生创新创业大赛广西赛区合影

（二）产品/服务介绍

智能救生衣是采用不同材料并连接相应设备做成的衣服，手环是由内部多个智能模块做成的装置组装构成。手环连在救生衣上，主要起到监控并控制的智能作用，救生衣使用多种特殊材质制作，并连接到氧气压缩储气罐，在发生紧急情况时由顾客自行按动手环的智能按钮，储气罐内的氧气体将会快速充满救生衣内部的真空气管，给溺水者的面具提供氧气，并收集呼出的二氧化碳存入另外一个气囊，所以产品具有快速上浮且承重量大的特点。

如情急之下忘记开启手环，手环依旧会自动检测人体以及周边环境等各项数据，当人体心率脉搏超过或低于正常值，或者游泳动作轨迹被识别为非正常游泳动作轨迹，手环都将会立即向储气罐装置发送信号，开启紧急救生模式。

手环还具有智能定位功能，其系统与游泳场监控台和防溺水中心连接，一旦有紧急情况，有关部门监控电脑上便会显示该手环救生衣的位置，方便进行相关救援。

传统救生衣外形庞大，并且不适合潜水游泳；潜水服虽然利用专门的材料和设备制造，适合专业的游泳及户外探险人士使用，但需要背着沉重的氧气瓶。与前面两种对比，本产品更可以适合各种环境，进行紧急自我救生。产品结构图如图2-9-2所示。图2-9-3为项目团队进行产品设计及测试。

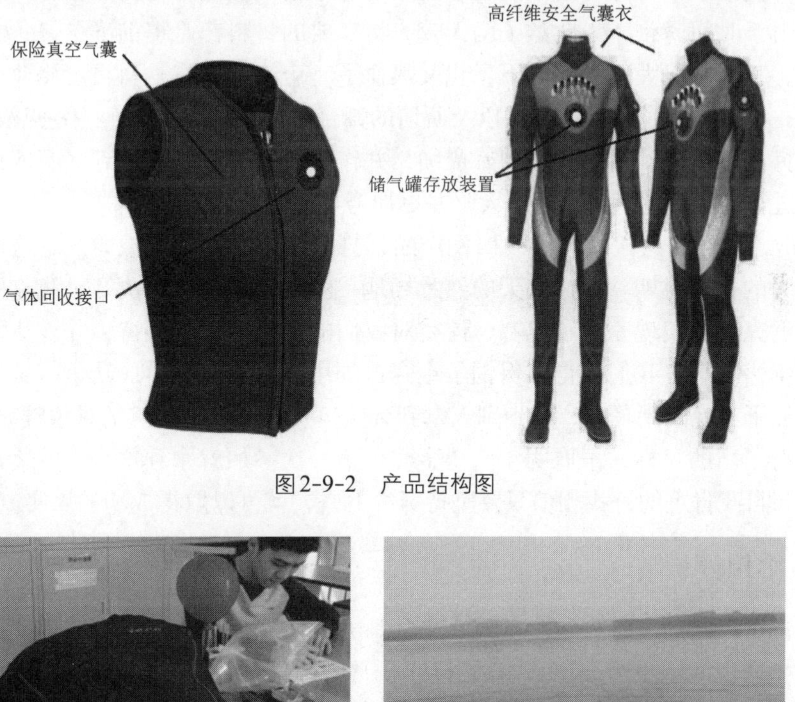

图2-9-2　产品结构图

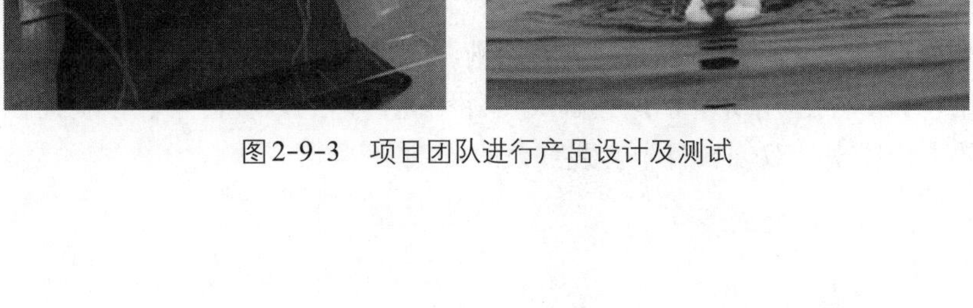

图2-9-3　项目团队进行产品设计及测试

二、创业心得

我在刚进学校不久就了解到有大型比赛——“互联网+”大赛，但具体得到消息是在2018年的4月份，当初的心情非常复杂，不懂要做些什么项目，又担心自己的经验不足，思考许久，想了不下十多个项目，但又因为各种原因，这些项目没有通过我的自评。我也和岑斌老师探讨了循环净水装置以及其他的很多项目，但也因为一些限制条件，未能实现。

我的第一个项目是和李威礼学长做的一台具备温度自动调节档位功能的智能电风扇。在这个时期，我也学习到了许多的知识。不足的是因为我的犹豫不决，致使这个项目在5月底才开始运行，商业计划书、路演 PPT 的撰写，以及学长的修改指导，基本上是在短短的几天内完成，内容也是非常简略，最后以0.5分之差无缘前20名。

而后彭情老师得知了这个情况，表示非常惋惜，并再度给予我一次学习锻炼的机会，让我加入廖广凤学姐的救生衣团队，我非常珍惜这次机会，提出了很多的意见，学长学姐也肯定了我的想法，并让我把这些想法付诸行动。首先我对原有产品的安全可靠性提出质疑，建议将原本的救生手环改成救生游泳衣；再提出加上智能模块，增加功能，提高安全性和产品的相应价值；并对原本较为简略粗糙的商业计划书和路演 PPT进行重制。恰好这个时候，学校对比赛给予高度重视，请专家给我们进行分析总结，我加倍珍惜这个机会。由于时间紧张，为此熬了两天夜，将需要的材料都是提前准备好，经过专家的教育指导，我收获很大，激动之下，我又热血了一个晚上，将材料再度修改了一遍。校赛总决赛，我克服了身体上的不适以及所谓的舞台恐惧症，除了答辩一些点没有答到位，其他均发挥良好，得到了第十名的好成绩，并作为校推荐项目上传到区赛网评，并且很幸运地通过了，我为此兴奋了好几天，并更加努力用心地修改材料。

7 月份，我们在这段时间继续研发产品，打磨材料，以及模拟路演。这段时间也是进步比较大的一个时期。经过一天的熟悉场地，就开始了区赛总决赛，我克服紧张的情绪，以接近完美的表现完成了比赛，评委对我们的项目表示了期待，并表达了对没有看到产品的惋惜，最终我们获得了保铜争银赛道的小组赛第六名，成功争得银奖。晚上与老师们参加了当晚的闭幕式，看到别人拿到金奖，我心中拿到银奖的喜悦顿时烟消云散，心中立刻有了新的目标，争取明年获得金奖。第一次参加就拿到这么大的奖，其实还是充满自豪与自我肯定的，我相信只要坚持努力下去，就可以取得成功的果实。

三、案例分析

每年都可以在新闻看到很多的溺水事故，尤其对生活经验不足、自控能力还比较弱的中小学生来说问题更为突出。本项目从这一社会问题出发，寻求解决方案，运用所学知识，不断改进产品，精益求精地完善材料，是项目获奖的关键。

从大赛育人方面来看，团队成员在项目设计、产品研发、材料准备及项目路演训练等方面，都展现出了非常强的创新精神、创业精神，以及吃苦耐劳的精神品质和进益求精的工匠精神，真正运用所学知识去解决实际问题，达到以赛促学、以赛促创、以赛成教的育人效果，体现了双创教育中实践育人的特点。

案例十：智慧农村饮水安全远程监控系统

项目名称：智慧农村饮水安全远程监控系统

学校名称：广西水利电力职业技术学院

团队成员：韦振龙、张　浩、卢荣华、吴永康、李文敏、梁有花、周伟阳、杨　琰

指导老师：丁　欣、韦　乐、尹江红、陈君霞

创业宣言：给全国农村饮水安全做好保障！

团队简介：创业团队是由自动化工程系等相关专业同学组成，团队成员具有很强的自主学习能力，具有结合软件与硬件的综合应用能力，不怕困难，勇于挑战。同时，团队成员思维活跃，接受能力强，参加各类职业技能大赛及创新创业获奖多项，为更好地推广该项目的运行提供强有力的保障。

获奖情况：第七届“区直院校创青春创业创新比赛”获得二等奖
第六届“中国国际”互联网+创业创新大赛获得广西区铜奖
第九届“挑战杯”广西大学生创业计划竞赛获得广西区银奖
第三届“广西中华职业大赛”获得广西区铜奖
实用新型专利：智慧农村饮水安全远程监控系统（2020年12月）

项目背景：项目是由来自广西水利电力职业技术学院自动化工程系的赵乐凯同学等，有感于国家“十三五”计划明确指出的统筹加强中小型水利设施建设，加快构筑多水源互联互调、安全可靠的城乡区域用水保障网提出的。党中央、国务院高度重视农村饮水安全工作。按照全面建成小康社会的总体要求，到2020年，通过实施农村饮水安全巩固提升工程，综合采取新建、配套、改造、升级、联网等方式，以及建立健全工程良性运行机制，进一步提高农村供水集中供水率、自来水普及率、水质达标率和供水保证率，提高运行管理水平和监管能力，全面提高农村饮水安全保障程度。

一、项目介绍

（一）项目概述

据统计，在发展中国家8%的疾病是由饮水不安全造成的，每年因饮水得不到保障而死亡的人数超过800万人。因此，保障饮水安全尤其是农村饮水安全，是维护广大人民群众根本利益的基本要求，更是切实解决当前民生突出问题的具体行动。根据广西水利厅的让群众喝上放心水——广西全面开展饮水安全战役的要求，本团队于2019年7月赴贺州市平桂区，采取实地考察、走访入户等方式，走访了沙田镇桂山村、羊头镇金竹村等18个自然村，广泛听取了当地水利局员工和村民的意见。图2-10-1为项目团队合影。

图2-10-1　农夫亮剑团队

调研后，本团队研发了农村饮水安全远程监控系统。历经一年的研发历程，团队自主安装、调试与分析，研发了基于互联网的智慧农村饮水安全远程监控系统，本产品具有使用方便、故障率低、结构简单、功耗低、高控制等特点，具有对水质pH值和浑浊度监视的效果，可通过手机、电脑等设备对系统进行远程控制，系统加装时不会影响原有设备正常运行，制造周期较短，后期维护简单。本系统是了解农村饮水安全工程运行状况和供水保证率、水质达标率的重要途径；也是强化工程运行管理、促进设施高效配置和使用、提升农村饮水安全监管水平的重要手段。

系统通过核心零部件——西门子S7-1200 CPU的强大控制和高强度精准率来提升供水可靠性，使用变频器调节功率使电能损耗降低，通过传感器完成水位高度检测、加装pH值传感器对水质pH值和浑浊度等参数进行采集与分析；远程控制模块主要负责对传感器采集的数据进行现场实时显示、储存及对历史信息统计；PLC通过对采集参数的分析判断完成对水塔、水泵等设备的控制。利用远程控制模块建立一种非透传模式的GPRS远程监控方案，将水塔、水位参数实时传输到远程 PC终端，同时用手机App作为系统的辅助管理手段，实现短信报警、短信查询等功能，实现对饮水系统的远程监控。

该监控系统有效地起到以下几方面的作用：

（1）及时、准确地反映供水、水压、电机状态等远程采集系统各部分的实际运行情况，为合理实施调度操作提供了可靠的技术保证。

（2）及时发现并消除事故隐患，有效避免重大事故（设备损毁、冒罐等）的发生，保证设备运行安全。

（3）帮助管理人员对有关设备运行工况进行实时监测，并随时调整其工作到经济运行区，延长设备使用寿命，提高其运行效率，降低运行成本。在满足供水水压的前提下，综合考虑各采集点的情况，制定合理的供水方案，既可合理平衡管网压力，又能降低电耗及漏耗。

（4）通过手机App和pH值传感器实时监控饮用水水质是否达到标准限值。

（5）保证供水率不低于95%，人力取水往返时间不超过10分钟。图2-10-2为智慧农村饮水安全监控流程图。

图2-10-2　智慧农村饮水安全监控流程图

（二）产品/服务介绍

通过博图软件给西门子PLC S7-1200编写控制程序，S7-1200输出模块给变频器输出电信号使变频器输出50Hz频率启动水泵抽入地下水进入水塔，通过电磁阀控制水塔阀门“开合”。当水塔阀门一打开，变频器输出一个脉冲信号给液位传感器；当水塔液位值高于2米的时候，程序控制水泵停止抽水；水塔液位低于1米的时候，程序控制水泵重新抽水。当水质pH计监测到水质pH值超标或水质过于浑浊时系统自动报警。图2-10-3 为智慧农村饮水安全远程监控系统结构图。

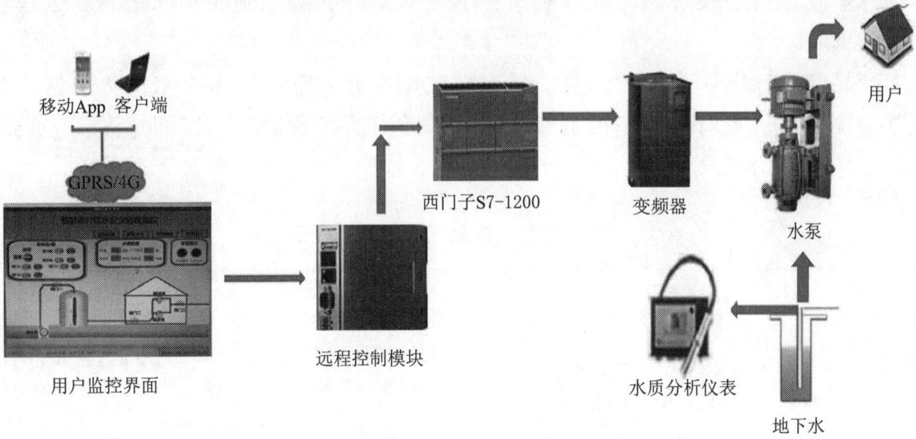

图2-10-3　智慧农村饮水安全远程监控系统结构图

远程控制功能：PC端用户可通过路由器和远程模块连接计算机，进入计算机系统软件输入居民账号密码，进入系统界面完成对系统的远程控制，通过远程模块输出信号给

PLC和变频器来实现远程控制水泵启动。手机、平板设备可通过无线区域网和WiFi网络进入系统软件，输入账号密码进入系统界面完成对系统的远程控制。图2-10-4为智慧农村饮水安全远程监控系统界面图。

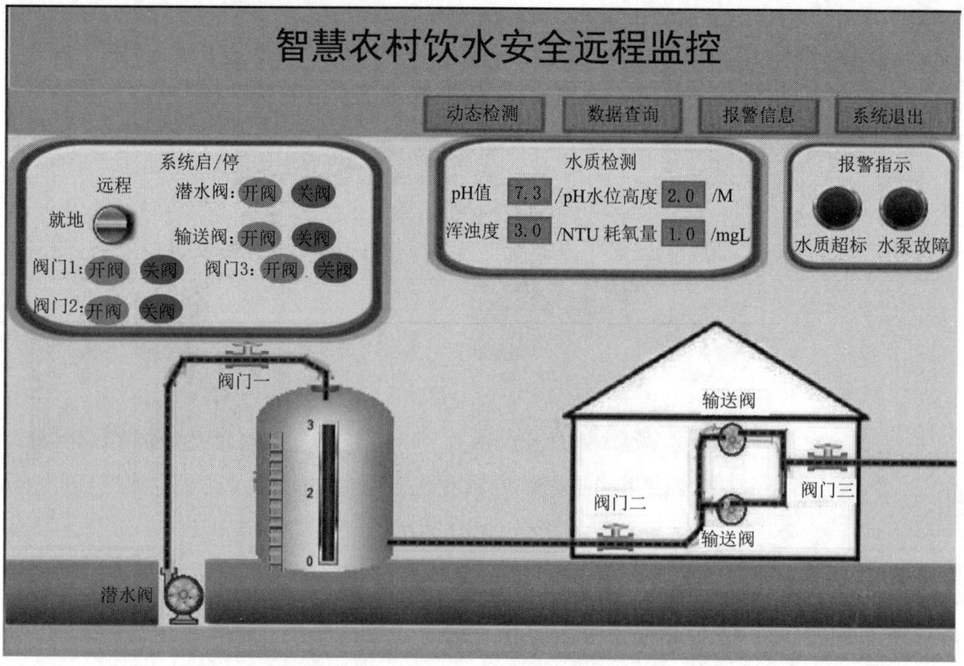

图2-10-4 智慧农村饮水安全远程监控系统界面图

（三）市场分析

未来，农村饮用水问题的推进将仍然以政府为主导，除了加大资金量的投入，加强水源地保护、理清各政府部门间权利义务、建立良好的协调制度和问责制度也是亟待投入的工作重点。

本产品的目标群体为：镇、县、村农村饮用水办公室，城市供水局等单位。在政府专项基金支持下，政府为村民投资建设，针对政府的投资情况，我们建设了三级产品结构，具体见表2-10-1。

表2-10-1 产品三级结构对比表

目标人群	村	县	镇
设备等级	一级设备作为村落的水质检测、水量的控制、供水率的保证，使其改善群众的实际问题。也确保农村对设备的采购预算充足，做到精简版方便基层使用	二级设备为镇级水利检测设备，需要能检测其下一级村落的水质情况、水量情况，可以看到该地的水质情况，以便于为群众解决上游水污染，农业化肥农药过量使水质浑浊，有机物、农药、细菌超标等问题	三级设备为县级水利检测设备，对整个地区的设备进行控管检测，运行状态以便于及时处理各种故障问题。也对各地的水质检测做好相关的记录，便于做长期水质改造

调研发现，工业污染对浅井水及地表水污染普遍较为严重，且行业不同污染的特征差异很大，一般来说很难通过简单的处理净化水质，给农村饮水带来长久的危害。

近年来，国家大力推动农村饮用水安全工程，各地快速发展相关建设项目，但是建设项目不能解决全部问题，农村智能饮用水安全监控系统可以完善空白，可以后期加装完成一整套系统，使该项目可以有更多的发展机会，使整个规模快速扩大，产品有更多的协调性，更多的改造空间，引发更多领域的运用和需求。农村水质超标情况分析如图2-10-5所示。

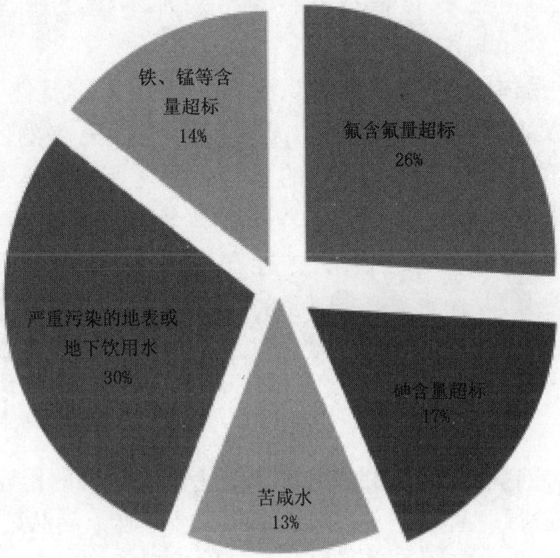

图2-10-5　农村水质超标情况分析

（四）营销策略

本产品的目标群体为：镇、县、村农村饮用水办公室、城市供水局等单位，在政府专项基金支持下，政府为村民投资建设，针对政府的投资情况，我们建设了三级产品结构。任何成功的产品都是与时代紧密结合的，智慧农村饮水安全远程监控系统就是为了解决农村生活饮用水的问题而诞生的一款新型产品。系统主要采取政府机关单位订购形式，前期建设在农村主要为农村基层服务，更贴合实际考虑。考虑到购买人员的购买能力，产品的远程监测、监控系统能使农村饮水工程更加便利，同时建立合作联盟，可以在部分地区进行设备免费试用。

促销策略有以下4点：

（1）体验式营销：在销售过程展示本企业的产品，向消费者介绍产品的优势、特点、用途和使用方法等。

（2）一对一促销：通过线上线下结合来对我们的产品进行宣传，且以相关工作单位为单位，进行面对面销售。

（3）售后服务：我们提供购买产品24个小时全天在线服务，如有任何有关产品的咨询，可拨打客服。

（4）广告宣传：通过联合政府宣传部门，对饮水健康及饮水安全知识的宣传方式，以使本企业的产品品牌知名度提高。

二、创业心得

“互联网+”创新创业大赛是一个培养大学生创业意识、创新精神的比赛。在大众创业创新的趋势下，创业已经成为很多年轻人的选择，特别是在校大学生。此次比赛是我们学以致用、开拓思维的一次自我展示。一个项目的创作到完善是一个神奇的过程，是一次见证自己所付出的劳动成果的过程，项目的成功不仅仅体现在所获得的利益，更多的是一种鞭策、一种不满足于现状、不随波逐流的体现。

在项目创作的过程中，我们深刻意识到团队组建的重要性。创新创业大赛不同于一般的比赛，涉及面比较综合全面，需要一个比较完整的团队来运作，才能做到资源共享，优势互补，才能发挥更好的参赛效果。所以每个成员除了自己所负责的模块，也要对其他模块有一定的了解，虽然每个人不可能面面俱到，但对全局的认知能力是要不断提高的。只要这样，才能在把握全局的前提下，把每个任务做到精细，才可以使整个团队有更好的默契，才可以提高合作水平。这次比赛让我充分认识到团队协作的重要性，调动人的积极性和创造性是资源配置的核心，团队协作就是将人的智慧、力量、经验等资源进行合理的调动，使之产生最大的规模效益。

经过“互联网+”创新创业大赛的磨砺以及在专家和老师的指导下，受益匪浅。我们对商业计划书和PPT进行一遍遍一字一句的修改，经常晚上团队聚在实验室边讨论边做任务，每个人都积极地投入其中，毫无怨言，可以看到的是每个人脸上辛苦但真诚的笑容。在做项目的这段时间，不仅提高了自己相关的专业知识，更学习到了团队成员身上乐观、迎难而上、不怕吃苦的精神。

三、案例分析

国家“十三五”规划中明确指出，统筹加强中小型水利设施建设，加快构筑多水源互联互调、安全可靠的城乡区域用水保障网。根据广西全面开展饮水安全战役的要求，团队走访和调研了贺州市沙田镇桂山村、羊头镇金竹村等18个自然村，广泛听取了当地水利局职工和村民的意见，发现目前农村饮用水系统存在控制可靠性差、运行能耗大、信息传递不及时、水质易浑浊等问题。

对此，团队研发了智慧农村饮水安全远程监控系统。该系统兼容性强，可通过PC端、平板、手机App进行远程控制，对水质pH值、浑浊度及水泵等实现实时监视；产品控制精度高、故障率低、功耗低，扩容简单、维护方便，极大地提升了农村饮用水的安全。

智慧饮水安全远程监控系统目前还处于创新发展的阶段，需要在硬件上进一步扩展和软件上进一步调试试验，使其兼容更多功能。希望本产品日益完善，市场前景值得期待，能够真正达到“为全国农村饮水安全做好保障”的目标。

案例十一：渔光一体远程控制系统

项目名称：渔光一体远程控制系统

学院名称：广西水利电力职业技术学院

团队成员：欧阳荣博、唐仕旭、黄富成、黄桂明、农才宇、蓝承辉、庞学伟、黄嘉家

指导老师：关　杰、郭　平、黎元柳

创业宣言：致力于打造区内领先最优质智能渔光一体控制系统

团队简介：渔耀科技团队提供“渔光一体”智能水产养殖解决方案。团队主要从事“渔光一体”智能水产养殖产品研发、销售、项目施工，市场主要在广西及周边地区。团队由8位活力充沛、勇于进取的大学生组成，立志以创业的形式证明自身价值，勇于承担社会责任，并以创业带动就业的形式鼓励更多的大学生踏上工作岗位。

获奖情况：第七届“创青春”区直院校创业设计与职业生涯规划比赛（高职组）中荣获优秀奖

第六届中国国际“互联网+”大学生创新创业大赛院内选拔赛金奖

第九届“挑战杯”广西大学生创业计划竞赛中荣获铜奖

广西－东盟经济开发区青年人才创新创业大赛荣获优秀奖

项目背景：随着全球能源短缺和环境污染问题的日益严重，光伏产业因其清洁、安全、便利、高效等特点，已成为世界各国普遍关注和重点发展的新兴产业。近年来，国家有关部委相继出台相关支持政策，完善相关配套措施，促进新能源产业的健康发展，光伏产业作为国家新能源战略的重要支柱，迎来了重要发展机遇。与其他农业项目相比，我国水产养殖还处于相对落后的生产状态，技术含量和信息化水平不高。水产养殖信息化技术包括水质在线监测及预警预报管理、水产养殖饲料投饲决策、疾病诊断与预警等。在水产养殖中运用信息化技术不但能提高水产养殖的产品质量，还能提高水产养殖的经济效益。

一、项目介绍

（一）项目概述

1. 光伏发电方面

随着全球能源短缺和环境污染问题的日益严重，光伏产业因其清洁、安全、便利、高效等特点，已成为世界各国普遍关注和重点发展的新兴产业。近年来，国家有关部委相继出台相关支持政策，完善相关配套措施，促进新能源产业的健康发展，光伏产业

作为国家新能源战略的重要支柱，迎来了重要发展机遇。2015年2月1日中共中央、国务院印发了《关于加大改革创新力度加快农业现代化建设的若干意见》，意见指出：因地制宜采取电网延伸和光伏、风电、小水电等供电方式。文件明确了现代农业和新能源产业相结合的发展方向。我国水产养殖的养殖面积居世界首位，据专家测算，我国共拥有养殖水面高达1.2亿亩，若将其中4500万亩鱼塘建成渔光一体电站，发电总量将达1200～1500吉瓦，相当于2015年全国发电装机总量，年发电收入高达1.2万～1.5万亿元，因此渔光一体项目的市场前景相当可观。

2. 水产养殖信息化技术方面

与其他农业项目相比，我国水产养殖还处于相对落后的生产状态，技术含量和信息化水平不高。当前的水产养殖行业存在养殖密度高、养殖风险大、养殖技术过于依赖经验、水质检测工具不能满足需求等突出问题。水产养殖信息化技术包括水质在线监测及预警预报管理、水产养殖饲料投饲决策、疾病诊断与预警等。在水产养殖中运用信息化技术不但能提高水产养殖的产品质量，还能提高水产养殖的经济效益。未来运用物联网、大数据、云计算等技术的智能化水产养殖技术，将大幅提高水产养殖业的生产、管理、服务等环节的效率，促使生产方式从落后向高效转变。

（二）产品/服务介绍

产品主要分为智能水产养殖控制系统和小型光伏发电系统两部分，目前已经在实验室开发出模拟设备。

1. 基于互联网的智能水产养殖控制系统

在水产养殖发展中，随着人们消费水平和环保意识的提高，绿色水产越来越受到消费者的青睐，传统的养殖模式存在的种种弊端，已经难以满足市场的要求。因此发展智能化水产养殖，才能真正从根本上解决现在所面临的问题。水产养殖中养殖环境尤为重要。养殖环境的关键因素包括水质、水温、光照、溶氧、pH值等，而现有的水产养殖管理很多以经验养殖为主，无法精准地进行监测和控制，而且耗费大量人力、物力，还难以得到保障。另外，鱼饲料的投料量和时间需要根据不同种类鱼的饮食习惯来决定，才能保证水产养殖的效率和效益。本团队已经开发出基于互联网的智能水产养殖控制系统，该系统利用远程通信模块建立一种非透传模式的GPRS远程监控方案，将养殖池塘关键环境参数、投料管理实时传输到远程PC或手机终端，实现远程控制。系统具备微信短信报警、微信短信查询等功能，实现水产养殖的智能监控，减轻了养殖工作者的工作量。系统总体设计框图如图2-11-1所示，产品实物如图2-11-2所示。

系统总体描述：传感器完成养殖池塘水环境参数如溶氧、pH值、水温等参数的采集；触摸屏主要负责对传感器采集数据进行现场实时显示储存及对历史信息统计；PLC通过对采集参数的分析判断完成对投料器、增氧泵、水泵等设备的控制；远程通信模块可以实现PC、手机、平板远程监测和控制的通信功能；视频采集模块负责采集鱼类视频信息，用户监控中心对视频进行处理，分析鱼类活力参数以实现疾病诊断和预警功能，这部分功能正在实验室开发中。现场触摸屏监控画面如图2-11-3所示，远程人机监控系统画面如图2-11-4所示。

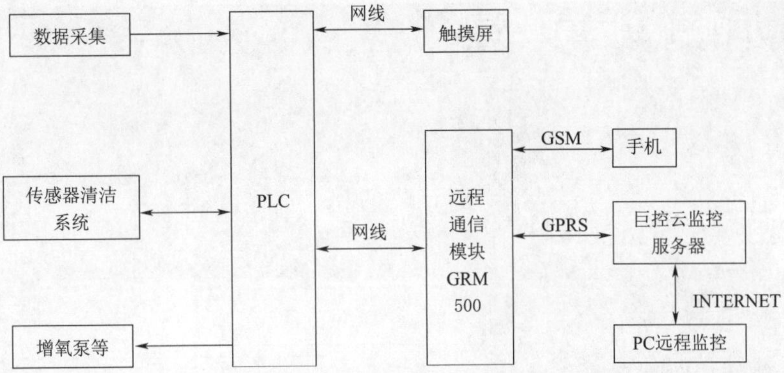

图2-11-1　系统总体设计框图

图2-11-2　渔耀科技团队在实验室开发的“渔光一体”智能水产养殖控制系统

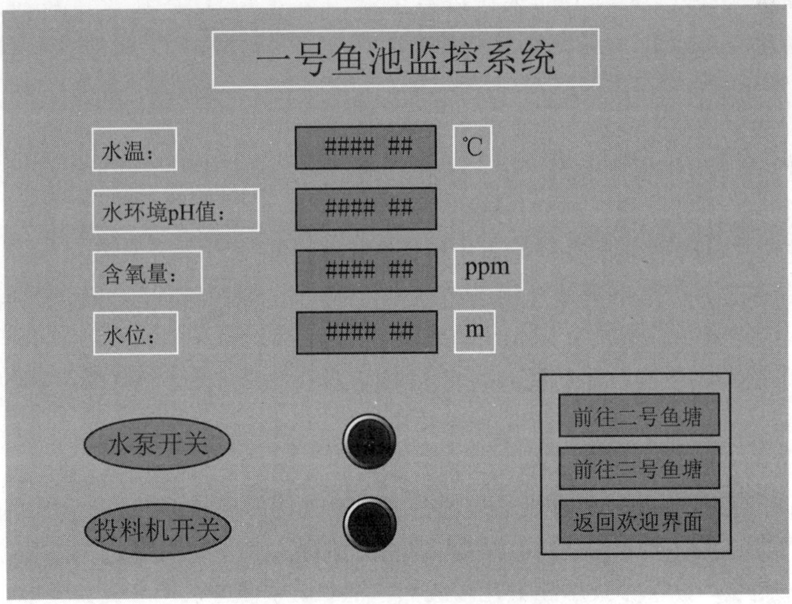

图2-11-3　现场触摸屏监控画面

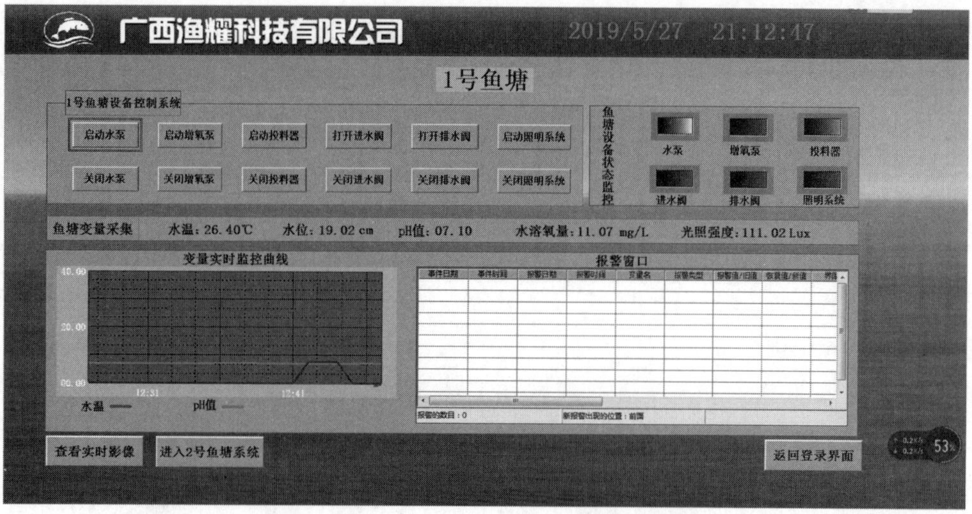

图2-11-4 远程人机监控系统画面

手机短信报警查询功能：设置好报警条件和短信模版，当达到报警条件时，系统会将短信模版发送到指定的短信用户组。用户也可以使用手机短信查询功能，主动获取系统信息。手机短信报警如图2-11-5所示。

微信报警查询功能：关联微信账号后，可以用微信实现远程监控控制系统数据。

2. 小型光伏发电系统

太阳能是一种极为典型的现代可再生能源，兼具清洁、生态的特点，且太阳能储量丰富。光伏发电在全世界范围内的广泛应用对全球能源的节约、再生具有极为重要的意义。“渔光互补”模式要求在鱼塘中间，用水泥柱作为支撑，架上一片片光伏板，再配备直流汇流箱、直流配电柜、并网逆变器、交流配电柜等设备，以及供电系统监控装置和环境监测装置。光伏发电系统的运行模式是在有太阳光照的条件下，光伏发电系统的太阳能电池组件阵列将太阳能转换成可输出的电能，经过直流汇流箱集中送入直流配电柜，由并网逆变器逆变成交流电供给建筑或渔业自身负载，多余或不足的电力通过连接电网来调节。渔光互补电站的特点：①不改变土地性质和用途；②减少蒸发量，抑制藻类繁殖；③能够降低组件表面温度，提高发电量。这部分技术相对比较成熟，本团队主要提供小型光伏发电系统的设计和施工。

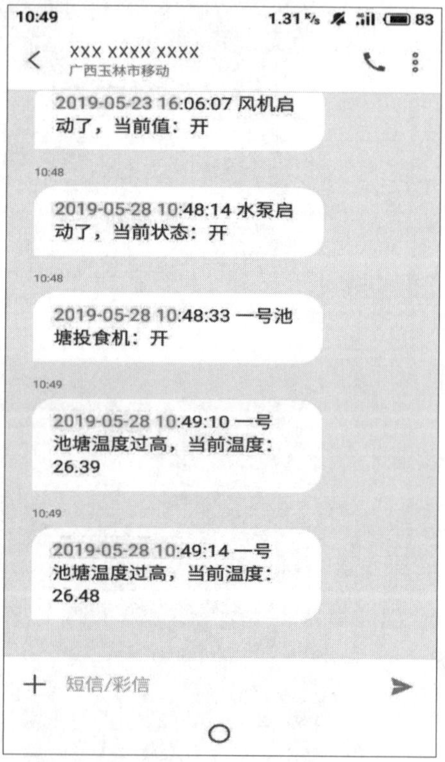

图2-11-5 手机短信报警

（三）市场分析

在现阶段，渔耀团队的目标市场将主攻广西本土乡镇鱼塘消费群体，等立稳脚跟再向周边地区辐射。我们积极与水产养殖饲料公司、渔业设备公司、光伏产品公司合作，与他们配套销售。我们接到项目向上述公司采购设备，他们接到“渔光一体”智能水产养殖控制项目后我们去做施工。我们的规避策略就是专注于中小型水产养殖项目，因为团队刚开始建立，实力有限，先从中小项目做起，积累客户资源。

二、创业心得

我们的设计理念是把养鱼和光伏发电融合起来，形成资源互补，互相促进，致力于打造业内领先的最优质的智能渔光一体控制系统，为广西农业发展和农民增收添砖加瓦，助力乡村振兴。产品主要分为智能水产养殖控制系统和小型光伏发电系统两部分，两套系统互相配合，提高土地利用率和养鱼效果，已经在实验室开发出样机设备。

三、案例分析

这是一个鱼光一体的项目，主要是研发提供鱼光一体的成套设备解决方案，实现养鱼的信息化智能化管理，并利用鱼塘场地进行光伏发电，目前市场上也有少量类似的项目在应用。从设计理念来说是很好的，一举两得，资源互补，关键在于具体实施的细节还需要进行大量的实验研究。比如光伏板铺设的密度，铺设太密可能影响到鱼塘的光照，光照不足可能会引起微生物变化等影响鱼类生长；同时还要考虑光伏的规模，规模太小功率太小或者地域太偏，可能就不利于余电上网或者成本过高，收回成本周期过长等。这些因素都需要项目团队经过长期多次研究试验才能得出最佳方案，而且需要养殖、电力、软件信息等各方面人才组成多学科交叉团队才能更好地开展。

案例十二：智慧水滴——现代农业智能喷灌控制系统

项目名称：智慧水滴

学院名称：广西水利电力职业技术学院

团队成员：李永新、黄家嘉、蒙昌旺、谭万河、唐龙辉、吴宗泽、林家豪、冯宁建、文慕洁、陈嘉怡

指导老师：黎元柳、郭　平、关　杰、郑春强、陈　平

创业宣言：致力于打造以“智能”为主的基于互联网的现代农业灌溉技术

团队简介：水为源团队致力于打造以“智能”为主的基于互联网的现代农业灌溉技术，此技术可以通过无线通信器实时监控农田的温度、湿度、光照度，不仅可以根据单片机采集各类传感器数据，按照内部预设程序进行计算是否打开电磁阀等硬件及时对农作物进行通风、补光、喷灌，还把收集来的数据进行汇总，供用户参考。有效避免了灌溉不均衡使农作物枯萎、产量低下、

坏死的情况，还积极响应国家节约用水的号召，确保在最少的资源消耗下实现利益的最大化。

获奖情况： 第六届中国国际“互联网+”大学生创新创业大赛广西区赛铜奖

第七届“创青春”区直院校创业设计与职业生涯规划比赛（高职组）中荣获优秀奖

第六届中国国际“互联网+”大学生创新创业大赛院内选拔赛金奖

第九届“挑战杯”广西大学生创业计划竞赛中荣获铜奖

广西-东盟经济开发区青年人才创新创业大赛荣获优秀奖

项目背景： 我国是个水资源极度贫乏的国家，农业用水的关键环节是节水。目前，我国农业灌溉水有效利用系数还不高，远低于世界先进水平。近年来，中共中央、国务院关于加快水利改革发展的政策指出，要大力发展节水灌溉，推广渠道防渗、管道输水、喷灌滴灌等技术，扩大节水、抗旱设备补贴范围，积极发展旱作农业，采用地膜覆盖、深松深耕、保护性耕作等技术。

一、项目介绍

（一）项目概述

节水灌溉技术在提高农业用水效率、农民增产增收及生态环境建设等方面发挥着重要作用，对缓解水资源短缺矛盾、保证国家粮食安全、推动农村经济可持续发展具有重要的战略地位。以色列滴灌技术被公认为是目前效果最好的节水灌溉技术，我国自20世纪70年代末引进以来，取得了长足发展。但是，在推广中遇到的资金投入要求大、管理手段要求高、膜下滴灌造成污染等问题，成为制约其发展的不利因素。膜下滴灌等节水技术大面积推广后，由于地膜易碎，难以回收，给农田带来的“白色污染”日趋严重。因此，本团队因地制宜研发了一套智慧水滴——现代农业智能喷灌控制系统。

（二）产品/服务介绍

1. 产品的用途

现代农业智慧喷灌一体化控制系统通过主控器实时采集温度、湿度、光照等农作物生长必要条件的信息数据，然后送到监控中心进行数据诊断，监控系统发出调控指令，由执行机构完成灌溉、通风、补光等功能。同时把采集到的相关数据进行汇总分类，供用户参考。同时结合节水灌溉技术，减少水资源浪费，提高水利用效率，这不仅符合我国现代化农业的发展趋势，还可以节省劳动力。

2. 适用场景

场景一：远程监控

用户可以通过电脑或者手机远程查看种植地的环境指数，并通过视频监控观测大棚内作物生长情况，掌握农作物生长全过程，为作物成长提供一个良好的生产环境。设置温室环境参数的阈值，通过手机短信、系统消息等方式实现环境异常告警，用户可实时查看温室监控视频，防止农作物异常状况出现。

场景二：环境监测

大棚环境出现异常时，实现自动控制。例如当土壤湿度过低时，大棚灌溉系统自动开始浇水；当大棚内湿度过高时，自动进行通风。

场景三：辅助决策

通过数据挖掘等技术可以分析最适合农作物成长、可有效提高农作物产量的环境参数，辅助用户决策。

（三）市场定位

我国水资源匮乏且分布不均、农业灌溉用水利用效率低下，全国仍有50%左右的耕地面积没有合理的灌溉设施，属于“靠天吃饭”，接近一半的有效灌溉面积仍在使用落后的灌溉方式。在我国的农业生产中，常见的灌溉方式可以分为传统灌溉和节水灌溉两种。节水灌溉是指以较少的灌溉水量取得较好的生产效益和经济效益，通常采用喷灌、滴灌、微喷灌等。传统的农业灌溉方式是采用土渠输水灌溉，水利用系数一般为0.30左右，渗漏和蒸发程度较高，水资源浪费严重。传统灌溉方式的优点是不需要额外投入，操作简单；缺点是灌溉量大，浪费水，同时由于水的淋洗作用造成肥料的浪费和地下水硝酸盐污染的风险。

在温室大棚的种植过程中，因为大棚处于封闭环境下，所以会导致温度比外界的高，这种高温对作物是极其不利的，如果再加上灌溉的水量掌握不好很容易造成作物的损失。

不同的作物有不同的适宜环境，作物的长势因为比较缓慢，所以要找出合适的生长环境，农民是靠经验来观察。而我们团队的智能灌溉一体化控制系统可以有效解决以上问题，通过智能计算达到智能节水灌溉和监控农作物生长的目的。智能灌溉在于减少了灌溉水的浪费、提高了水的利用效率，以及保护环境、减少土地破坏及水土流失。产品还可通过远程终端把每天的温湿度等数据筛选汇总起来，就可以找出适合农作物生长的环境数据，大大提高农作物生产质量。

（四）产品/服务特色优势

现代农业智慧喷灌一体化系统主要由系统硬件与系统软件部分组成。硬件部分由多组集群控制单元组成，每组集群控制单元管理一片区域，每一个片区由多台控制器、电磁阀、传感器组成。因此本产品可以根据用户的需求，方便快速地组建智能灌溉系统。用户只需增加各级控制设备的数量即可实现整个系统的无限扩容。本智慧喷灌一体化控制系统可适用于小到某块菜地的自动灌溉，大到整个作物地块，包括绿地的自动灌溉。并且系统容量越大，平均投资成本愈低，生产效率也越高。

土壤水分是植物吸收水分的主要来源，也是植物生长的重要指标。利用土壤湿度传感器能够迅速、准确地测定菜地土壤的水分，以便适时地做出灌溉的措施。本产品采用的土壤湿度传感器深埋入泥土，专门负责检测土壤的湿度，是最为重要的传感器之一，受土质影响较小，应用地区十分广泛，并且测量精度高，性能可靠确保正常工作，响应速度快，数据传输效率高。

电磁阀是用来控制流体方向的自动化基础元件，通常用在机械控制和工业阀门上，对介质方向进行控制。在本系统中电磁阀控制灌溉系统的开启和关闭。

单片机可采集各类传感器数据，按照内部预设程序进行计算，决定是否打开电阀门等硬件进行灌溉、补光、通风。

无线通信器负责远程通信，与主控器连接，监控中心可通过图像远程监控实地情况，也可监控数据和控制各种已设置开关量。它是整个智能控制系统的桥梁，需要与硬件配合。产品实物模型如图2-12-1所示。

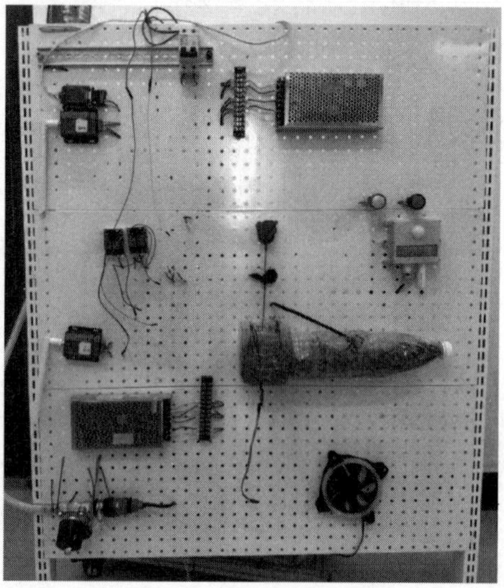

图2-12-1　产品实物模型

智能农业灌溉系统软件是整个智能控制系统的灵魂，它需要与硬件配合。传感器将采集的信号送入智能控制模块，通过通信系统上传至上位机或控制中心进行显示、处理及存储（可采集到的数据有大气温度、大气相对湿度、土壤水势、土壤含水量、降雨量、蒸发量等）。系统根据实时采集并接收的数据与系统的设定值进行比较判断，来控制电磁阀的开启和延续时间的长短，实现智能控制。系统原理框图如图2-12-2所示。

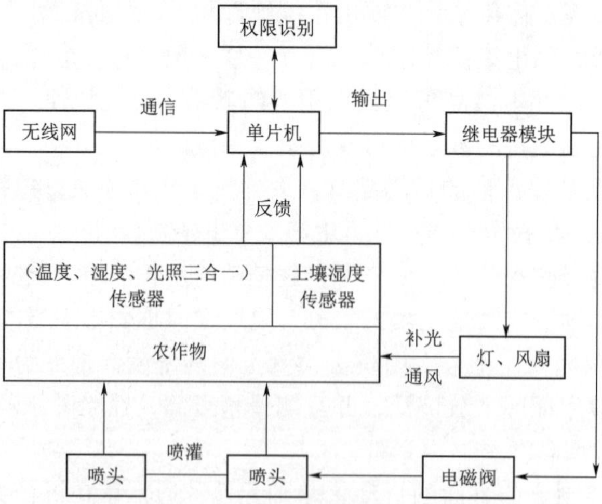

图2-12-2　系统原理框图

整个产品由传感器、单片机、无线通信器等器件组成，通过一定的控制逻辑实现控制功能化。目前无线通信器、传感器、单片机控制器等元器件的市场来源多样，方便对系统进行研发、维护与产品升级，适应不断变化的市场需求。在控制技术方面，目前已经完成对现代农业智能灌溉系统的初步测试，功能正常，达到预设目标，投入一定的资金后即可开始批量化的生产、安装与运营。现代农业智能喷灌控制系统概念图如图2-12-3所示。

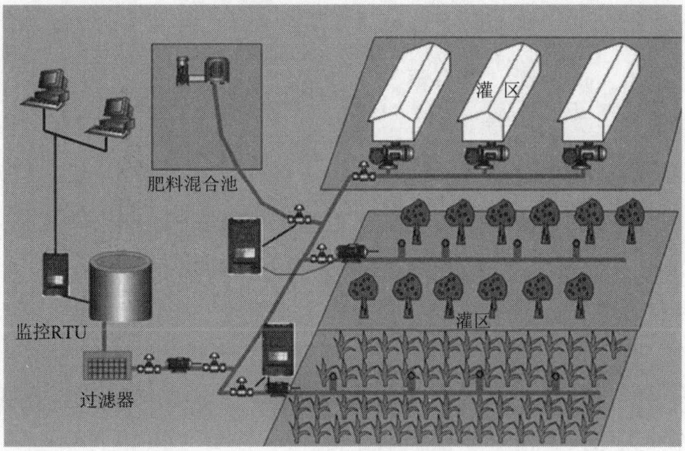

图2-12-3　现代农业智能喷灌控制系统概念图

（五）市场分析

为各种植园搭建信息平台，平台分为“交流互动、农产品展示、产品采购”等模块，为各企业提供信息交流、电子销售等平台，实现“零距离交流”“一站式服务”，从产品种植喷灌到产品销售，形成完整产业链，通过专业化途径，提高经济效益。

二、创业心得

通过参加现代农业智能喷灌控制系统项目，对单片机、传感器、继电器、无线通信、电磁阀等专业知识有了更深的理解。为了推进项目发展和进行参赛备赛，我们团队还进行了行业调研、市场营销、材料整理等方面的工作，同时还得到了企业领导、投资人等专家的指导，这样的实践学习机会让我们收获很多，成长很多。

三、案例分析

针对节水灌溉，目前很多采用喷灌、滴灌、微喷灌、水培等。智能喷灌这一类技术也比较常见，本质上不属于创新性很强的领域，关键在于如何取得更好的应用效果，而且能节约种植成本，提高种植管理等各方面效率。该团队研发的现代农业智能喷灌控制系统，可以通过无线通信器实时监控农田的温度、湿度、光照度，对农作物进行通风、补光、喷灌等，形成了智慧农业的概念。对于学生团队来说，能自行利用所学知识进行创新设计，把产品实物制作出来，对学生起到很好的锻炼效果，对于产品进一步大范围进行落地推广和产业化，还需要进一步对接各方面资源。

案例十三：光明未来——智能灯座

项目名称：智能灯座

学校名称：广西水利电力职业技术学院

团队成员：陈金凤、杨丽梅、韦有蒋、王登龙、庞　程、岑家娟、刘　璟、潘虹妙、彭钦天、莫礼华等

指导老师：彭　情、潘元忠、岑　斌

创业宣言：让我们安全、便捷的智能灯座走进每个家庭和企业！

团队简介：创业团队主要由学院电力工程系等相关专业的同学组成，在机械、电子、物理等各方面都有研究，是一群具有创新意识，拥有共同目标的朝气蓬勃的团队。他们知识互补、能力互补、性格互补，为能更好地完成和推广该项目的运行提供了强有力的保障。而且我们的团队成员在的各种竞赛取得各种奖项，申请了多项国家专利。

获奖情况：第四届中国“互联网+”大学生创新创业大赛广西赛区铜奖

第五届中国“互联网+”大学生创新创业大赛广西赛区铜奖

学院第四届中国“互联网+”大学生创新创业大赛赛二等奖

实用新型专利：一种可升降活动灯座的控制系统（2018年1月）

项目背景：在我们的生活中或在电力行业中，当我们需要更换、清洗灯泡时都存在非常大的安全隐患，为了解决这一安全隐患，团队致力于研究出了智能灯座，可以把高处的灯降落到地面进行更换维修，免去搬动梯子和高空作业的危险，提高工作效率，避免触电。本产品还具有自动识别灯好坏，提前预判灯寿命的功能，并通过数据中心实时监控、分析厂区灯运行的情况，能够快速识别故障原因，借助互联网技术，提高照明系统的管理水平。

一、项目介绍

（一）项目概述

智能灯座用于更换高处的灯，方便使用者对灯进行维护。智能灯座对于操作高处的灯有许多方便之处，如在地面使用遥控器可实现灯下降到地面更换或清洗，从而达到了无需搬动梯子去更换灯，使用便捷，有效避免了高空坠落事故的发生，在安全性能方面得到保障；产品的安全接口有着安全的防护，和灯座相连接的绝缘线结实而且使用寿命长达10年，不会发生触电事故；在大型的发电厂及变电站还可加入数据控制中心，可用于监视不同范围的情况，能检测灯是否有坏或出事故等，它是通过处理装置传输信号到

电脑，进行监测，有利于工作人员对灯的维护，提高了工作效率。图2-13-1为项目团队合影，图2-13-2为团队成员进行产品研发和调试。

图2-13-1　团队研究出并调试成功智能灯座

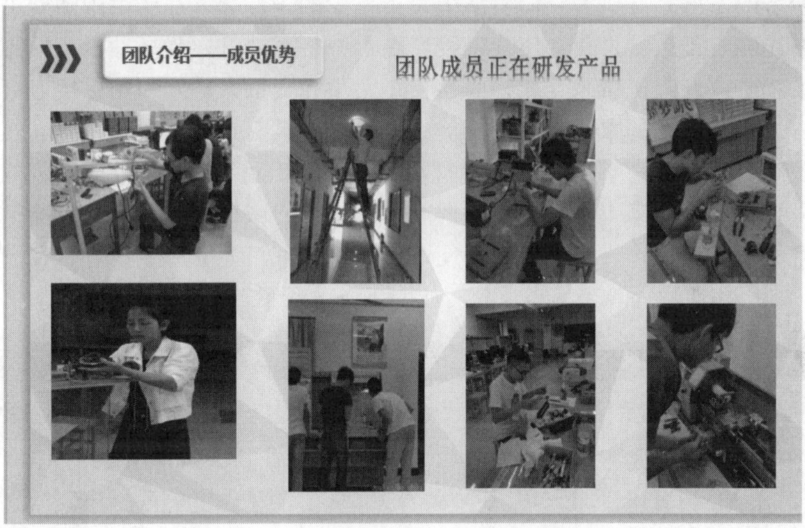

图2-13-2　团队成员进行产品研发和调试

（二）产品/服务介绍

智能灯座是一款由数据控制中心、智能升降系统和双保险自锁装置组成的新型换灯产品。该产品可在大屏幕、电脑上进行监控并显示灯的位置、数据和使用寿命，极大地方便了用户实时查看灯的情况。当使用者需要换灯时，不需要借助梯子和升降器来换灯，通过遥控器就可以把灯降下来，且下降过程不带电、在低处就可以换灯，极大地提高了工作人员的工作效率。当我们的灯要更换或清洗时，走到灯的下面，按下遥控器，灯就会下降，维修好后按下遥控器后，灯就会回到灯座原位，灯与电源接触，这时灯就会在双保险自锁装置的作用下，将灯稳定地控制在灯座上，确保了使用者的安全。智能灯座不但减轻使用者的烦恼，还提高了工作效率。产品原理图如图2-13-3所示。

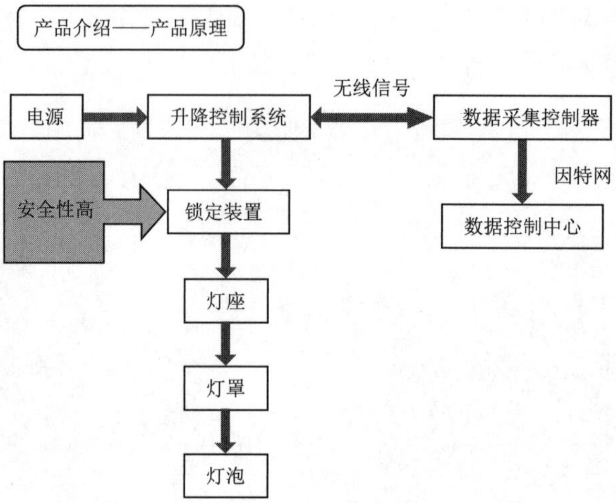

图2-13-3　产品原理图

（三）市场分析

随着经济的发展，灯成为我们生活中必不可少的一部分，在生活中随处可见它们的身影，如在家庭、工厂、公路、体育馆等。对于一些高处灯，当灯坏了或灯脏时要清洗时，需借助梯子或升降机械来完成，而且工作繁琐耗资巨大。安装与更换电灯本是一个简单的过程，由于高度的限制，一些简单的过程变得具有挑战性，在工厂、发电厂、变电站等，也有可能发生高空坠落的危险而死亡，然而新型智能安全灯座则轻松地解决了这一难题，把坏灯降下来更换灯，免去搬动梯子攀爬，减少高空作业的危险，维修人员只需通过开关的简单操作，电动机转动便可使灯下降，从而简单更换灯。我们的产品也适用于工厂、公路照明等。市场需求分析如图2-13-4所示。

类型	数量/座	照明灯/个	使用寿命/月	更换频率/月
火力发电厂	3000	300万	3	3
水力发电厂	2450	4.9万	3	3
核电站	6	1.8万	3	3
垃圾发电厂	460	23万	5	5
变电站	5000	50万	3	3
城乡公路	—	2.04亿	12	12

市场容量：
国内：500亿元

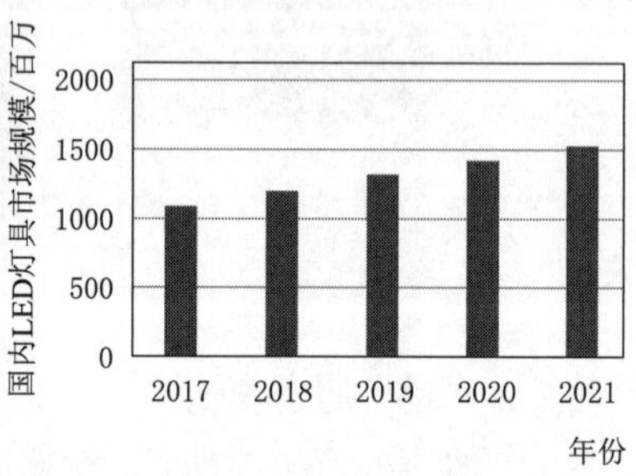

图2-13-4　市场需求分析

（四）营销策略

1. 与发电厂合作

依托电力专业背景所拥有丰富的校友关系资源，从发电厂出发作为切入点，并选取一个电厂作为试点应用，不断推广到相关工厂、变电站等。

2. 与市政部门合作

首先由公路局试点运营，逐渐积累社会经验，加强与市政部门之间的合作。产品采用互联网式的工作模式，可在电脑、平板及手机上观看实时路灯状况，使工作人员能够快速发现路灯的好坏及运行状况，使得维修路灯更快、更节约成本和更快捷。

3. 互联网营销

通过互联网大规模的宣传，加大广告宣传力度，同时进驻各电商平台进行产品销售。

4. 创新服务营销

对于一次签订三年以上照明系统维护合同的用户，免费对旧的照明系统进行升级改造，只收取服务费用，且升级为VIP客户。

二、创业心得

中国“互联网+”创新创业大赛为当代中国青年学生提供了一个经受历练、锤炼意志的舞台。在比赛时与数百万名参赛学生同台竞争，使我明白，什么是“台上一分钟，台下十年功”，任何事业的成功都离不开背后的艰苦奋斗，一次比赛的胜负固然重要，但更重要的是在奋斗中所磨练的无坚不摧的坚定信仰与钢铁般的顽强意志。

大学三年里，我组建了电力小分队，作为负责人带领团队参加过中国“互联网+”大学生创业创业大赛。在比赛过程中我明白了“一燕不能成春”，培养了自身沟通与团结协作的能力。在备赛期间遇到过科研、撰写、路演上的困难，但在困难面前从不低头认输，不断砥砺前进。大家一起在实验室里度过了许多个白昼黑夜，成员之间各自交流想法，寻求指导老师的帮助，在网上浏览大量的资料，对科技作品进行不断地创新。虽然备赛的过程很艰辛，但所有的努力都没有白费，我带领团队获得了第四、五届中国“互联网+”大学生创业创业大赛广西赛区“铜奖”。

在参加“互联网+”大赛期间，从确定项目立意点，到撰写项目商业计划书，不断地进行反复修改并完善，同时在备赛的过程中不断寻找创新点；从制定详细的实施计划，到项目的具体研究，通过不断地询问指导老师及时调整方案。一路走来，我开始了解了之前离我们遥远的科研工作，我从中学到了严谨的科研态度、坚忍不拔的钻研精神、敢于创新的实践勇气。同时在查阅资料、数据采集、模型构建和刻苦钻研的过程中，使我学到了许多的知识及解决问题的方法。这是一次难得经历，一次让我得到锻炼、得到成长的经历，作为当代朝气蓬勃的大学生，我们不仅要努力学习，更要懂得去思考问题、解决问题。

三、案例分析

项目针对现有照明灯具的不足，尤其是维修更换的不方便，利用物联网技术、红外检测技术、智能控制技术等对照明灯具进行研究和改进，提出一套基于物联网技术的升降型灯座及各种类型灯具的维修更换解决方案，从而实现不用登高更换灯泡的目的，可广泛用于智能家居、市政照明、工厂照明等领域。随着智能产品的不断推广，绿色环保的主题不断大众化，工厂生产都注重安全、高效的理念，本产品具有广阔的市场和良好的发展前景。如何找到天使用户，进一步优化产品结构并降低成本，提升用户体验是本项目需要进一步解决的问题。

案例十四：旋转式鱼菜共生

项目名称：旋转式鱼菜共生模型

学校名称：广西水利电力职业技术学院

团队成员：李育军、冯彦霖、廖增财、梁怡烽、梁　铭、周雨晨、周双润、吴雪兰、唐　昊、罗小良、莫艺淘、蒋　权等

指导老师：覃　通、杜艳珍、常志勇等

创业宣言：用科技营造生态环境，生产鱼菜健康食品！

团队简介：创业团队主要由学院水利工程系等相关专业的同学组成，团队成员有很强的创新意识，善于接受新事物，学习新知识，并将新创意与所学知识融合，应用于生产生活实际，同时申请了国家专利，参加各类职业技能大赛及创新创业大赛竞赛并多次获奖。

获奖情况：第二届广西中华职业教育创新创业大赛暨第三届中华职业教育创新创业大赛广西区赛优秀奖

第三届广西中华职业教育创新创业大赛暨第四届中华职业教育创新创业大赛广西区赛铜奖

第六届广西高校大学生创新设计与制作大赛二等奖

第六届中国国际"互联网 "大学生创新创业大赛院内选拔赛金奖、广西赛区铜奖

实用新型专利：

一种阳台用立式无土栽培装置（证书号：10812676 专利号：ZL201921158445.7）

无土栽培杯及杯式小管流装置（证书号：9984397 专利号：ZL201920749588.9）

项目背景：来自广西水利电力职业技术学院水利工程系的同学们针对现代人们不断提升的节能低碳节水的环保观念，以及对居家环境及精致生活越来越高的要求，在阳台蔬果种植的热潮中，在无土栽培与鱼菜共生的基础上，开发出了适合家庭阳台的旋转式鱼菜共生模型。产品主要由养殖系统、分解系统和种植模块组成。主要面向城市上班族、家庭种植爱好者、食品原材料DIY爱好者、城市退休人群等。旋转式鱼菜共生模型申请并获得国家专利2项，目前正在进行第三代产品模型的研发。

一、项目介绍

（一）项目概述

随着经济社会的发展，人们对居家环境的要求越来越高，在家中养鱼或种植物的人

越来越多。同时，随着人们对精致生活的追求，绿色无公害蔬菜瓜果也大规模地走上餐桌，由此也引发了阳台蔬果种植的热潮。此外，随着人们的环保观念的提升，节能节水低碳也逐渐成为新潮流，阳台小菜园也变得越来越紧俏。但是现代人的生活节奏越来越快，而在家庭中养鱼或者种花种菜往往需要投入大量的精力。由此，考虑到节水环保和便于种养管理，我们在无土栽培与鱼菜共生的基础上开发出了适合家庭阳台种养的旋转式鱼菜共生模型。

旋转式鱼菜共生模型属于集养鱼、种菜（种花）于一体的共生系统。产品的主要特点是将养鱼种菜（种花）自成一个水循环体系，养鱼不换水，种菜少施肥，养护少费心；同时在系统中加入了远程控制模块，只要连接网络，就可以进行远程管理和控制，保持种养质量；即便较长时间无人管理，仍能保持鱼、菜（花）的成活度。此外，该产品除了满足观赏外，还能提供新鲜的蔬菜瓜果，满足人们对无公害食材的要求；也能改善居家小环境，提高居住舒适度。因此对于广大城市上班族、家庭种植爱好者等都极为合适。图2-14-1为老师指导项目团队进行产品设计的场景。

图2-14-1　水利工程系覃通老师指导产品设计

（二）产品/服务介绍

旋转式鱼菜共生既能养殖鱼类，也能种植植物，同时占地面积小，便于居家（或阳台）摆放，达到环保、美观的效果。模型内置水循环系统，能进行水肥的内部循环，实现主人外出不在家，鱼菜还能正常生长的效果。同时水体的自循环也改变了传统鱼缸养鱼需按时换水的情况，大大节约了水资源；并且鱼类的排泄物也为植物的生长提供了一定的养分。因此，在植物种植过程中，不需要撒肥料；只需偶尔通过水质检测，适量添加自制环保酵素肥料，即可满足作物生长的需求，达到了低碳环保无污染的效果。

产品所需要的原材料主要有：鱼缸（玻璃或亚克力）、亚克力板、水泵、不锈钢支架、水管、培养杯、培养皿、海绵、转盘、WiFi控制器、光伏板、实时水质检测器、定时投喂器、固定环、固定夹、蓄电池等。如图2-14-2为产品结构图，图2-14-3、图2-14-4为项目团队制作及调试产品，图2-14-5为本项目参加比赛现场。

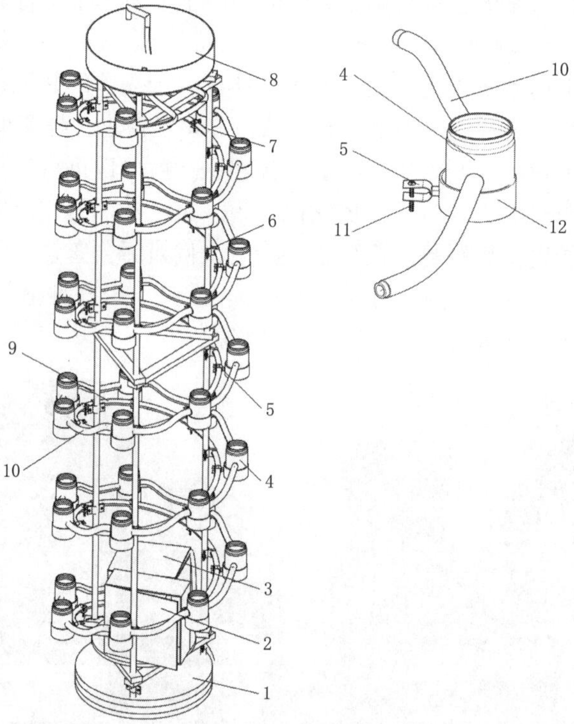

1—旋转底座；2—开关；3—蓄电池；4—红牛罐；5—固定夹；6—固定环；

7—支架；8—蓄水池；9—入水管；10—出水管；11—螺丝；12—支撑环

图2-14-2 产品结构图

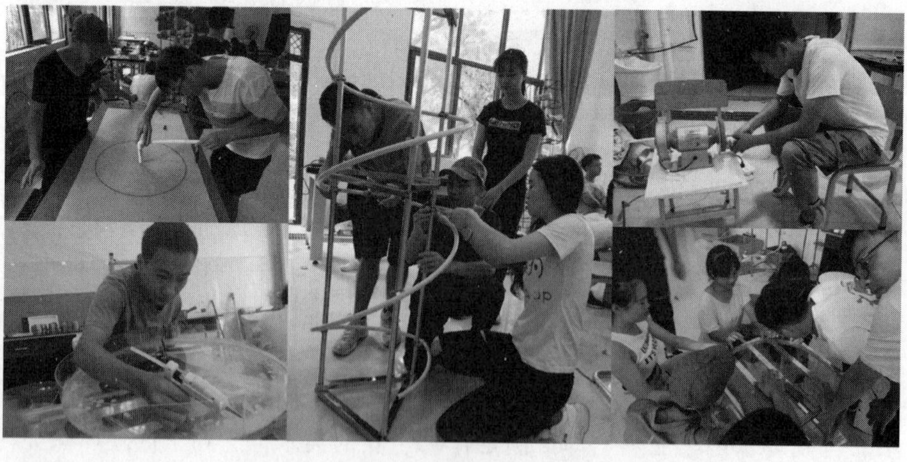

图2-14-3 团队成员进行产品模型制作

图2-14-4　团队成员进行育苗移栽

图2-14-5　本项目参加比赛现场

（三）市场分析

随着人们对生活品质的要求越来越高，越来越注重在居家环境中增加绿植和水生动物养殖，对无公害蔬菜瓜果的需求越来越大，对食材DIY的兴趣也愈加浓厚。鱼菜共生属于观赏和使用并重的技术，在城市家居生态这一市场领域前景广阔。建设生态城市，利用城市空闲空间开展食物生产，减少食物运输里程，是城市演进和社区良性发展的必然趋势。鱼菜共生模式不仅能为阳台种菜提供稳定的植物营养来源，并且能够代替基于化学营养液的无土栽培，推动城市社区有机无土栽培的普及。

本产品目标用户主要定位于对生活品质有较高要求的城市居住人群，主要包括：①普通市民，家庭及白领上班族；② 家庭种植爱好者；③ 在学校、庭院、公园、餐厅中者；④ 食品原材料DIY爱好者；⑤ 城市退休人群、家庭主妇等。

在创作过程中以调查问卷的形式，针对客户的需求进行详细了解，进而从样式、材料、成本价格等方面逐步完善模型。与同类产品中对比，本产品具有以下创新性和竞争优势：

（1）价格优势，利润优势。鱼菜共生模式有低成本、低能耗、低人工、高产出的特点，在价格竞争中有很大优势。

（2）产品直观，有利于建立客户信任度。鱼菜共生模式使用简单，操作便捷，适用范围广，优于传统家庭种养模式。图2-14-6为种植类型与养殖类型。

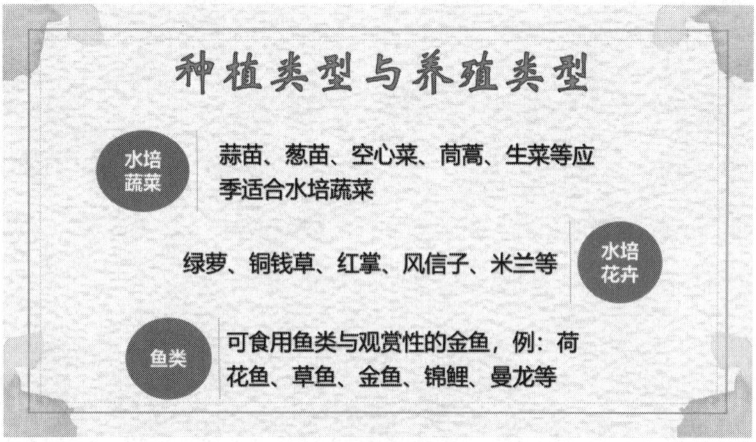

图2-14-6　种植类型与养殖类型

（3）技术优势与创新。团队成员具有很强的专业背景，且有行业专家参与，可以时刻保持技术处于领先水平，能在该领域不断创新。

（4）知识产权（专利、商标、版权等）、资质、认证说明。计划注册品牌商标并对相关核心技术申请专利保护，目前已申请2项国家专利如图2-14-7所示。

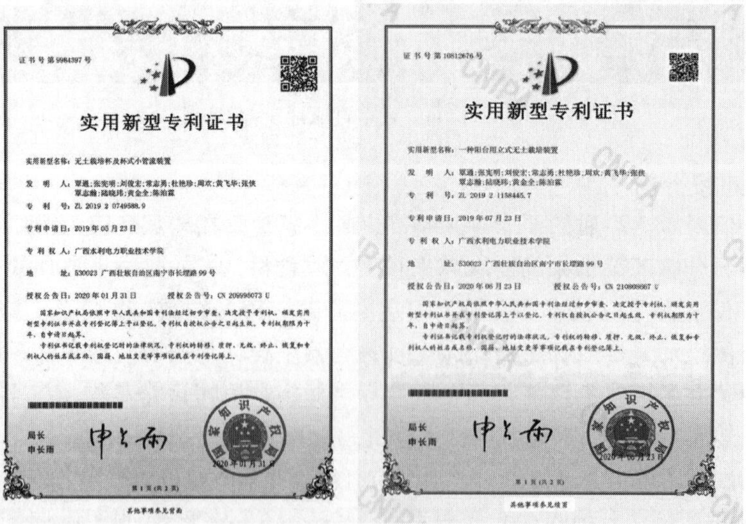

图2-14-7　专利证书

（四）营销策略

面向用户主要为城市上班族、家庭种植爱好者等，通过对市场分析，考虑用技术与负责制作装置的工厂合作，保证产品能快速生产，满足客户需求。

（1）本产品将采取线上线下同时营销的方式，注重广告质量和宣传方式，打造业内最权威的品牌。

（2）鱼菜共生系统是一项新型环保科技家庭种养技术，对人有视觉和观念冲击，可引发人们的好奇心。我们将邀请客户实地参观，并亲自尝试迷你系统，从而建立良好的信任。

（3）时刻挂靠政府高校及科研院所，让消费者信服、放心。

（4）时刻关注国家的优惠政策变化，做到对产品时时改进与调整，并利用政策进行宣传推广，提高民众环保意识，增强购买欲望。

二、创业心得

我觉得参加创新创业训练营是一件非常值得参加的活动，不仅能活跃大脑的思维逻辑，还能锻炼自己的个人能力、动手能力，为以后出来工作打下牢固基础，同时也能更好地锻炼团队合作意识，从遇到新的困难，到团队合作解决一件又一件的问题，都是值得骄傲的。感谢母校，给我这个机会，让我能从中吸取到无数的宝贵经验!

参加了这么多次创新创业大赛让我收获许多，让我体会到了团队的作用，学到了合作才能共赢，还结交到了很多新的朋友。在比赛中我们遇到了很多难题，但是通过不断地和老师与队友进行交流慢慢地把难题给解决掉，这个过程中我学会了沟通。在一次次的比赛磨炼中让我们逐渐成长，每一次的比赛都能让我们收获颇多。

创新创业大赛为我们当代中国青年大学生提供了一个立大志、做大事的平台，让我们有机会投入到求学报国的广阔舞台中去。习近平总书记嘱咐我们，“青年要立志做大事，不要立志做大官”，那么，什么叫做立志做大事？我想，创新创业大赛正是为我们提供了一个这样的广阔舞台。我们团队通过这次创新创业大赛，认识到了团队合作的重要性。团队合作缺一不可，团队精神的核心就是协同合作。协同合作是任何一个团队不可或缺的精髓，是建立在相互信任基础上的无私奉献。团队成员在过程中互补互助。小组初期遇到了很多困难，如团队分工不明确，没有领导者，团队创业初期方向迷茫等，通过老师的指导，创业团队雏形初显，团队分工逐渐明确，团队的创业激情都激情澎湃，面对创业模型出现的各种问题，我们也能去克服解决，不言放弃。比赛后我们总结得失，做得好的地方继续发扬，失利的地方加倍弥补，这样才能一直进步，将创业项目越做越好。撸起袖子加油干。在创业的日子里，不知道什么是苦、什么是甜，只知道确定了方向便义无反顾。

创新创业，不仅有益于丰富我们的大学生活，同时也是对大学生自身能力的一种磨砺。我很庆幸报名参与了系部的鱼菜共生创新项目，并且和一帮志同道合的好友组成一个团队。师傅领进门，修行靠个人。在老师的引导下，我们不仅学会了如何分工合作地完成一件事情，还培养了自身独立思考的能力。从模型的初步构思到制作模型、采购材料，一步一步地拼装，过程中碰到了不少难题，可能是这一小零件如何去制作，拼装时安放的位置不对，如何组装起来，这些都需要我们团队一起去探讨，一起出谋划策。过程中有磕磕碰碰，有欢声笑语，也有挫折困苦，当大家都朝着一个方向去努力的时候，不知不觉中，我们的团结协作能力和团队意识，以及自身的动手能力都得到了很大的提升。模型制作完成后如何去宣传，如何推广出去，亦或者去参加比赛，如何去得到老师、专家以及企业的认可，这一方面对我们的口才交际能力又是一种锻炼。创新创业值得我们当代每一位大学生积极参与，去锻炼自己，去发掘自身的潜力，过程或许会遇到困难或者失败，但坚持下来相信定能收获胜利的果实。

创新创业大赛是为了提升大学生的自主创新能力，提高团体合作能力，通过将近一年的创新创业大赛，我们每一个人都收获了或多或少的东西，可能是团体合作能力，可能是自我创新能力，也可能是其他的，但是我觉得最重要的还是和同伴们一起努力的过程。

三、案例分析

一方面，近几年国家相继颁布了一系列关于节水和绿色环保的政策，人们的节水节能环保意识越来越强。另一方面，随着人们对居家环境及生活品质的要求越来越高，家庭种养爱好者也越来越多。而旋转式鱼菜共生模型专门针对阳台种养设计，它把水产养殖与蔬菜花卉这两种原本完全不一样的农耕技术，通过巧妙的生态设计，达到科学的协同共生，从而实现养鱼不换水，种菜少施肥的绿色环保效果。

对比其他家庭阳台式产品，旋转式鱼菜共生模型自动化程度高，可采用定时控制系统或WiFi控制系统实现远距离遥控，可利用光伏板实现自动旋转，让植物受光均匀。模型自成水循环体系，当养殖废水进入分解系统，在系统池中进一步硝化，产生的氨、氮经硝酸化细菌分解转化为对植物有用的硝酸盐，固体鱼便分解后溶于水，还可以为植物提供其他营养物质如磷、钾、钙、镁、硫以及各种微量元素。经过植物吸收后的水返回到营养池里，不流回鱼池，等营养池里的水达到养鱼的标准以后，再回流到鱼缸，实现水资源及肥料资源零浪费。

项目响应了国家政策，也抓住了现代人们居家种养的需求，有很好的发展前景。但在模型的外观、功能的完善、市场的营运上都需要有更大的创新。

案例十五：淋致80℃——一种纯净水自热装置

项目名称： 淋致80℃——一种纯净水自热装置

学校名称： 广西水利电力职业技术学院

团队成员： 吴龙静、王其宁、周钰瑶、黄尚培

指导老师： 李思琦、罗荣慧、韦凤兰、韦庆华

创业宣言： 立志于让您在任何时候都能享用有热度的纯净水

团队简介： 团队成员朝气蓬勃，有想法有干劲；各有所长，互相熟悉，能够进行充分的沟通、交流，集思广益，互相鼓励，齐头并进。

获奖情况：2020年第六届中国国际“互联网+”大学生创新创业大赛广西赛区职教赛道铜奖

项目背景：水是生命之源，生活中我们无时无刻都需要用到水，饮用水的质量也直接影响着我们的身体健康水平。随着国民经济的发展，人们的生活水平得到了稳步提升，现代人在生活中也更加热爱户外运动、极地探险等休闲健身方式。本项目——淋致80℃的宗旨就是为大家解决户外难以喝到到热水的问题，立志于让您在任何时候都能享用温暖的纯净水，感受到生活的温度。

一、项目介绍

（一）项目概述

本产品为自主研发的便携式自热纯净水，在纯净水瓶底部增加一个加热底座，使其能够发挥加热作用，方便快捷地使水变热，达到一定的温度，适用于需要热水但又没有加热设备的场景，特别是在极寒地区探险、荒郊野岭徒步、户外旅行等时刻，可作为生存条件无法生火烹煮时的应急用品，具有快速热水、应急加热和补充可食用热水的作用。产品容量规格有350毫升、500毫升。加热底座与塑料瓶身融为一体，加热底座由小型加热包、小型水袋和拉式开关阀门加热底座组成；底座分两层，内层为加热反应层，外层为隔热层。水瓶为高密度塑料材质，抗高温，加热纯净水时，只需要打开包装和瓶口的透气盖，拉开加热开关阀门，放置5～10分钟即可加热至60～80℃，方便快捷。

产品加热底座内层材质为铁合金，外层为电木（酚醛塑料）加铝镀层，电木具有较高的机械强度、良好的绝缘性，耐热、耐腐蚀。加热包主要成分为碳酸钠、焙烧硅藻土、铁粉、铝粉、焦炭粉、活性炭、盐，生石灰，按一定科学比例搭配反应达到加热目的。瓶身采用加厚05号PP（聚丙烯）材料，耐酸碱、耐化学物质、耐碰撞及耐高温（约20～120℃），加热高温无有毒物质产生。在使用时，拉开开关阀门，定量配比的水袋破裂，遇到加热包发生放热反应，热量通过锡制隔层导热，水体加热过程中产生的水蒸气通过瓶盖排气孔排除，加热物质反应完毕，水体加热完成，发热过程无任何污染，也不会溶解纯净水瓶。

（二）市场前景

同原理加热技术最早出现在国外，国外士兵配备的干粮、主食几乎都采用加热包加热食物，但主要用于军事，涉及民众大众较少。近几年在我国，自热火锅成为了一种“网红”产品。它的便捷性获得了广大青年群体和旅客的认可，也带动了自热烧烤、自热米饭等产品的出现，食品自热技术也取得了长足的发展。

目前为止，市场上并未出现这一类型的可自热的纯净水。然而，中国人普遍喜喝热水，累了、饿了、病了、淋雨了都喜欢先来一杯热水暖暖胃。不仅如此，现在还盛行户外运动、野外探险，在这些不方便用电器、火苗加热饮用水的时候，自热纯净水必将受到大众的欢迎与认可，迎来广阔的市场前景。

二、创业心得

通过对生活中所存在的需求进行分析，学习创新方法来尝试解决问题，使我们的创新意识得到了很大的提高，也是对我们能力提升的一次考验。我们将继续完善优化作品，探索运用创新方法解决问题的能力。

三、案例分析

该项目立足于现实需求，结合现有技术开拓新产品，对提升创新能力和创业意识有一定的借鉴效果。建议团队尽快研发出产品并进行实际测试。

案例十六：批量脱茧机

项目名称：批量脱茧机

学校名称：广西水利电力职业技术学院

团队成员：邓　滔、李志聪、张蒙华、杨钦茂、李　焜、陆嘉玮、陈海梅、曾露露、文新运、刘军龙

指导老师：谢佳宾、肖　芬、李兼伐、席礼平、谭　程

创业宣言：批量脱茧机，致富好帮手！

团队简介：团队由一群拥有机械设计与制造等专业技术背景的优秀青年成员组合；教师团队由擅长工业设计、机电控制相关背景的教师以及在机电领域从事近10年研究的高级工程师组成。团队技术骨干们多次参加学院举办的技能竞赛、创新创业活动，具有优秀的专业水平、良好的个人素质与蓬勃的创业激情。

获奖情况：第六届中国国际“互联网+”大学生创新创业大赛广西赛区选拔铜奖

项目背景：扶农助农，以机械助力蚕桑养殖产业发展，以机器取代人工达到高效脱茧，带动桑蚕产业进入机械化时代。本产品是通过降低劳动强度，提升工人劳动安全和降低人工成本为目的，围绕高效、节本、省力等目标，特此研发的替代人工完成高强度工作的批量脱茧机。用机械化实现高效且高质的脱茧效果，预计节省养蚕脱茧环节成本达90%。项目的研制是在当前多种机械化脱茧设备之上的又一次效率提升，助力国家完成产业升级改革，实现蚕桑养殖规模化、工厂化高效脱茧，完成规模化养殖设备配套。推动桑蚕养殖产业向智能化、机械化发展，为广西特色产业和农民增收脱贫致富贡献力量。批量脱茧机项目来源于企业委托以及大量基层养殖户们的真实需求，由此开发一款适用于桑蚕规模化养殖的批量脱茧机。

一、项目介绍

（一）项目概述

2006 年，国家开始“东桑西移”发展战略，逐步把蚕茧生产区从东部地区向西部地区转移。我国中西部地区社会经济发展相对落后，拥有较为丰富的土地资源和劳动力资源，具备发展蚕茧丝产业的自然条件和社会基础。因此，将蚕茧产区逐步从东部地区向中西部地区进行战略性转移，对稳定我国蚕丝产业、保证我国茧丝绸大国地位、促进中西部地区农民增收和经济发展都有具有重要意义。

近年来，我国桑蚕产业效益总体呈现下降趋势，特别在农村劳动力转移就业较为便捷的东部、中部地区更为明显。桑蚕产业是较为典型的劳动密集型行业。脱茧环节的机械化、自动化、智能化程度总体偏低。据《全国农产品成本收益资料汇编》，2015 年我国每公顷桑园蚕茧产量为 1549.50 千克，现金收益仅 2645.12 元。而西部地区受益于“东桑西移”政策推动，桑蚕产业发展暂时仍表现出兴旺态势。规模化集约化机械化的养蚕才是未来的趋势与发展方向。

本团队研发的批量脱茧机，主要应用于广大农村尤其是广西偏远山区，用以解决脱茧工作量大、效率低、成本高且蚕茧易损坏等行业痛点，为养殖户减轻摘茧负担，提效增收。

（二）产品介绍

产品的核心顾客价值：养殖户们利用产品能够快速的脱茧。

产品工作原理：通过升降平台下托 10 张方格簇，夹持器移动夹住方格簇并固定位置，通过丝杆推动套筒扣板，使套筒连续穿过 10 张方格簇剥离蚕茧并存于套筒中，套筒回位后顶杆将蚕茧推出，蚕茧从套筒中推出掉入集茧箱。脱茧机功能设计如图 2-16-1 所示。

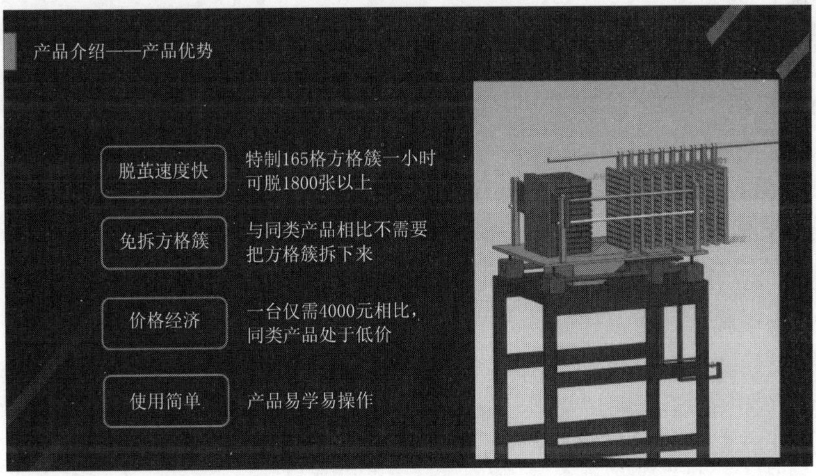

图 2-16-1　脱茧机功能设计

技术支撑：脱茧机包含的核心技术均由团队自主研发完成，属于业内领先，目前产品已申报专利。

（三）市场分析

种桑养蚕是广西贫困地区精准扶贫的好产业。脱茧是其中的一个重要环节，这一环节需要耗费大量的人工成本，脱茧装置的好坏，关系着脱茧的效率以及蚕茧的价格。脱茧环节的机械化、自动化、智能化程度总体偏低，使用纯手工脱蚕不仅效率低而且品质也会有所影响。所以可达到高效率高品质且低成本的脱蚕机在目前以及未来都将会是一大趋势。

竞争者分析：目前脱蚕机市面上已有上市，下面将用以下几款进行对比，如图2-16-2所示。

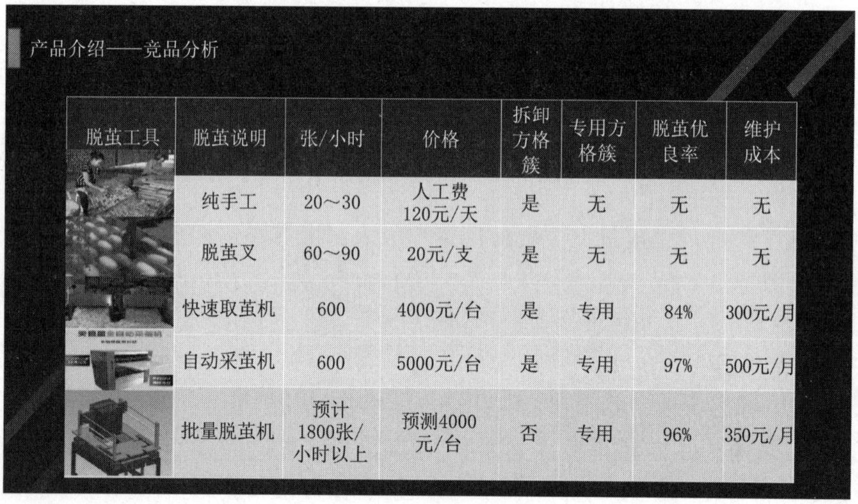
产品介绍——竞品分析

脱茧工具	脱茧说明	张/小时	价格	拆卸方格簇	专用方格簇	脱茧优良率	维护成本
	纯手工	20～30	人工费120元/天	是	无	无	无
	脱茧叉	60～90	20元/支	是	无	无	无
	快速取茧机	600	4000元/台	是	专用	84%	300元/月
	自动采茧机	600	5000元/台	是	专用	97%	500元/月
	批量脱茧机	预计1800张/小时以上	预测4000元/台	否	专用	96%	350元/月

图2-16-2　竞争产品分析

从图片对比中可以看出：

（1）纯手工脱茧的缺点：脱茧效率低，取蚕蛹过程对蚕蛹的损坏程度一般，花费成本中等偏高。

（2）脱茧叉的缺点：脱茧速度中等偏慢，取蚕蛹过程对蚕蛹的损坏程度严重，价格便宜。

（3）某牌快速取茧机：脱茧效率中等偏高。

（4）某牌自动采茧机：取茧对蝉蛹的损坏率低。

我们所研发的脱茧机的特点有：

（1）在蚕蛹脱茧过程中对蚕蛹的损坏率可以降到最低。

（2）脱茧速度是人工的40倍左右。

（3）可以选择性搭配簇格使用，进一步提升加工效率。

（4）占地面积小，是人工生产线面积的1/3。

（5）机器底部有四个脚轮，"搬家"更方便。

（6）杂物箱设计，清理杂物更方便。

（7）可以选择性搭配簇格使用，进一步提升加工效率。

本项目研究的高效脱茧机能够在不拆卸方格簇的情况下一次脱茧10张，以20秒内完成一次脱茧来计算，可实现每小时1800张的脱茧速度。本设计结构功能巧妙，易于实现，成本可控性好。从专利数据库中检索分析了多款脱茧机，均未发现与本设计原理相同的结构设计，设计具有创新性。项目既可以应用于大型的养蚕场，亦可以用于养蚕合作社和一般的家庭小规模养殖作坊，可以推广到大部分的养蚕户，市场前景广阔，可助力广西精准脱贫攻坚，助力养蚕户增收致富。

二、创业心得

广西有不少农民养蚕，由于人工脱茧效率低下，使得农民很难增加收入。为此，我们利用所学机械方面的专业知识，致力于设计制作高效的批量脱茧机。批量脱茧机通过升降平台下托10张方格簇，在不拆卸方格簇的情况下一次脱茧10张，每小时可达到1800张的脱茧速度，可以满足大部分养殖户的需求。

三、案例分析

项目团队自主研发批量脱茧机，设计新型机械结构去实现快速批量脱茧，拥有核心技术，已申请国家专利，形成知识产权保护。通过竞品分析可以看到，该产品具有脱茧速度快、价格适中的特点，既可以应用于合作社养蚕场，也可以用于一般的家庭小规模养殖作坊，市场前景广阔。项目有助于推动桑蚕养殖产业向智能化、机械化发展，助力养蚕农户增收致富。

案例十七：自主感应灌溉系统

项目名称：自主感应灌溉系统

学校名称：广西水利电力职业技术学院

团队成员：黄　婷、向丽敏、农建文、覃欢欢、黎　刚、江阳才、韦　坤

指导老师：张振鹏、韦凤兰

创业宣言：打造高效节水灌溉新模式！

团队简介：创业精英怪团队主要由来自广西水利电力职业技术学院17级水利工程系的学生组成，团队成员有较强的组织和管理能力，做事细心谨慎，掌握了节水灌溉技术、计算机技术、CAD制图技术等，对产品的定位、机会创新、推广有着敏锐感觉和独到见解，具有较强的营销能力、市场判断力和预测能力。

获奖情况：第五届中国“互联网+”大学生创新创业大赛广西赛区选拔赛铜奖

项目背景：水是生命之源，是包括人类在内的各种生物生存的必要元素。我国是联合国认定的“水资源紧缺”国家，人均淡水资源占用量仅为世界人均水平的1/4。而目前的灌溉系统存在部分弊端：一方面传统灌溉不能准确把握浇

灌量，不仅造成了水资源的浪费，同时也有可能影响花木的健康生长；另一方面，由于现代生活节奏的加快，人们往往因忙于工作或外出时间较长而无暇顾及对花木的照料。已有的浇水器大多局限于定时浇灌，不能根据植物正常生长所需要的温度、湿度等有效资料来实时调节植物的灌溉水量。

针对上述现象，本团队成员设计了自主感应灌溉系统。它是一种现代高效节水的灌溉方式，自主感应灌溉系统是集自主控制技术和专家系统技术、传感器技术、通信技术、计算机技术等于一体的自主灌溉管理系统。随着农业及园林业的发展，水资源的需求不断上升，传统的灌溉方式正在被现代智能型微机自主控制灌溉系统所取代，而我们的自主感应灌溉系统是有效解决灌溉节水问题的必要措施之一，它既可以根据植物和土壤种类、光照数量来优化用水量，进行自主灌溉，也可以在雨后监控土壤的湿度。

一、项目介绍

（一）项目概述

自主感应灌溉系统由感应器模块、数据采集分析器，以及管理中心构成。它先由感应器模块采集环境信息，再将信息输送至数据采集分析器，分析器分析数据后由管理中心中进行调配，进而控制水泵给农作物精准灌溉。它既可以根据植物和土壤种类、光照数量来优化用水量，进行自主灌溉，也可以在雨后监控土壤的湿度，能够自主地把握灌溉的用水量和灌溉的时间，以达到节水的目的。目前这类灌溉技术还处于发展阶段，在市场上的潜力是巨大的。它是属于一种全新、高效、精准、节水的灌溉方式。项目团队如图2-17-1所示，图2-17-2为团队成员进行产品模型制作。

图2-17-1　项目团队在第六届中国国际“互联网+”大学生创新创业大赛院内选拔赛现场

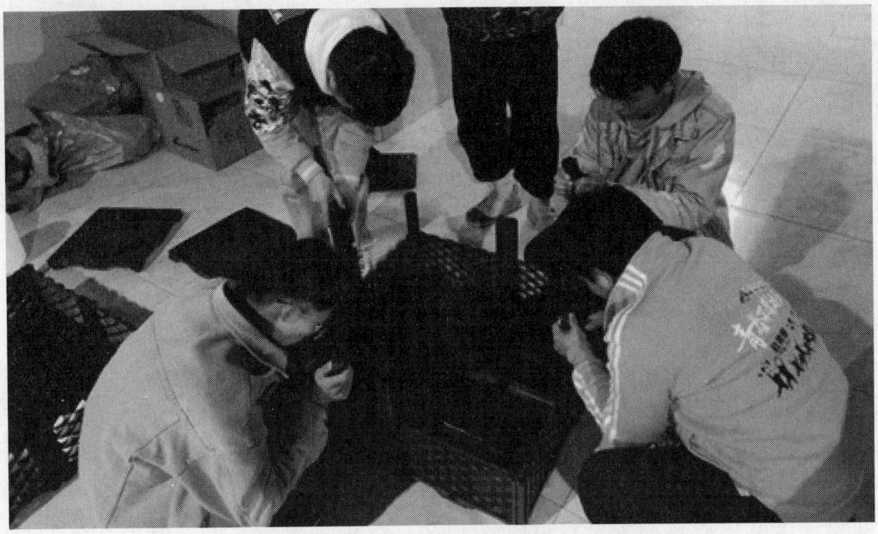

图2-17-2　团队成员进行产品模型制作

（二）竞品分析

本产品与同类产品进行对比，自主感应灌溉系统涉及传感器技术、自主控制技术、计算机技术、无线通信技术等多种高新技术，来提供全智能的灌溉；人机界面友好，实现灌溉过程的无人值守，减少人员的工作强度，提高灌溉效率，可以更加有效地解决农作物的灌溉问题，市场竞品分析如图2-17-3所示。

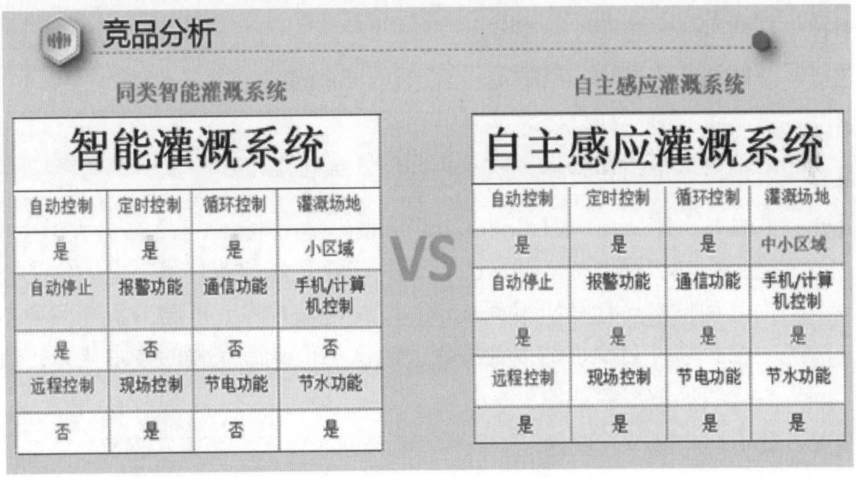

智能灌溉系统			
自动控制	定时控制	循环控制	灌溉场地
是	是	是	小区域
自动停止	报警功能	通信功能	手机/计算机控制
是	否	否	否
远程控制	现场控制	节电功能	节水功能
否	是	否	是

自主感应灌溉系统			
自动控制	定时控制	循环控制	灌溉场地
是	是	是	中小区域
自动停止	报警功能	通信功能	手机/计算机控制
是	是	是	是
远程控制	现场控制	节电功能	节水功能
是	是	是	是

图2-17-3　市场竞品分析

二、创业心得

“互联网+”创新创业大赛让我们体会到创业人的艰辛和不易。创业本就是一个不断探索的过程，在这个过程中可能会遇到挫折和失败，所以在创业中你是否自信、能否在挫折和失败中重新振作，对于创业能否成功至关重要。创业也是需要团队的，只有团队之间的合作才能弥补个人的不足之处，也可以完善个人创业中不易发现的漏洞，同时也体现了团队的重要性。

"互联网+"创新创业大赛让我们体验了创业，学习了创业，以及实践了创业，是我们真正发挥自己的才华，展现创新思想和个性特点以及充分认识社会的一个大好机会。在我看来，只要自己从中获得了宝贵的经验，无论最后成功或是失败，那都将是人生的财富。

三、案例分析

世界各国节水灌溉的主要措施包括渠道防渗、低压管灌、喷灌、微灌等，实行自主感应灌溉工程，可以减少灌溉过程中劳动力配置，通过局部湿润灌溉，田间土壤疏松，通透气性良好，易溶性肥料、植物生长调节剂、内吸杀虫剂等可随水滴入，减少中耕、施肥、喷药、锄草等的作业次数和劳动力投入，节省了大量的人力物力。自主灌溉目前还处于创新发展的阶段，需要在性能、便利性及成本等要素之间找到最佳平衡点，将来有机会成为灌溉行业的得力助手，市场前景值得期待。

案例十八：微智网电力教学模型

项目名称："微智网"电力教学模型——电力行业可视化教学开拓者

学校名称：广西水利电力职业技术学院

团队成员：李威礼、陈文翔、唐敏婕、潘志崇、陈志强

指导老师：岑　斌、彭　情、潘元忠

创业宣言：电力行业可视化教学——我们一直在路上

团队简介：电力匠人团队由广西水利电力职业技术学院电力工程系5名大学生，及3名优秀指导教师组成。团队成员专业涉及智能控制技术、电力电子技术、电力远动技术、计算机编程技术、无线传输技术、电路分析等各项领域，完美结合软件与硬件的综合应用。团队不但具有超强的技术能力，还拥有着先进的创新实训基地。

获奖情况：第五届中国"互联网+"大学生创新创业大赛广西赛区铜奖

第六届广西高校大学生创新制作大赛创意设计类专科组一等奖

第二届广西中华职业教育创新创业大赛暨第三届中华职业教育创新创业大赛铜奖

项目背景：电力是生产、生活的主要能源，电力运行的可靠性及供电质量的优劣直接影响社会的经济效益和安全性，因而从发电、变电、输电、配电到用电的各个环节都需要有经过严格训练的运行人员来操作控制。任何人为失误所造成的事故，其损失严重程度都是无法估量的。为了培养大批熟练的运行

人员，电力学校及相关部门花费了大量精力和投资用于培训工作。由于电力系统的特殊性，在实际运行的系统中进行人员培训显然是不现实的。而建设实训基地的培训方式需要配备大量的电气设备，因为投资成本高、运行维护难、占地面积大等因素，所以很难普及和推广。

一、项目介绍

（一）项目概述

本团队研发了一套“微智网”电力教学模型，适用范围包括了发电、输电、变电、配电、用电5个教学环节，模型可通过连接形成完整的电力网络。该产品具备了完整的电力系统的一次、二次电气设备的基本主体，可实现对电气设备的各项操作，满足教学要求。本产品具有可操作的实体硬件，能够直观地展现各设备的动作情况，并且拥有多个智能化系统对内部设备进行综合控制，实现可视化教学。模型可完成自定义教学，内部各设备模型可根据设计使用要求进行变更，切换至不同的运行形态，具有一定的开放性、可拓性。我们的产品在满足项目一体化教学的同时，还可为电力相关企业提供员工培训的实操平台。随着社会用电负荷的不断增长，电力系统对人才的需求与日俱增，对人员的培训数量庞大，市场前景广阔。本产品具有经济性、便携性等特点，能为因场地和资金等因素不能建设电力实训场地的相关学校和企业提供便利，可利用此优势率先抢占市场。图2-18-1为项目团队参加校内选拔赛现场。

图2-18-1　项目团队参加第五届中国“互联网+”大学生创新创业大赛校内选拔赛

（二）产品/服务介绍

1. 创意来源

我们发现在学习生活中，电力相关方面的专业课知识比较不容易理解，学习起来比较困难。因为电力系统具有复杂庞大系统结构，需要各个环节相互协调才能正常工作，而我们学习是从相对比较微观具体的某个专业知识开始，导致很难与宏观上完整的电力系统进行关联，并且学习专业知识大部分都局限于课本，比较乏味，缺少代入感，这样很大程度上降低了学习的效率与积极性。基于以上情况，我们团队研发了一套“微智网”电力教学模型，让学习电力知识变得更形象和具体。图2-18-2为电力系统示意图。

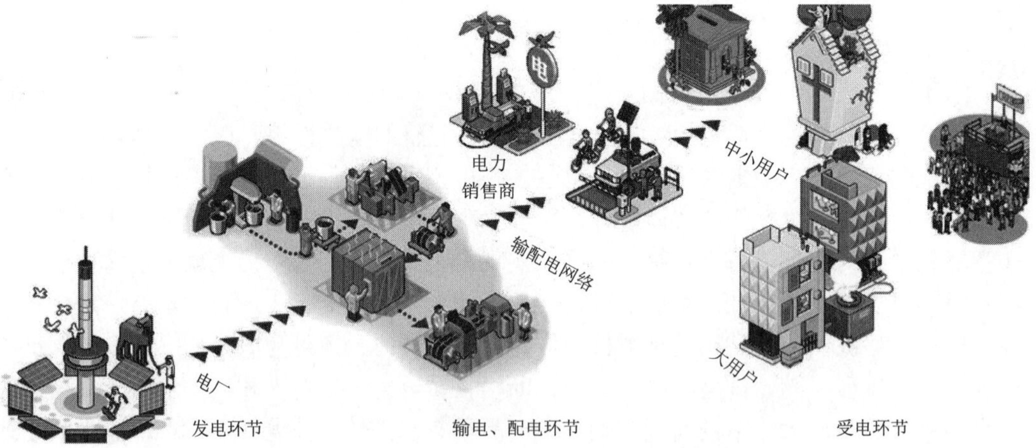

图2-18-2　电力系统示意图

2. 产品名称

“微智网”电力教学模型。

3. 产品用途

为电力系统可视化、一体化教学提供条件。

4. 产品系统组成

“微智网”电力教学模型由发电厂系统、输电线路系统、变电站系统、供配电网系统、用电系统网系统等模块组成。微智网电力教学模型的设计宗旨在于打造微型智能化电力系统网，主要是由五大板块构成，分别为发电厂教学模型、输电线路教学模型、变电站教学模型、供配电教学模型、用电网教学模型。各个板块之间可进行拓扑拼接，可满足大部分电力系统的组成需求。各板块之间不再是独立运行，而是具有实际的电气连接关系，在满足电力运行的同时性，做到相互影响与控制。

5. 产品功能

本产品采用STM32芯片作为产品的核心控制，使自主操作系统及智能控制教学系统相结合，其中包含了对电气设备的手动操作及自动演示操作的功能。手动操作能通过手动触发设备的控制开关对单一设备进行独立操作，可模拟真实工作中所需的操作步骤，在此基础上我们还加入了自动演示操作系统，通过演示功能可选择例如变电站的倒闸操作、设备的停电检修操作、转母线操作等常规操作，然后系统会根据对应的指令对设备按照正常工作流程逐一进行操作，也可以模拟变电站可能出现的几种事故类型，系统会根据事故处理规定，对相对应的设备进行自动操作，做出正确的故障处理操作流程。

本产品拥有智能语音交互系统，具备了智能向导功能及智能教学功能。智能向导功能通过手动触发和自动触发的方式激活相对应的语音信息，可对变电站内的设备进行功能介绍，还可对变电站的组成及工作间隔进行讲解。智能教学功能可通过语音告知操作者设备正确的操作顺序，让操作者依照语音的指示完成对变电站的各项操作流程。也可进入操作考试模式，不进行语音播报流程，由出题人给出所需要的操作，操作者自由操作，智能教学系统会根据电力五防措施规定进行分析，如果操作者的行为违反了规定，系统会提示错误，并说明错误的原因。

为了能使学习与培训的效果更加贴近于现场，产品可根据现场设备的位置情况自定义安装模型，使其符合现场的运行情况，我们还将采用360° 全景拍摄对现场特定区域的采样点进行拍摄，采集现场全景图像，可在模型平台触发采样点进行查看。图2-18-3为学院电力工程系岑斌老师指导产品设计。

图2-18-3　电力工程系岑斌老师指导产品设计

（三）市场分析

1. 市场需求量分析

随着时代的不断进步，社会经济、社会发展以及国民经济水平的不断提高，全社会用电需求逐年递增，电力企业及员工的数量也呈现上升的趋势。企业的不断革新变化，社会的经济结构调整，使企业对人才的能力要求逐渐提高，这对电力从业人员而言，是一种机遇，更是一种挑战。在我国电力行业发展形势下，通过培训提高电力从业人员的素质是非常有必要的。电力从业人员教育培训的工作也是任重而道远。

据统计，全国共有644所大学开设了电力相关专业，在广西区内就有13所大学，分别为广西大学、广西科技大学、桂林电子科技大学、百色学院、贺州学院、河池学院、桂林理工大学博文管理学院、桂林电子科技大学信息科技学院、广西科技大学鹿山学院、广西大学行健文理学院、广西科技师范学院、广西水利电力职业技术学院、广西电力职业技术学院，不少院校电力相关专业每年招生的总人数将近3000人，但每年的招聘企业依然出现部分岗位招不到人的情况，电力专业毕业生供不应求，招生人数逐年呈现上升趋势。

因为电力系统的特殊性，电力企业每年都会安排在职人员进行相关的培训。以国家电网和南方电网为例，截至2018年年底，国家电网在职员工人数为92.6万人，南方电网在职员工人数为35.2万人，共设立23个省级培训中心，661个市级培训机构。

近年来，各电力企业注重盘活人力资源存量，大力引进国内外优秀人才，统招聘用高层次高校毕业生，人力资源总量保持平稳增长态势。其中2016年年底，国家电网公司等16家大型电力集团企业员工总量达到221.7万余人，与上年相比增加8.1万人，增长3.79%，2017年、2018年保持平稳增长。

我们团队在广西水利电力职业技术学院等学校展开了市场调研，根据我们收集的电力相关专业学生的数据显示，学习电力知识最为突出的两个问题是对电力设备的认识和设备的操作流程不够了解，经过调查统计，占调查人数85%的学生表示对我们的“微智网”电力教学模型表示期待，且希望能尽快投入学院内使用，通过智能化的操作系统和语音系统完成理论和操作的学习。

2. 竞争力分析

（1）占地面积小、经济性好。相较于建设电力实训基地的方式，使用我们的产品可以大幅度地减小占地面积。以变电站为例，我们仅需实际占地面积的1/2000即可完成搭建。电力实训基地运行维护费用和设备的损耗费用较高，用作培训的设备损坏率远高于正常使用，我们的产品安装简单，维护方便，在满足教学要求的同时能够大幅减少使用成本。

（2）系统高智能化。产品拥有电子保护控制芯片，可以模拟线路或者设备在发生故障时，系统如何自动判断并切除故障的过程。智能控制系统与智能语音系统相互配合，使培训更符合智能电网发展的需要，实现了一体化教学的同时，提高了自主学习性和学习效率。

（3）开放自主性。产品内部的设备模型可以轻松拆卸，用户可根据自身需求进行重新组合，可锻炼学员动手能力，同时还可以激发学员的想象力，使培训更具有参与感，不仅限于固定的格局。产品能够轻松地完成设计、培训、展示等多方面内容。

（4）灵活可拓性。外部可拓展其他板块的设计，在能够最大程度还原电力系统完整性的同时，还能较好地应对因地形、环境等因素变化而造成电力设施分布千差万别的情况，满足模型运行方式与实际运行方式一致性的要求。

（5）可视化电力教学。设备模型采用了机械结构可动作的设计和设备内部结构外置的设计，使用时能够清楚地观察到设备的动作状态，这样可以加深对设备原理的理解与学习。我们在线路方面加入了带电指示光带，将原本不可见的电能展现出来，反映此时线路的带电情况和电能传递方向，能以宏观的视角直接观察电力系统网络的运行。图2-18-4为产品竞争力分析。

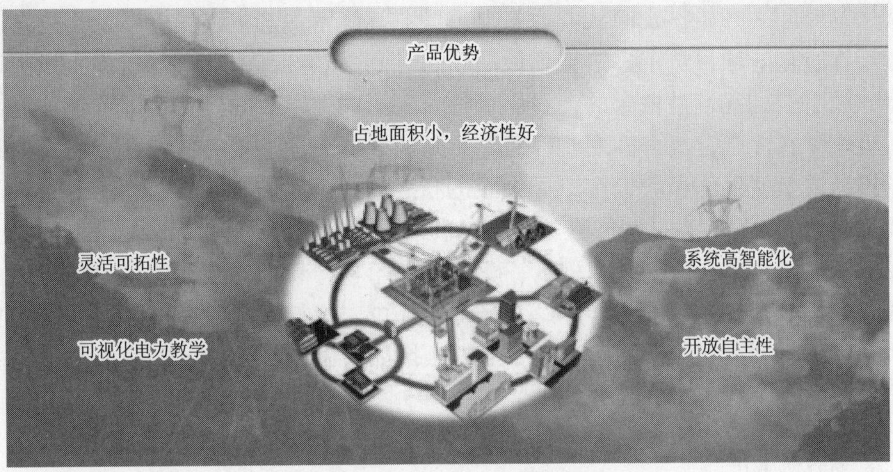

图2-18-4　产品竞争力分析

（四）营销策略

1. 价值主张

该产品适用于各种电力系统中，“微智网”电力教学模型可以模拟已有电网，也可搭建电网，其主要目的是实现对电网运行的模拟。这种实物模拟演示，打造周期短、教育成本大幅降低、自由搭建方便、安全事故发生率降低。

2. 客户需求

从应用市场来看，随着国家电力系统的完善，电力相关技术已涵盖了电能的产生、输送、分配和应用的各个环节，广泛应用到工业系统、电力系统、交通系统、通信系统、计算机系统、新能源系统和日常生活中，是使用电能的其他所有产业的基础技术之一。同时，在国家对先进制造业的大力支持下促进了电力行业的发展。此外，在全社会提倡节能减排和安全生产的宏观背景下，电力作为清洁能源将得到更大发展，产品市场需求仍将保持增长，市场空间逐步扩大，给经营与发展带来良好的机遇与广阔的空间。

3. 营销方式

因为要拥有一定的渠道，我们的营销才有一定的方向，故我们有自己既定的一些营销渠道。以顾客需求为首要出发点，根据经验获得顾客需求量、购买力的信息，然后有计划地组织各项经营活动，根据4P原则，即产品策略、价格策略、渠道策略和促销策略，为顾客提供满意的商品和服务。此外，通过与校友电力相关企业合作会，共同开发共享渠道，发挥协同效应，实现优势互补，能够节省成本，避免重复建设，可以共享市场，实现互利互惠。

二、创业心得

第五届“互联网+”比赛，总历时三个月，广西高校创新与设计大赛，总历时两个月，创新创业大赛是一个大学生真正可以实现创业的平台。天使投资人愿意投资的项目往往潜在价值很高，这些项目都是在当前比较有发展的、实实在在已经在创业的、且拥有比较强的商业模式的项目。

从比赛时间一开始，我们从电力系电力精英训练营中选拔组建好属于我们自己的团队，然后经过创业项目选定，一直到最后项目计划书和产品的完成。过程中经历了反复的修改，没有一刻我们是松懈的，我们牺牲了平时的休息时间经常在训练营加班，双休日团队也常常在一起奋战。整改项目到晚上12点多是常事，更有甚时还要通宵。我们的老师始终认真负责地给予我们深刻而细致的指导，帮助我们开拓研究思路，精心点拨并给予我们热忱的鼓励。对此我非常感谢帮助我们的老师们。

在比赛的过程中，我们查找资料，学习新的事物，看到与其他项目的差距，在学习中进步。我们学习如何做项目计划书、产品说明书、设计方案，还学习怎样做路演和产品说明PPT，如何做产品或是在我们专业的领域如何做创新设计，这些都是我们在比赛中需要思考的。

三、案例分析

随着经济社会的发展，电力需求持续增长，电力系统的规模不断扩大；同时，电力系统技术水平不断提高，设备更加先进，对系统的运行维护人员技术水平提出更高的要求，所以电力系统对掌握扎实理论基础和实践技能的高端技能型人才的需求量很大。

目前针对“微智网”电力教学模型而言，市场上现有的产品竞争力较低，且市面上存在的电力教学器材也有使用不便、教学麻烦、设备沉重等劣势，并没有起到优质的教学质量。“微智网”电力教学模型产品占地面积小、经济性好、灵活程度高、高智能化，将能够更好地适应当下市场需求，带来更加高效的教学质量。

同时各种电力培训最终所追求的无非是对学员进行高质量的教学，培养出更好的电力人才。在提高教学质量的同时，保障了学习者在学习过程中可以更好地理解和接受教学知识，让学习者时刻保持一种轻松的学习状态，愉快地接受学习。综上所述，“微智网”电力教学模型具有强大的市场竞争能力，相信能在竞争中脱颖而出，获得更多客户的青睐。

案例十九：小微颗粒播种机
——助推脱贫攻坚、助力精准扶贫

项目名称：小微颗粒播种机

学校名称：兰州职业技术学院

团队成员：罗　星、郑田田、王　腾、管齐鹏、王彦江、王义樑、万　超、张　凯

指导老师：赵勇成、张　雯、刘丰宁、张　娟、李吉祥

创业宣言：保护“绿水青山”，守住“金山银山”

团队简介：罗星，现为兰州职业技术学院3D动力协会会长。曾获得学院院长奖学金，成功策划了2018年学院迎新晚会、申报“多维印务”项目入驻省级双创空

间，给同学们提供了勤工俭学岗位50个。有较为丰富的管理经验、人际交往能力和市场开拓能力。

获奖情况：2019年第五届中国“互联网+”大学生创新创业大赛职教赛道金奖

项目背景：团队成员积极践行中央一号文件，助推脱贫攻坚，精准扶贫，研发出的小微颗粒播种机已取得国家发明专利两项，已取得国家实用新型专利六项，申请的两项发明专利正在审查中。该机采用集成创新的方法，并结合了CAD/CAM/CAE技术设计，解决了常见播种机功能单一和播种精度不高的技术难题。

一、项目介绍

三农、精准扶贫、乡村振兴是近几年来和农业相关的热词。对现代农业的关注，促使来自兰州职业技术学院的这个创业项目团队，在第五届中国“互联网+”创新创业大赛冲出了省赛，冲进了国赛，并获得了甘肃省在该项赛事的首枚金奖。项目指导老师赵勇成在介绍项目时这样说道：“项目的研发来自于学生对现代农业的关注。他们大都来自于农村，当看到家人在地里辛苦地弯下腰一粒一粒播种时，开始思考在农业机械化的今天，应该要有机器能够代替人力在山地里进行劳作和播种，并开始了他们的研究。”

在团队进行了无数次的讨论、修改、验证，无数次地推倒再重建后，才终于确定了产品研发的设计方案。从建模、测量、构思到制作、成型，团队经过长时间研发试验，最终成功研发出了适合西北干旱地区作业的小微颗粒播种机，如图2-19-1所示。

图2-19-1　小微颗粒播种机

为了让产品实现“一机多用”，解决降低农民成本的问题，团队在制作了产品样机后，多次测试，却始终达不到设计要求。项目团队通过向省内外的农机专家请教，提出了独特的破膜三角设计，分籽管道上面的破膜三角可直接戳破地膜，省去了人工覆土，提高了生产效率；通过调节分籽轮之间的距离，实现行距可调；通过调节分籽管道的长度，实现株距可调；通过更换分籽轮轮心，适应不同农作物的播种需求，小到油菜，胡萝卜籽，大到黄豆，玉米等农作物种子，很好的地实现了“一机多用”。

经过团队成员的不断研究、多次调整、反复测试，小微颗粒播种机设备最终实现了株距、行距可调，可播种千粒重0.7～500克之间的种子（更换轮心），实现了一机多用，播种后不用覆土，节省了劳动力，提高了工作效率，降低了劳动强度，为广大山区农民带来福音。

团队研发的小微颗粒播种机设备通过“体验式营销”等推广模式，已销往张掖、酒泉、定西、青海、新疆等地。这款播种机播种效率高，日播种最高可达上百亩，而且播种成苗率高，非常适合山地、小地块、梯田地的耕种，是一款名副其实的省时、省钱、省力的好产品。

二、创业心得

我们的团队成员来自不同的专业，拥有不同的专业技能，相信我们会用青春和智慧，助力精准扶贫，服务乡村振兴。未来，我们积极将创新创业精神带到更多学生中去，一起在新时代撸起袖子干出新成就。

三、案例分析

项目针对山地、小地块不方便使用大型机械的农业机械化播种问题，立足于现代农业机械的制造与改进，助推精准扶贫、乡村振兴，具有非常好的示范引领作用和推广价值。项目结合甘肃当地的山区特点研制出适合山地使用、实现“一机多用”的小微颗粒播种机，特色鲜明，非常符合中国很多偏远农村山村的实际情况。项目团队的夺金之路也是职业教育和创新创业教育深度融合的实践之路，充分体现了创新创业项目的实践育人成效。

案例二十：非牛顿流体纳米液体减速带

项目名称：非牛顿流体纳米液体减速带

学校名称：南京工业职业技术学院

团队成员：张　喆、赵新悦、刘　翔、栗　娟、陆子淳、张钦泉

指导老师：张建鹏、余旺旺、徐　坚

创业宣言：非牛顿流体纳米液体减速带，遇强则强，遇弱则弱！

团队简介：智宸科技团队是一支专注于非牛顿流体纳米液体减速带系列产品及相关材料研发生产的科技型团队。基于液体减速带，团队申请了十三项国家实用新型专利及发明专利，已经授权发明专利三项，实用新型专利五项，并且相关产品也通过了CTI认证符合行业标准。目前核心团队有博士2人，教

授1人，5年以上相关行业工作及研发经验2人，10年以上相关行业工作及研发经验1人。

获奖情况：2019年第五届中国“互联网+”大学生创新创业大赛国赛职教赛道金奖

项目背景：现有的减速带都是利用纯橡胶注塑成型或用钢铁水浇注成型，然后钉在路面上，通过路面的凹凸不平让高速驾驶的司机感到颠簸之感，提醒驾驶员要减缓速度，但同时也给慢速通过的驾驶员带来了颠簸之感，老人和小孩等身体较弱的乘车人员有时无法承受这种颠簸，并且现有的减速带对车辆的车悬架、轮胎等都有一定的损伤。基于这些社会痛点，本团队研发出一款非牛顿流体纳米液体减速带，其采用自主研发的STF作为填充内胆加入其中，其最大的特性就是遇强则强、遇软则软，安全无毒，通过添加功能性助剂，可以适用于多种恶劣环境，同时采用自主改性增强的橡胶制成保护套，比现有的橡胶减速带更加耐磨、抗老化，大大增加了使用寿命。该减速带能够根据通过车辆的不同速度而产生不同的变形，当车辆快速通过时，减速带所产生的变形较少，能够使车辆产生较大的振动，以提醒司机降低车速。当车辆低速通过时，减速带所产生的变形较大，对车辆所形成的振动较小，从而减少对乘车人员的影响、保护车辆。

一、项目介绍

很多司机都有这样的烦恼，每次开车经过减速带时，突然一阵颠簸，时间长了，橡胶减速带老化、脱落，还容易扎破车胎。由南京工业职业技术学院机械工程学院师生组成的科技团队，研发出国内首款液体减速带，它由一种特殊材料制成，能够根据车速的不同而产生不同的形变，极大地提高了开车的安全性和舒适性，这在国际上也处于同行业领先水平。

智宸科技团队是一支专注于非牛顿流体纳米液体减速带产品以及非牛顿流体材料研发生产的科技服务型团队。目前申请了十三项国家实用新型专利以及发明专利，开发出具有完全自主知识产权和技术的非牛顿流体纳米液体减速带，该减速带能够根据通过车辆速度的不同而产生不同的形变，适用于不同环境，具有使用寿命长、最大载重量大等优点，当车辆慢速通过时完全感受不到颠簸感，能够有效减少对车辆的损伤且大大优化了司乘体验。

团队依托于南京林业大学材料系、南京工业职业技术学院高分子材料系等，经过为期10个月的研究，在2018年年底，成功完成纳米液体减速带的研发，现已经通过了纳米液体减速带的实验室阶段，并成功在红星工业区等小区园区进行了试点与铺设，订单量已破百万。团队将非牛顿流体纳米材料作为填充内胆，自主改性氯丁橡胶作为保护套，从原理上对减速带进行了创新，对液体减速带可以做到在与现有减速带价格相似的同时使用寿命更长、承重更大、对车辆无损伤、对环境无污染。

据团队指导老师余旺旺介绍，“我们开发了一种非牛顿流体纳米液体材料，这种材料是遇强则强，遇弱则弱。比如说开车的速度比较快的情况下，这种材料就马上会变硬，对汽车会产生很大的撞击，达到一种警示的效果；如果速度控制在比较小的一个范围，比如说在校园里，我们的速度限制在20码这样的一个速度的话，它就像行驶在平坦的路上一样，没有太大的颠簸感，也不会产生很大的噪声。”

该项目已获得了3项国家发明专利和5项实用新型专利，2021年8月，还获得南京紫金创投200万元的天使投资。团队成员、南工院高分子材料工程技术专业学生张喆表示，“我们已经找了一些代工厂，进行一些小批量的生产，那么我们后一步的计划是打算向全国进行一个推广投放。”

二、创业心得

团队成员张喆这么说道，“在创业的过程中，我们收获了巨大的成长与进步，加强了我们对于产品和技术，以及对创业的信念感，让我们更加清晰了自己产品的市场定位和竞争优势，也希望能在不断优化产品的基础上，推动减速带市场的多元化。”

三、案例分析

项目团队拥有比较强的研发能力，专注于非牛顿流体纳米液体减速带系列产品及相关材料研发生产，还申请了一系列相关的发明专利和实用新型专利。该项目以高分子材料的革新用于减速带领域，满足了现实需求，并进一步推动了创新发明成果的转化。团队成员立足于创新创业创造，聚焦于产业及市场痛点，具有极强的创新能力和创业意识，创造了很好的社会应用价值。希望该团队能够进一步优化产品，加强市场推广，用创新驱动创业，为减速带的革新发展发挥更大力量。

第三章
职教赛道（创业组）

案例一：快快学车——互联网+“驾培”3.0时代引领者

项目名称： 快快学车

学校名称： 广西水利电力职业技术学院

团队成员： 唐　治、梁文杰、蒋　涛、欧展辛、陆成林、唐若源、覃保祥、唐丽婷

指导老师： 张海明、谢佳宾、郭　畅、危　雲

创业宣言： 互联网+“驾培”3.0时代引领者

团队简介： 项目负责人唐治，在校学习期间开始组建团队创业，毕业后创办了多家公司。目前任职广西快快机动车驾驶员培训有限公司CEO、广西金猫集团总经理、广西青年创业商会常委、联创社广西壮族自治区分社社长、华诚大学生创业服务社执行董事、广西区高校创业联合会创业导师、广西毕业生就业促进会第一批创业导师暨专家库成员。

获奖情况： 第四届中国“互联网+”大学生创新创业大赛广西赛区金奖

项目负责人唐治获首届广西“大学生创业明星”荣誉称号

项目背景： 由广西水利电力职业技术学院唐治等同学对驾培学车困难有感而发，经过调查、了解，发现广西驾培团队存在单个场地局限、驾校车处理困难、合伙挂车矛盾多、约车难、教练管理难等困境，决心创立该项目，打造适合全年龄段学员的专业化培训方案，解决广西驾培学车困难的现状。

一、项目介绍

（一）项目概述

“快快学车”项目是广西首个“互联网+精品驾培”驾驶员培训项目，它开启了“互联网+驾培”3.0时代。项目借助南宁市多家一级驾校优质的训练场地，运用“互联网+”大数据运营管理模式，打造专业化高素质的团队，采用全年龄段学员专业化的培训方案。解决目前同行业的五大顽疾，让学车更加便捷高效，通过率大幅提升。

自注册成立以来，累计培训学员3万多人，培训通过率超过85%。营业额和利润逐年上涨，2017年营业额超过2000万元，毛利润超过600万元，同时为社会提供了700多个

就业岗位，得到南宁市驾培同行的广泛认可和投资公司的高度关注。

目前该项目已成功打入桂林市和百色市驾培市场，下一步将继续拓展广西驾培行业，拟自建训练场地，进军汽车销售、维修保养和汽车金融市场，走多元化发展道路，打造“互联网+精品驾培”第一品牌。图3-1-1为项目团队合影，图3-1-2为参赛现场合影。

图3-1-1　高素质专业化教练团队

图3-1-2　参加第四届中国“互联网+”大学生创新创业大赛广西赛区合影

（二）项目优势

1. 场地优势

公司目前与永兴、强大等国家一级驾校合作，租用训练场地，大幅提升了合作驾校训练场地的使用率，实现强强联合、合作共赢的发展趋势。现公司共拥有26个训练场，均按照国家训练标准场地建造。如图3-1-3所示，26大场地覆盖南宁全区，场地区域分布详见表3-1-1。每个场地平均有五辆教练车，根据目标人群主要为在校大学生的实际，场地均选在各大高校附近且毗邻地铁口和公交站，交通便利。学员可根据自身实际灵活选择训练场地，极大地方便了学员学车。

表3-1-1　场地区域分布表

区域	兴宁区	武鸣区	良庆区	邕宁区	西乡塘区	江南区	青秀区	百色市	桂林市
数量/个	5	1	2	2	7	4	3	1	1

图3-1-3　训练场地分布图

2. 培训优势

针对传统驾校培训的弊端，制定了适用全年龄段学员的行业领先的培训方案。

3. 管理优势

公司利用“互联网+”大数据平台来对驾培全程进行管理。公司开发了微信公众号，学员可使用微信公众号的报名、约车、约考、咨询、管理和评价等模块，有效解决了约车难、教练管理难、资管利用率不高等难题，并有助于公司的活动推广。平台的管理优势主要体现在以下方面：学员可通过登录公司自主开发的微信公众号和App约车（图3-1-4），公开公平公正，解决了约车难的问题；与此同时，App开设了评价功能，随时关注学员对于教练的反馈，反馈与教练的绩效挂钩，从而促使教练不断提升技术水平和服务质量。另外，系统会定期对数据进行分析，根据分析的结果更好地完善培训的方案和管理制度，更合理地配置公司资源，节约公司运营成本，增加利润。

图3-1-4　驾校App界面

（三）市场分析

1. 广西壮族自治区驾培市场

据广西壮族自治区统计局统计，2017年年末，广西民用车辆保有量达504.33万辆，比上年末增长18.0%，增速为近4年来最快。载客汽车、载货汽车均保持两位数增长，小型客车是民用汽车增长的主要动力。汽车驾驶人员快速增长，2017年年末，全区汽车驾驶员达977.94万人，比上年增长12.1%，连续8年保持两位数增长，占全部机动车驾驶员比重达71.4%，比上年增高3.8个百分点。随着群众购买力增强，个人汽车保有量快速增长，持有驾驶证的人数不断增多。

2. 南宁市驾培市场

根据我公司的市场调查数据分析可以得知，南宁学车总数由2015年的23.6万人，到2017年的31.9万人，中间学车人数提升了将近8万人。经过详细分析，从2015—2017年，每年学车人数以3万人为基数往上涨。到2023年预估南宁的学车总人数能达到50万人。开启“互联网+驾培”3.0时代，开展高质量高服务的驾校模式将会有很大的市场。

（四）营销策略

1. 宣传策略

一方面，拓展校园线下代理。利用校园资源，建立宣传渠道及拓展业务。另一方面，开展校园活动赞助模式，通过为校园文化、体育活动赞助等形式，宣传公司，提高知名度和好感度，为校园代理提高顾客成交率。

2. 营销方式

针对各大高职高校大学生群体的目标客户，开设校园代理招收模式，以学长学姐为切入点，利用信任销售和熟人推销的方法，让校园代理做线下宣传推广。除成交直接顾客外，也间接招收学员，采用拿提成的奖励办法，即招收学员越多，奖励越多的办法，激励代理工作积极性，从而个人提高业绩，提升公司的整体业绩。

（五）运营情况

自2014年底注册成立以来，累计培训学员3万多人，培训通过率超过85%，营业额和利润逐年上涨，详细见表3-1-2、表3-1-3。图3-1-5为项目负责人唐治获得首届广西“大学生创业明星”荣誉称号现场。

表3-1-2 经营业绩表

年份	快快招生人数/人	营业额/万元	毛利/万元	利润比/%	投资教练车/辆	教练车数量/辆
2015	3000	900	300	33.3	264	30
2016	5600	1456	448	30.7	240	60
2017	12386	2477	619	24.9	420	130

表3-1-3 经营业绩表

年份	南宁市学车总数/万人	快快招生人数/人	快快学车招生人数占比南宁市总额比例/%	占比上升
2015	23.6	3000	1.27	
2016	26.8	5600	2.08	1.8倍
2017	31.9	12386	3.88	2.2倍

图3-1-5 项目负责人唐治获得首届广西“大学生创业明星”荣誉称号现场

二、创业心得

我们在考驾照学车时发现驾培方面还有一些不够规范的地方，我们自己也做过驾校招生兼职，经过调查、了解发现不少驾培团队存在场地单一、合伙挂车矛盾多、约车难、教练管理难等困境。于是我们决定开启快快学车创业项目，打造适合全年龄段学员的专业化培训方案，打造“互联网+驾培”3.0时代引领者。

三、案例分析

驾培行业属于一个传统行业，竞争者有很多，各地有许许多多的驾校，跟国家行业政策也有很大关系，长期以来也有一些驾校或者教练存在一些服务质量低等方面问题，导致学员学车体验不满意。该项目团队对驾培行业具有一定经验，熟悉行业现状，依托移动互联网的普及，创新性地打造“互联网+驾培”3.0模式，有效解决驾培行业长期存在的一些痛点问题，构建新的商业模式，使得项目能得到快速发展，业务量也得到不断提升，并在行业形成一定的影响力。

案例二：萃芽创新教育

项目名称：萃芽创新教育

学校名称：广西水利电力职业技术学院

团队成员：蒋　涛、罗景俊、韦德用、黄志芬、林安南、庞东升、黄维富、韦婷彦

指导老师：陆尚平、伍学珍、农田友、郭　畅

创业宣言：创新教育的重心由“学技能”转为“学会解决问题的方法”

团队简介：团队由通过选拔的具有创新能力、课程开发能力、产品研发能力的在校学生组成，其中一名为毕业校友。核心成员均参加各类创新设计大赛获奖，并多次参与创新创业活动，具有丰富的创业经验和创业热情。

获奖情况：2018年获得第四届中国“互联网+”大学生创新创业大赛广西赛区银奖

2018年获得第四届中华职业教育创新创业大赛广西区赛银奖

2020年获得第六届中国“互联网+”大学生创新创业大赛广西赛区铜奖

项目背景：我们认为任何新产品都是一个载体，而学会“解决问题的方法”才是根本。放眼最新的科技创新世界，学会用科学的方法解决一切可能遇到的问题，才是最重要的。萃芽团队从2017年开始，在TRIZ创新原理的基础上，结合先进的技术、设备，根据人在不同阶段对事物的认知能力，将抽象的原理提炼为通俗易懂、寓教于乐、能够启发学员创新的一系列课程，并自主开发了课程相关的教学产品。

一、项目介绍

（一）项目概述

本项目基于“发明问题解决理论”TRIZ创新原理，自主研发了一套创新教育课程，我们认为创新思维的训练重点是方法的训练，需要一个科学的理论作为核心，“发明问题解决理论”（TRIZ）是具有完整体系的发明问题解决理论和方法，在产品开发和创新领域有重要影响。在家庭与学前TRIZ教育中，有很多专家进行过相关研究并发表论文，因此我们选用TRIZ原理作为课程开发的理论支撑，开发从“幼儿—青少年”的创新课程共4套80课时和相关教学产品，并进行创新教育推广数次，获得好评。图3-2-1为教学载体设计，图3-2-2为教学课程体系。

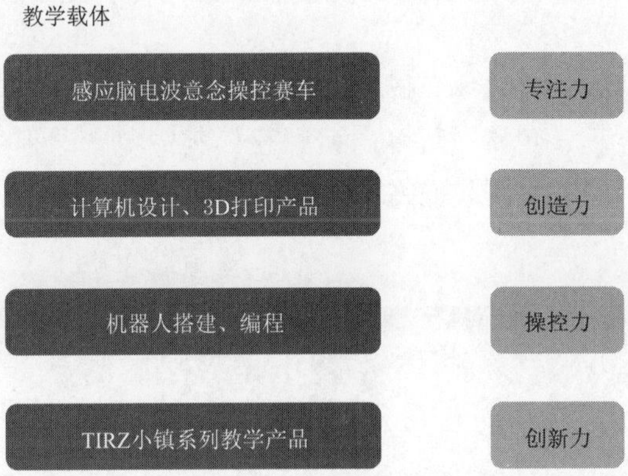

图3-2-1　教学载体设计

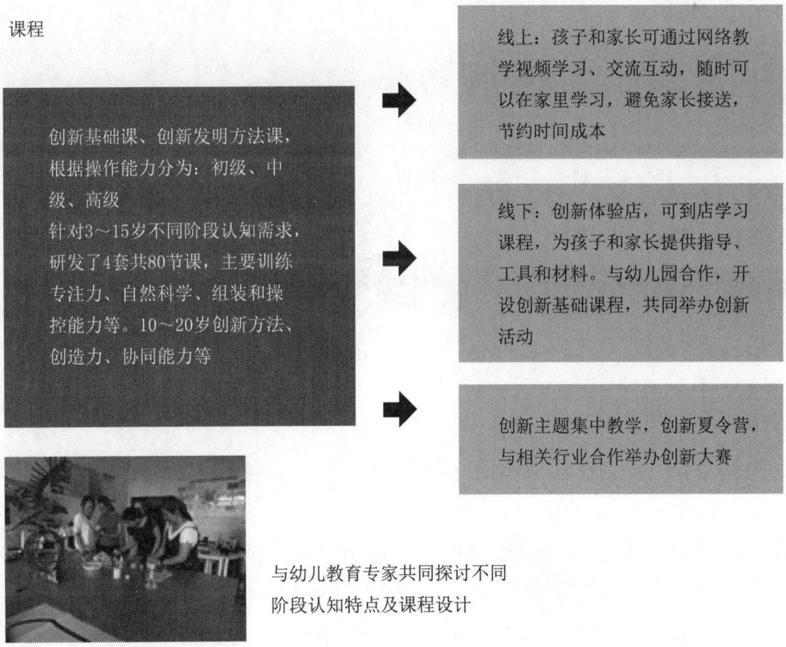

图3-2-2　教学课程体系

（二）教学产品研发

课程的实施需要相应的教学用具，在利用合作伙伴提供的科技创新设备同时，具有自主知识产权的教具的研发也在同步进行。课程的实现必须要有教学用具作为载体，如使用乐高、慧鱼、无人机、3D打印机、激光雕刻机等。在研发课程对的同时，也和厂商寻合作，为我们提供免费的科技产品，现已有六家科技产品企业意向合作，其中有VR的广西龙坤科技有限公司、华尔科无人机、智能家居的威凯伦、3D打印机的太尔时代等，在引进提供科技创新设备的同时，具有自主知识产权的教具也同步进行中。中期我们会将各个高新科技产品与具有自主知识产权的教具整合至我们的体验中心，体验中心包含有课程的教学、免费的创新产品及教具体验，其中家长两小时等待孩子的时间有体验式的销售，以至联动了创新产品的销售及创新产品租赁。目前已开发出多套培训教材，如图3-2-3所示。

萃芽将加大力度紧跟“互联网”时代步伐，完善微信公众号，进行创新产品网购和广告推广，推出试听课程、免费课程和付费课程，其中免费课程中有手工制作材料的销售，付费课程有网上选课，后期我们将开发TRIZ小镇网络虚拟平台和萃芽App，逐渐完善互联网教学平台。

图3-2-3　已开发教材

（三）项目商业性分析

科技创新教育培训行业作为21世纪的朝阳产业，市场日益多彩丰富，正向细分市场迈进。

在经济全球化和服务国际化的时代，教育市场呈现蓬勃发展的态势，成为我国经济领域闪亮的市场热点，我国的教育培训市场将进入比拼内功和规模的圈地时代，市场竞争将日趋激烈，行业前景可期。

科技创新教育培训市场是一个新兴的细分市场，根据初步统计，全国科技创新教育类门店数量不超过2000个，远远低于美术类、器乐类、作文类这些常见的细分市场，整体市场容量远未饱和，前景看好！

科学创新教育培训在国际上发展超过20余年，但国内却是刚起步。一般城市12岁以下儿童有10万～20万人，儿童消费已占家庭总支出30%左右。按照平均每个孩子每年2000元计算，仅南宁市0～12岁的孩子每年的教育娱乐消费保守估计已经超过2亿元人民币。

10万目标人群×2000元/（人·年）=2亿元/年商机

本项目收入分为四部分，其中课程收入占50%，产品销售占40%，产品租赁占8%，其他收入占2%。

（1）课程收入来源为线上教学课程收费和体验中心教学课程收费。

（2）产品销售收入来源为设备商提供和自主研发的教学产品在体验中心的展示、体验过程中引发的购买收益，线上教学所涉及的制作材料销售收益。

（3）产品租赁收入来源为学员将教学产品和体验产品租回家中使用所产生的租金。

（4）其他收入来源为相关广告、部分商家入场费等，随着项目的发展，这类收入所占的比重会有所增加。

（四）营销策略

采用线上线下联动营销的模式，突破空间和地域的限制，建立一种多层次、立体式的营销方式。团队利用大数据时代信息传播迅速、流通面广的特点，进行线上营销、线下联动的全方位、多角度的销售模式，计划40%网上推广+60%地面推广结合，实现线上和线下销售的双赢。

线上营销：积极响应“互联网+”的国家政策，形成线上销售网络。建立与各大平台、自媒体、搜索引擎合作为主的营销网络，通过网络推广宣传品牌，通过网络免费课程吸引各类人群的关注，让各大消费者熟知我们的教育产品。

线下联动：可以将产品直接通过体验式推广，如通过课程试学体验的增值服务吸引学员，并与行业企业建立合作关系，进行行业企业员工创新方法培训和技术革新指导，其后我们会主动找到有需求的幼儿园和企业进行试点合作。

体验式营销：通过创新产品免费体验活动进行客户引流。家长休息区设置在体验中心，在家长等待孩子上课的两小时内，进行体验式营销。展示产品由设备商免费提供，为顾客提供免费体验、产品租赁、销售等服务，产品月更新率为10%。

二、创业心得

2018年获得第四届中国“互联网+”大学生创新创业大赛广西赛区银奖、中华职业教育创新创业大赛广西区赛银奖。通过比赛中评委老师对我们项目的点评和建议，让我们更加清晰地理清思路，赛后对项目进行修改，更加切合实际，实现了从一个想法到一家实体店的跨越。

通过不断的备课、试讲、正式上课，让我们体会到了老师的辛劳，让我们懂得感恩，感谢老师对我们的辛勤培育！

三、案例分析

该项目将以往的传统教学与TRIZ发明原理相结合，并编辑了相关的课程教案，十分具有创新精神。

创新是民族进步的灵魂，是国家兴旺发达的不竭动力，随着21世纪经济全球化的到来，国力竞争日趋激烈，创新已成为驱动经济发展的重要动力，国家、社会迫切需要具有创新能力的人才，创新教育已成为我国教育的重要组成部分，它是培养创新人才的主要途径，创新教育就是以培养学生创新精神和创新能力为基本价值取向的教育。该项目商业价值广泛，项目团队以技术优势获得行业地位之后，更加重视商用，用于民用、落地与火灾救援等真实应用场景，为项目未来的发展应用拓展了范围，更增加了项目的商业性。

案例三：北巷服装店

项目名称：职业形象塑造馆——北巷服装店

学校名称：广西水利电力职业技术学院

团队成员：张观连、谭秋霞、商　冬、陈　淼、高金海、周兴森、邓超群

指导老师：李晓颖、陈华炎、潘　红

创业宣言：风采，从这一秒开始展现

团队简介：团队成员主要由广西水利电力职业技术学院经济管理系及市场营销协会的同学组成，具有扎实的经济管理运营知识和实践能力。

获奖情况：第四届互联网+创新创业大赛广西赛区铜奖
第二届全国大学生电子设计创意创新大赛二等奖

项目背景：高校大学生在校期间参与的各种社团活动，如在换届或者一些重要场合都需要用到正装，而经常会发生在收到临时通知的时候却来不及去商场购买的情况，于是产生了正装租赁的商机，在校内开一个能够贩卖正装并且租赁正装店面是市场的强烈需求。

一、项目介绍

（一）市场需求

在市场经济空前繁荣的今天，人们对自己的外表越来越注重，一些企业更是把正装当成了自己公司统一的服装，用来提高企业的形象。而得体的正装穿着，可以给人一种尊重、端庄、严肃的感觉，同时也能够充分满足当代消费者的需求。

在高校，学生社团、学生会的身影在大学无处不在，每个活动的现场都充满着他们的身影，而对于现在高校的学生社团、学生会来说，换届都需要用到正装。学校技能竞赛、学校举办的活动也都需要到正装，因此正装在各高校具有巨大的潜在市场。服装风采展示如图3-3-1所示。

图3-3-1　服装风采展示

（二）市场状态

每一年都会有成千上万的大学生毕业，据有关数据显示，2017年全国高校毕业生人数达795万人，较去年增加30万人；自2011年以来，全国毕业生人数按照2%～5%的同比增长率逐年增长，近7年间累计毕业生人数达到5075万人。从在校生到职场人士，很多应届生的社会角色转变首先从改变服装开始。对于初入职场的他们，需要更得体正式的服装来衬托自己，正装恰好满足了应届毕业生的需求。根据调查显示，70%的大学生求职者表示，他们在参加面试时，一般会穿着比较正式的服装。60%的大学生求职者表示，服装费占据了求职成本的大头。近年来全国高校毕业人数正在逐年增加，同时也说明了正装的需求量将会越来越大。图3-3-2为2015—2019年正装需求预测情况。

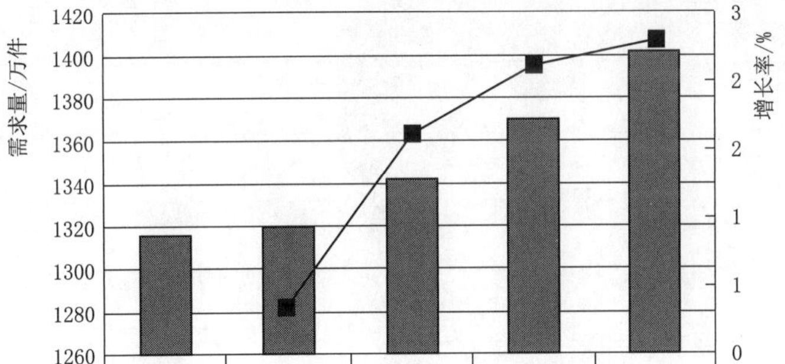

	2015年	2016年	2017年	2018年	2019年
需求量/万件	1315.75	1320.44	1341.89	1370.23	1401.76
增长率/%		0.36	1.62	2.11	2.30

图3-3-2　2015—2019年正装需求预测情况

由图3-3-3可以看出，学生获得职业装相关信息的方式主要集中在四个方面：53%来自朋友推荐听闻，41%来自广告，4%来自网络搜索，2%来自其他途径。由此得知职业装的信息更加广泛的来源于现实生活中，大学生也更加青睐于生活中的实体店。这也充分显示了网店的弊端和实体店的优势，实体店可以更加准确地测量腰围、胸围等尺码，做出合身的职业装，网店就存在较大的误差；在信息传播上网店的宣传也是有限的，不能深入到人们的日常生活，人与人之间的口口相传，是一种高效的宣传方法。

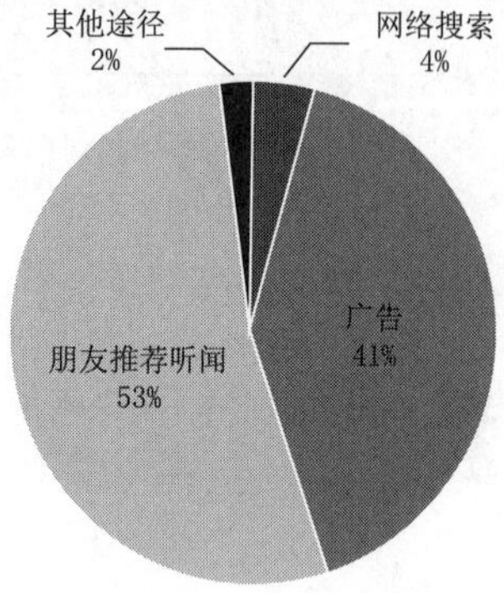

图3-3-3 获得职业装相关信息的主要方式

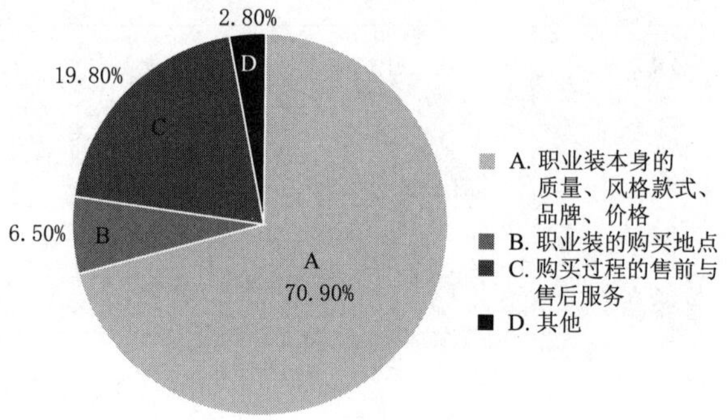

图3-3-4 学生在购买职业装过程中关注的问题

由图3-3-4可以看出，绝大多数学生购买职业装更加关注职业装本身的质量、风格款式、品牌、价格。这也是市场最具有竞争力的因素所在，消费者都追捧好的商品，做好职业装本身的商品价格优势和风格差异化，满足大学生的需要，并配置完善的售前和售后的服务，一点点积聚好的口碑，是一种好的发展方向。

由图3-3-5可知，大部分的学生更能接受200～600元的职业装价格，对比分析各个价位，400～600元是最合适作为职业装的定价范围的，450元左右最能容易让大学生接受。与对比社会中的消费水平，大学生这个相对弱势的群体消费能力明显较低。

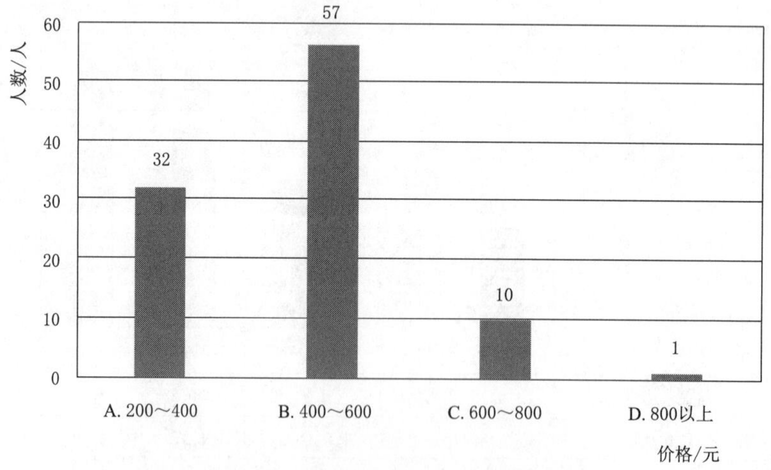

图3-3-5 大学生能接受的职业装价格

（三）目标客户群体

广西水利电力职业技术学院2021年在校生近20000人，学院社团共有40多个，学院共有八个系学生会、三大组织（学院学生会、学院团委、学院社团），每年毕业生约6000人，学生会换届、社团活动、技能竞赛、双选会、毕业季、大型活动等，学生都需要穿着正装。故本店的主要目标顾客人群是广西水利电力职业技术学院大学生。

（四）团队优势

团队由七名成员组成，五名成员来自学生会，参与了学生会的各项活动，收获了丰富的组织经验和应变能力，建立了良好的人际关系。此外，团队成员还参加了专业技能竞赛，并取得了优异的成绩，如在广西（高职组）市场营销技能大赛三等奖，社科奖第九届全国高校市场营销大赛单项赛全国二等奖，第三届“云梦想”广西高校创业营销大赛三等奖等，第三届“互联网+”大学生创新创业大赛中荣获三等奖。团队成员做过促销员等工作，收获了丰富的经验。综上所述，团队中每位成员都有着各自的优势，为能更好地完成和推广该项目的运行提供了强有力的保障。

（五）目前运营情况

北巷服装店于2017年4月28日成立至今，注册资金1万，并在运营5个月（2017年10月）后回本，店铺每月平均销售额达5000元，收入来源主要由产品租赁、销售产品、广告商入驻、商家加盟组成。在广西水利电力职业技术学院内已经打响了知名度，品牌知名度达到78.9%，打开了校内市场，具体收入分析如图3-3-6所示。

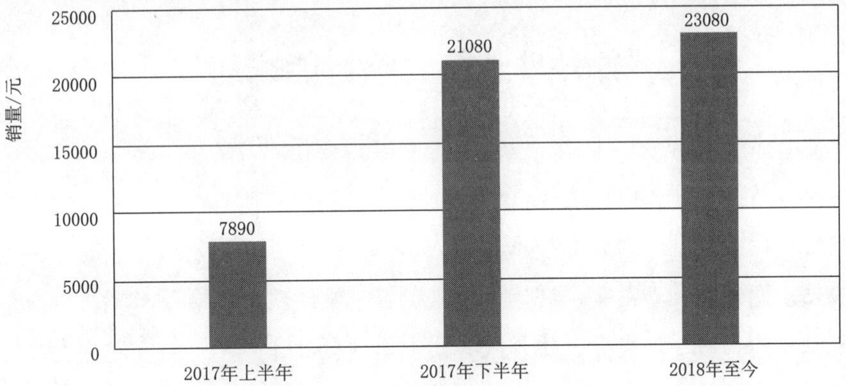

图3-3-6　北巷服装店收入情况表

二、创业心得

这是我们第一次做创新创业，在第一次接触到听到“创新创业”的时候也是有很多的困惑。因为刚听到“大学生创新创业计划”以为是与就业方面有关的。其实这是一种误读，学校里面的“创新创业”说得通俗一点其实就是做课题。与大家所做的暑期社会实践有很多相似之处，但是创新创业相对来说更加学术和专业一点，形式更加多样化，既可以做成实践的形式，也可以是理论的形式。在创业过程中，团队成员之间相互协调，共同讨论，团队精神很重要，同时主动联系指导老师，不能忽视指导意义，指导老师的一些建议可能会给我们“一语惊醒梦中人”的效果。在课题的进行中，难免会遇到一些问题，学会在挫折失败中成长，树立“见了南墙挖洞也要过去”的信心。

充分地准备和不断地学习尝试，就能够在很大程度上减少失败的概率。与此同时根据实际情况不断调整原计划方案，遇到难题可以换个方式和方法继续前进，经历过一个“死而复生”的过程，就能在未来的发展中脚步更加坚定。

永远要记住一点：信心和坚持是迈向成功的阶梯。创新创业课题进行时间跨度通常为一年，时间最好提前规划好，合理分配，避免最后出现手忙脚乱的情况。通过创新创业，我们在实践和交流中学习到了很多的东西。

三、案例分析

该项目在是在校内创业园开办的正装租赁，可谓是因地制宜，迎合现阶段高校大学生的日常需求，解决现阶段在校大学生因参加社团活动或者面试对正装急需的问题。团队成员能非常敏锐地发掘这个商机，并落地生花，确实是有创新创业的意识。团队成员来自不同专业，成员相互配合，最大程度发挥了各自优势和特点。

该项目介绍全面且客观地介绍正装租赁的特点、性质和市场前景，对正装租赁市场进行了细致的调查，并对调查结果加以严密和科学的分析，并制定短期和长期发展战略以应对不同时期营销战略，项目的不同经营时期的财务状况清晰明了，对项目的经营中可能遇到的关键风险和问题进行过先期考虑和分析，并附有实质性的对策。

案例四：美之鸣智能家居

项目名称：智能家居，以美之鸣

学校名称：广西水利电力职业技术学院

团队成员：谢远剑、李雷宇、许运洪、张祖震、梁许钦、蔡艳芬

指导老师：包　毅、陈光会、姚开武、梁中超、石　峰

创业宣言：用科技改变生活，用智能改变生活方式

团队简介：本项目团队共6名成员，其中团队负责人谢远剑为创业公司董事长兼总经理，负责公司整体生产、运营管理。团队成员整体结构合理，分工明确，协作能力强，具有典型的小微创业公司特质。

获奖情况：第六届“互联网+”大学生创新创业大赛院内选拔赛银奖

项目背景：本项目依托于城市建设的快速发展和智能家居的普及，项目的创业基础得益于国家大力推进智慧城市的建设。在消费升级的大背景下，迅速拉升了市场对智能家居的消费需求，新一代青年消费者在选购家居用品时，更注重考虑其智能化程度、设备联网功能和人机交互功能，市场消费潜力巨大。本项目于2016年成立广西美之鸣智能科技有限公司进入智能家居行业，2018年和2019年公司营收分别为93793元和633705元，到2021年预计营业收入将达500万元。

一、项目介绍

（一）项目概述

在2010年，国家商业机器公司（International Business Machines Corporation，IBM）正式提出了“智慧城市”概念，随着物联网、5G等新一代信息技术的飞速发展，今天的“智慧城市”将呈现出一种信息化、数字化的高级形态，实现信息化、工业化与城镇化深度融合，有助于提升城市管理成效和改善居民生活质量。智能家居的普及，是智慧城市的延伸，是人民幸福“中国梦”的具体体现之一。

智能家居的发展依托着物联网技术的发展，属于物联网技术的应用领域范畴，它利用感知技术与智能装置对居住环境进行感知识别，通过网络传输互联，进行计算、处理和知识挖掘，实现人与家居、家居与家居之间的信息交互和无缝对接，实现对家居内各种环境和设备的感知识别控制、网络化互联和智能处理有机统一，从而形成智能化的决策。

本项目将智能家居产业服务与国家消费升级政策相结合，深入挖掘智能家居快速发展、消费升级的市场需求，通过多年的智能家居设计及施工经验，为客户提供深度满意的智能家居服务，同时也能够给广大客户提供更多高品质、多功能、多样化的智能化产品。项目致力于为顾客提供智能家居的专业化深度定制，为现代家居提供一体化智能解决方案，为人们创造一个安全、便利、舒适的生活和工作环境；在施工中采用先进技术，进行科学管理、规范操作，从而保证每一个工程的优秀品质。秉承专心、专注、专业的“三专”精神，以“用科技改变生活，用智能改变生活方式”为宗旨，在每一个项目设计上都严格要求做到科学合理、体现人文、创造美好生活，全程对施工工艺和品质进行监督和指导，确保工程的质量使用户的满意，努力将企业打造成为广西区内智能家居行业企业标杆。

（二）产品/服务介绍

根据之前的对行业市场的痛点分析，在创业之初公司选择智轩品牌产品进行市场的推广，同时通过实际工程验证产品的可靠性、易用性和可拓展性。依托智轩品牌的优势，为客户打造智能化的家居体验，通过对用户进行画像描述精准定位用户，定向投放产品营销信息，深层次挖掘用户需求，全面提升用户体验提供准确增值服务，如图3-4-1所示。

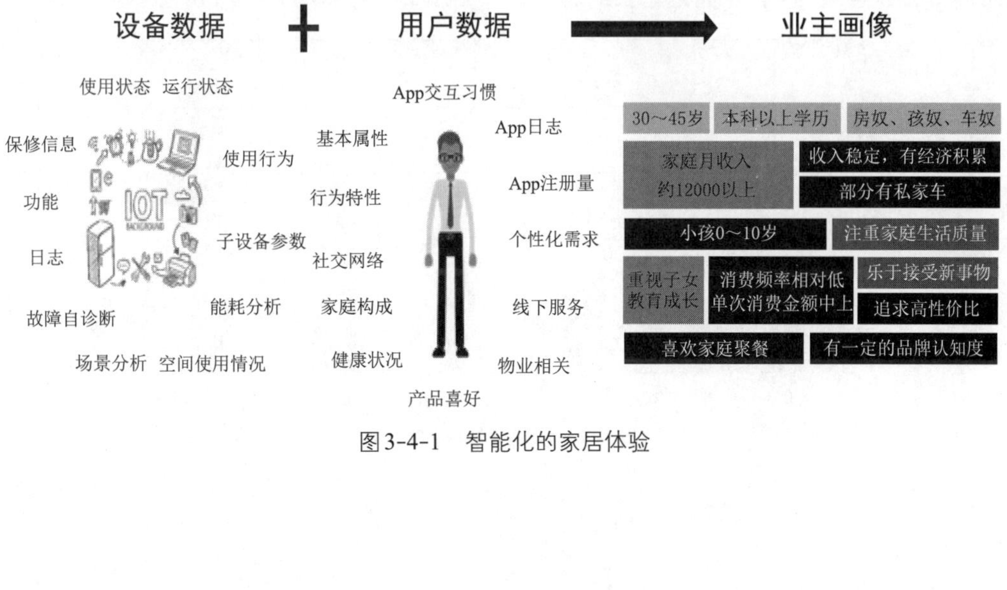

图3-4-1　智能化的家居体验

通过用户信息标签化，分为用户的历史行为路径、行为特征、偏好等属性，将具有相同属性的用户划分为一个群体，提供个性化服务，将智能家居向智慧社区服务延伸，如图3-4-2所示。

老人	婴幼儿
核心需求：健康、养生、安全 服务需求：远程健康看护、体征数据监控、安全监控、一键报警服务	核心需求：安全、健康 服务需求：安全监控、体征数据监控、健康预警服务
亚健康人群	白领人群
核心需求：健康、保健 服务需求：健康提醒服务、辅助健康监控服务	核心需求：生活品质、安全、舒适、节能、高效 服务需求：家政服务、新鲜食材配送服务、家庭维修服务

图3-4-2　用户信息标签化

与此同时，公司根据对市场的普及率和受众面分析，将产品代销和系统集成作为公司的主要产品服务输出，选择与行业内的优质品牌供应商合作，逐步开拓区内市场，建立完备的分销渠道；提供系统集成服务，找准市场企业和个人的需求点，精准部署系统方案，提供优质工程服务，打造产品、系统、运维一站式服务模式，充分拓展潜在市场用户，提升品牌普及率。

（三）市场分析

智能家居是先进计算机技术、网络通信技术、物联网技术等新一代信息技术综合应用的产物，它将电子设备和人工智能进行融合，实现个性化需求，通过网络综合智能控制和管理，实现人性化的全新家居生活体验。随着个人消费水平的不断提高，人口结构的变化，物联网及人工智能技术的迅猛发展，科技变革对人们生活方式的改变越来越深入，近几年随着国内智能家居的市场需求量不断增长，智能家居设备出货量持续增长，根据智研咨询统计，2015年我国智能家居产品出货量仅为5780万台，2019年已经增长至19870万台，连续5年呈现高速增长的趋势，详见图3-4-3。

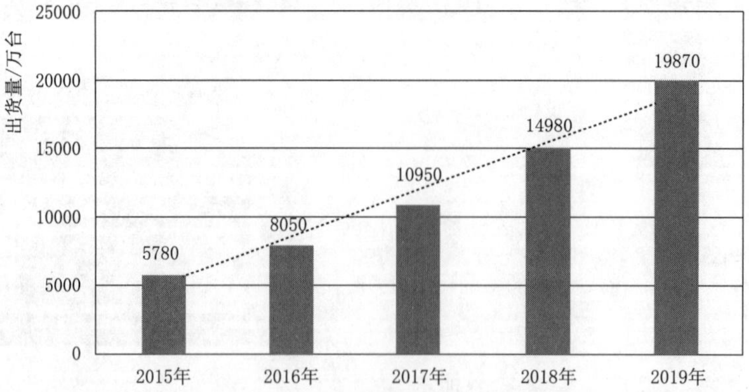

图3-4-3　中国智能家居出货量

从2014年开始，全球的智慧家庭市场空间一直处于稳步上升的趋势，预计到2023年全球市场空间将达到1570亿美元，详见图3-4-4。

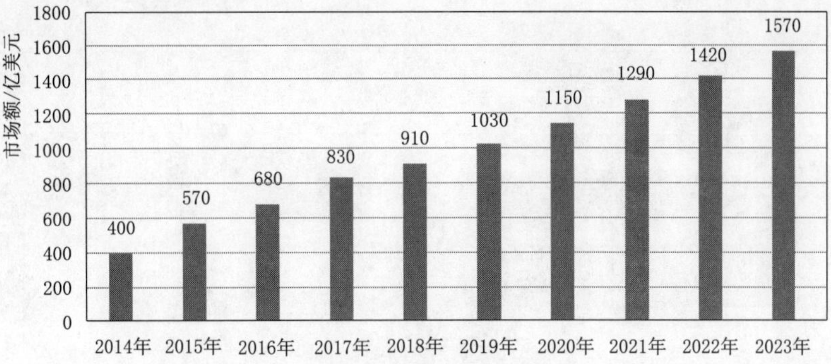

图3-4-4　全球智慧家庭市场空间

本项目将智能家居产业服务与国家消费升级政策相结合，深入挖掘智能家居快速发展、消费升级的市场需求，为客户提供智能家居专业化的深度定制和一体化智能解决方案，同时也能够给广大客户提供更多高品质、多功能、多样化的智能化产品，为人们创造一个安全、便利、舒适的生活和工作环境。我们所代理的产品与其他智能家居产品相比有如下优势，详见表3-4-1。

表3-4-1　竞 品 分 析

对比项	智轩产品（代理）	其他竞品
技术	基于移动物联网和云计算平台	本地组建服务器
软件	分享模式：设备或区域控制权分享 多条件联动："如果……就……"的模式形成联动，"如果温度超过26度，同时为下班时间，或家里有人空调就开冷风" 过户功能：具备过户功能的智能家居系统	无多条件联动和过户功能
平台	京东核心战略合作伙伴	部分产品可连接云平台
系统	用户数据记录 智能分析数据 主动推荐操作 只推荐不触发	本地数据记录 无主动推荐操作

（四）营销策略

公司为客户提供高品质、多功能、多样化的智能家居产品和深度定制的智能家居服务，可智能化识别不同家庭用户的标签数据，解决产品在质量和耐久度上的用户体验问题。在市场发展的成熟期，经过之前的一系列拓展策略，公司对于资本和现金流都一定的积累，可以通过高投入、高促销的方式，进一步提升品牌形象，建立高端品牌战略目标；适当提高分销商费用，疏通市场渠道，巩固经营网络。在区内站稳脚跟之后，逐步向区外进行发展，以产品为依托，以服务为宗旨，形成公司特有的市场核心竞争力。图3-4-5为营销策略分析。

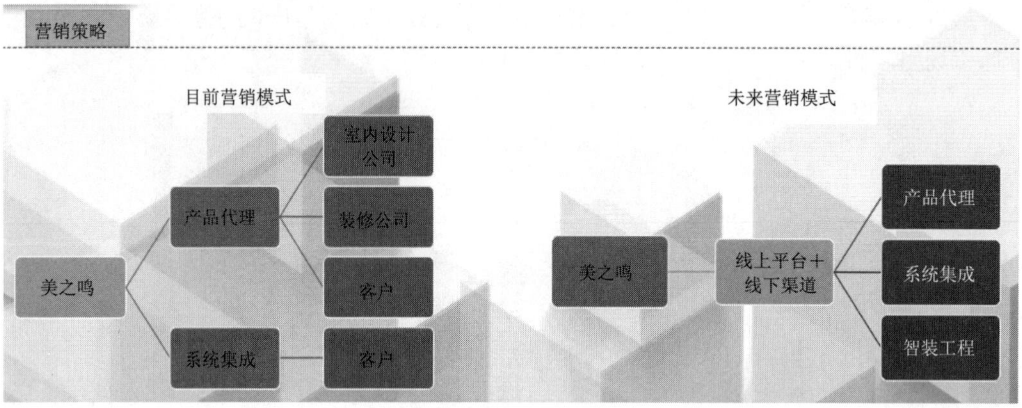

图3-4-5　营销策略分析

二、创业心得

通过自主创业，可以将自己的兴趣与职业相融合，使自己能够在自己所喜欢的领域大显身手，充分展现自己的才华，并达到自己所预期的目标。这样不仅可以解决当今社会就业难的问题，还可以得到自我价值的实现。

在整个比赛过程中，我个人的团结协作能力、沟通管理能力以及商业嗅觉得到锻炼。深刻感触到创业不是埋头苦干就会出成绩，更多的是与时共进。熟知当下发展的主导产业，了解前沿技术，掌握同行竞争对手的优缺点，寻找适合项目发展产业基础的地方落地等因素都需要创新创业者重视。参加“互联网+”大学生创新创业大赛就是一个很好的渠道，在这里可以遇到很多志同道合的人一起交流，找出自身不足，同时可以少走弯路。能与几位已经毕业并创业的学长一起参赛，我感到非常荣幸。

比赛流程有很多规范的要求，比如时间掌握要精确，PPT要重点突出、简洁明了等。而撰写这些需要专业的理论知识、大量的实践经验、科学的问题分析、独特新颖的观点等。这就需要我们多思考、多实践、多查阅资料、多总结经验，还要学会团队交流协作。每一个研究步骤都不是胡编乱造，它都需要理论、现实依据。在每一次书面成果的提交之前都需要反复的推敲、修改。

参加比赛使我收获满满，明确了自己的小目标，目光长远了。我不是最优秀的那一个，但我有一颗坚定的心，朝着目标前进，即便路上惊涛骇浪，也会勇往直前。上善若水，自强不息！未来我们一定会变得更加优秀！图3-4-6为项目团队成员和指导老师。

三、案例分析

随着国家政策实施的深入，在促进消费升级的大背景下，智能家居相关的产品与服务均出现快速平稳发展的态势，各种品类逐渐丰富，市场规模不断扩大，市场需求也日益激增。

在此背景下，项目将智能家居产品、服务与国家消费升级政策相结合，深入挖掘智能家居快速发展、消费升级的市场需求，找准智能家居行业快速发展时期所存在的一些

图3-4-6　项目团队成员和指导老师

痛点，围绕行业痛点进行布局，构建公司主要的产品和服务输出模式，并通过产品整合与创新服务提供解决方案，有效提升用户满意度，为加速推进智能家居产业在广西区内的普及做出了相应贡献，其商业模式前景值得期待。

项目在后续建设期间，应及时进行各项技术和产品迭代，对于新公司和在线商超的成立运营做好充分的市场评估，准备多项可行性预案，降低细分市场不确定性带来的风险。

案例五：水产品无水保活物流集成技术

项目名称： 水产品无水保活物流集成技术

学校名称： 山东商业职业技术学院

团队成员： 温　鹏、于润发、许启军、牛学宁、李　敏、吴　波、侯梦然、李奉楠、杜　傲、万　柯

指导老师： 聂小宝、刘亚栋、张长峰

创业宣言： 我们执着，我们追求，我们坚信，实现鱼飞全球梦想

团队简介： “互联网+水产品无水保活物流集成技术”项目由山东商职院聂小宝、刘亚栋、张长峰等老师共同指导，由食品药品学院、外语与国际交流学院、会计学院、机电与汽车学院等跨学科同学共同参加。

获奖情况： 第二届中国“互联网+”大学生创新创业大赛国赛金奖

项目背景： 我国鱼类资源丰富，种类繁多。水产品具有高蛋白、低脂肪、营养丰富均衡等特点，早已成为人类摄取优质动物蛋白的重要来源之一。近年来，我国渔业发展迅猛，特别是水产养殖的规模逐渐扩大，产量逐年增加，国内活鱼运输市场可谓潜力巨大。可是，由于时空差异、保活工艺技术和运输装备欠缺、智能信息化落后、供应链管理不协调等诸多原因，南鱼北调、北鱼南运、海鱼运输的过程中出现了一系列难题，从而大大限制了水产品活体销售市场的发展。

目前，活鱼运输的主要方式仍然是有水运输，不过值得注意的是，活鱼运输过程中需要携载大量水，成本很高。同时在路途中，水箱里的鱼会互相碰撞，到达目的地后成活率不高。因此为了提高成活率，减少运输过程中产生的损失，不少商家会利用化学麻醉的方式对鱼体进行麻醉，然后运输。该方法虽然降低了成本，提高了成活率，但存在显著的安全隐患问题，严重威胁人体健康。

为解决上述鱼类保活运输问题，有必要研究一种绿色、低碳、安全、高效的保活运输方法。

一、项目介绍

水产品无水保活物流集成技术的主要原理是采用冷驯化程序系统对不同鲜活水产品进行诱导休眠，待产品进入休眠状态后，再进行气温无水包装，选择最佳温度点进行长途运输或配送产品到达目的地后再进行程序化升温唤醒，该项技术集成了水产品无水活运中的诱导休眠调控、无水包装、唤醒程序等多项关键技术，如图3-5-1所示。

图3-5-1 关键技术流程图

（一）休眠

休眠是冷血动物的重要特征之一，在自然条件下多属季节性反应，是抗御逆境的一种方式。休眠是活鱼无水运输的前提，同时也是无水包装前的重要环节。对冷血动物而言，均存在一个区分生死的生态冰温，或称为临界温度。将活鱼停食暂养一段时间后，采用缓慢降温方式将水温降至其生态冰温，从而致使活鱼进入休眠状态。当鱼体休眠时，其呼吸速率明显降低，新陈代谢几乎降至零，基本无任何活动行为，仅受到强烈刺激时才产生缓慢的应激反应。图3-5-2为休眠诱导剂。

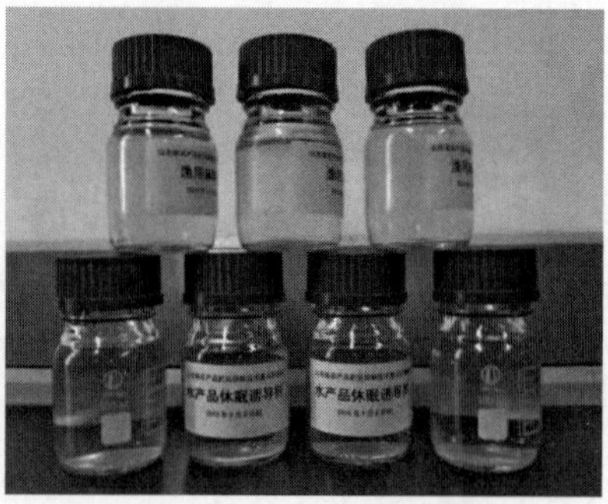

图3-5-2 休眠诱导剂

在生态冰温（临界温度）基础上，引入了“冷驯化”这个新概念，并将其应用于活鱼无水运输试验中。冷驯化最早源于植物学，研究在低温长期作用下对不同植物的影响。从活鱼冷链运输意义上讲，冷驯化是将水温降低至不同鱼类生态冰温，并在此温度范围内停食暂养。冷驯化程度直接影响无水保活时间，适度冷驯化能有效地延长保活时间及成活率。休眠的主要作用是减少包装、装载和运输过程中产生的强烈应激，从而实现活鱼无水冷链物流。

（二）包装

待活鱼进入休眠状态或冷驯化后，就可从暂养池中打捞出进行无水包装。活鱼无水包装是一种特殊的包装方式，区别于普通包装的是在于其充入混合气体密封封口。由于在无水状态下，活鱼对环境中氧气吸收利用率大大降低，所以应保证鱼体正常呼吸代谢。

无水包装材料主要包括塑料薄膜袋、橡胶袋、无水运输垫、泡沫箱、聚苯乙烯箱等。目前，无水保活运输方式主要是将休眠鱼体装入专用无水运输盒或垫，放入塑料薄膜袋、橡胶袋或泡沫箱等密闭容器中充入纯氧密封。无水包装是实现活鱼运输的重要环节之一，是维持运输的先决条件。有效的包装结合必备的运输环境才能形成完整的流通路径。

（三）无水微环境

有水活鱼运输过程中，水温、水质、溶氧、代谢物和密度等是影响其运输时间及存活率的重要因素，而对无水运输而言，包装箱以及车厢内微环境情况是影响运输效率的关键。微环境主要包括车厢内大气温度以及波动范围、内部湿度、内部实际震动情况等。将已包装完成的活鱼转移至车厢内，调节控制车厢内部温度保持在各种品类冰温范围。车厢内部湿度的控制主要是依靠加湿器实现；在内部结构设计与布置时，则应考虑震动因素，采取防震动措施，降低鱼体损伤或死亡。与有水运输相比，虽然其影响因素较少，但要求精准控制，无论对装备还是工艺技术均提出更高要求。

（四）“唤醒”

“唤醒”也称为复活，即将休眠状态下的活鱼转入暂养池内（水温为生态冰温范围），通过梯度升温方式使其恢复正常游动状态。“唤醒”是活鱼运输到达目的地后展开的关键性操作流程，其关键控制要点在于初始水温与升温速率。初始水温调控主要依据活鱼品类及其生态冰温范围，在长期的试验中，发现初始水温稍偏高于生态冰温可降低应激，加速“唤醒”。“唤醒”温度较大则导致鱼体不适，甚至降低复活率。升温速率需根据活鱼品类不同而适当改变。

二、创业心得

非常感谢学校和国家政策的支持，让我们能够拥有大学生创新创业的机会，我们还可以参与帮助贫困儿童、老人等公益活动。同时非常感谢我们的指导老师，这个项目是我们大家共同努力的成果。我们会继续执着于研究水产品无水保活物流集成技术，研究中国冷链物流技术，争取更多元化的创新。“我们执着，我们追求，我们坚信，实现鱼飞全球梦想。”这是我们的创业宣言，我们保持初心，我们坚信水产品无水保活物流集成技术还会有更广阔的未来，一定会在全球取得更大发展。

三、案例分析

我国水产品产量约占世界总产量的1/3，渔业是我国国民经济的重要组成部分，对渔民增收具有重要作用。随着人们的生活水平不断提高，生活消费也越来越大，普遍水产品运输是成本较高的。该水产品无水保活物流集成技术的核心是通过停食及梯度降温技术，结合植物源休眠诱导剂，让鲜活海产品进入休眠状态，送到目的地后，再升温唤醒，从而实现无水运输，大大节约物流成本。这是一种绿色、低碳、安全、低成本、高效的新型冷链活体保活物流运输方法，与其他商家利用化学麻醉的方式相比，其有利于人们的身体健康。水产品无水保活物流集成技术项目很好地抓住了水产品行业的技术空缺部分，项目团队多年来不断研究突破，实现水产品保鲜技术上的创新、改进和应用，是冷链物流技术的一个重大突破。

案例六：90后女孩有点“田”：冰草种植

项目名称： 90后女孩有点“田”：冰草种植

学校名称： 扬州工业职业技术学院

团队成员： 丁蓉蓉、王　盛、曹梦蝶、夏万娟、杨　梓、白　凤

指导老师： 沈王仙子、颜正英、陈　婕

创业宣言： 让农民和消费者同享美好的生活

团队简介： 天英团队是由一批高技术、高素质人才组成的创业团队，其项目负责人是一名90后女孩丁蓉蓉，团队成员年轻而充满朝气，具有创新意识并勇于迎接挑战，具备良好的社会责任感，在创业期间还直接带动了5000多人就业。

获奖情况： 第四届中国“互联网+”大学生创新创业大赛国赛金奖

第四届中国“互联网+”大学生创新创业大赛最佳带动就业奖

项目背景： 2013年暑假，项目负责人丁蓉蓉去日本亲戚家玩，吃到一种蔬菜，口感嫩脆爽口，了解到这种蔬菜叫冰草，营养成分丰富，在日本深受消费者喜爱。虽然冰草价格当时在日本折合成人民币每斤七八十元，但随着中国人民的消费升级，还是很有市场的。经过反复实验，丁蓉蓉在2014年冬天找到了适合冰草生长的温度、湿度、土壤酸碱度、光照强度等环境数据，成为江苏规模化种植冰草的第一人。2016年5月实现冰草的引种驯化，培育出了新品种——“大叶冰草”，打破了国外对冰草种子的长期垄断，将当时每斤5万元的进口冰草种子的育种成本降低到每斤3000元。

一、项目介绍

（一）项目概述

这几年，一种叫“冰草”的食物，频繁出现在全国各大酒店的餐桌上，吃起来嫩脆爽口、入口即化，受到大家的喜爱。在江浙沪地区，它的主要来源是天英农业技术有限公司——全国最大的冰草研发、种植企业。目前，天英冰草华东地区市场占有率40%，全国占有率30%。公司法人丁蓉蓉，一名90后女大学生，她的团队不断研究新的技术，成功培育出中国首个自主培育的冰草种子，打破了国外长期垄断。现在，已是盈利千万的她不忘乡亲，带动5241人就业。今年，企业与南京国家农业示范园合作，投入4000万元用于国际标准大棚的研发。如图3-6-1为项目参加第四届中国“互联网+”大学生创新创业大赛国赛现场。

（二）产品介绍

冰草原产于非洲，近几年才进入中国。其营养丰富，有缓解高血压、抗衰老、美容养颜等功效。冰草的种植环境要求极其苛刻，产能较低，在全国规模企业不超过5家，而天英农业技术有限公司是其中最大的一家，可以说其是中国的冰草大王。天英团队经过556天，8个对照组，4个变量，3个周期的实验培育出了冰草新品种——“大叶冰草”，还掌握了种植冰草的四大技术，成为了华东地区最大的冰草种植基地，并被评为“全国供销合作社系统农民专业合作社示范社”“省级园艺作物标准园”。

图3-6-1　项目参加第四届中国“互联网+”大学生创新创业大赛国赛现场

（三）项目优势

相比国内外冰草，天英冰草有很大的优势。无论是在新品种的品质优势，还是冰草的种植技术优势，在国内均是名列前茅。

1. 品质优势

天英团队经过反复的实验，在2016年培育出了新品种，相比普通冰草，天英大叶冰草有很大的品质优势，天英大叶冰草大而平、颜色嫩、口感脆、冰珠多，营养更丰富，如图3-6-2所示。

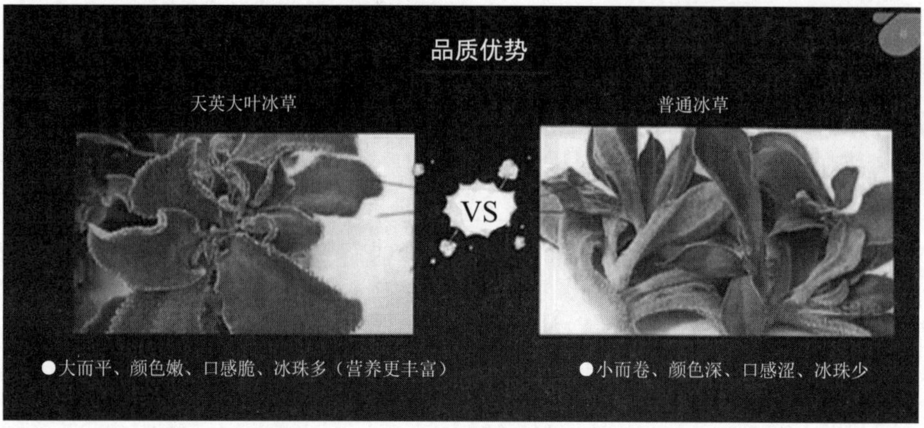

图3-6-2　冰草品质对比

2. 自主育种技术

天英是国内首个自主育种的企业，也是国内唯一培育出大叶冰草种子的优秀队伍。在1年多时间里，丁蓉蓉用8个大棚进行试验，终于成功实现了冰草引种驯化，培育出了新品种，将进口冰草种子的价格降到了每斤3000元，打破了国外对冰草种子的垄断。在天英自主育种技术的不断成熟下，现在天英培育出的冰草种子，净重率占比98%，发芽率高达98%。

3. 高产栽培技术

因为天英找到了适合冰草生长的最佳参数，所以实现了亩产量的翻倍。

4. 周年种植技术

虽然种植冰草有一定的周期性，但天英突破了时间的限制，实现了周年种植。

5. 广域种植技术

不是所有的地域都能种植冰草，而天英通过对有机肥和土壤的改良，实现了区域化的种植。因为冰草种子品质好，具有新品种特征，并已向农业农村部申请农产品新品种保护。

二、案例分析

丁蓉蓉在去国外旅游偶然吃到冰草，就体现了她具有很强的市场嗅觉，认为冰草市场前景广阔。丁蓉蓉的创业成功，还体现在她能够为公司发展做好战略布局调整，在发展前期种植方面她已经取得了一定的成功，经过大量试验找到了适合冰草生长的温度、湿度、土壤酸碱度，以及光照强度等环境数据，然后不断进行育种研发，实现冰草的引种驯化，培育出了新品种——“大叶冰草”，由此打破了国外的垄断，冰草种子的价格从每斤5万元降到了每斤3000元，为降低成本和打造项目优势奠定了良好基础。丁蓉蓉为了能够专心种植冰草，选择了休学回家，休学期间，她专心于冰草的种植实验，天天吃住都在大棚里面，晴天一身土，雨天一身泥，体现了当代青年大学生扎根农村、开展创业实践、服务乡村振兴的勇气和执着，生动诠释了敢闯会创的创业精神品质。

案例七：情系民生热豆腐：壹明唐现做现卖豆制品第一品牌

项目名称：壹明唐现做现卖豆制品第一品牌

学校名称：常州轻工职业技术学院

团队成员：闫朝恒、戚金华、徐　鹏、黄　倩

指导老师：李昆益、姬忠莉、徐　梅

创业宣言：小豆腐也能成就大事业!

团队简介：项目负责人为常州轻工职业技术学院2015届优秀毕业生闫朝恒，他摆过地摊，卖过烧烤，销过红酒，做过快递，前前后后折腾了不下三十行。从大学期间开始创业并申请多元复合发酵豆腐专利，毕业后创立"壹明唐"豆腐连锁品牌。团队成员有戚金华、徐鹏、黄倩；核心团队有6个博士和研究生。

获奖情况：江苏省"创响江苏"大学生创业大赛"创业标兵冠军""最佳引领奖"

第四届中国"互联网+"大学生创新创业大赛全国总决赛金奖

项目背景：大二期间，闫朝恒在常州市举办的全市豆制品协会换届会议上，凭借多元复合发酵豆腐专利，使自己的人生发生了重大转折。他的一番发言震惊了在场的专家，尤其是得到当时常州知名豆制品公司——常州琼玉豆腐老总的赏识，一举当选为常州豆制品协会秘书长。2016年，为了弥补琼玉豆腐主要布局在菜市场的运营短板，闫朝恒创立了新的豆制品品牌"壹明唐"，建立了豆腐的原料生产、加工、销售等一体化全产业链条。

一、项目介绍

闫朝恒摆过地摊、卖过烧烤、销过红酒、做过快递，前前后后折腾了不下三十行。大二期间，闫朝恒在常州市举办的全市豆制品协会换届会议上，得到当时常州知名豆制品公司——常州琼玉豆腐老总的赏识，开启了新的创业之路。闫朝恒的创业项目得到了科教城大学生创业园的支持。他改进了琼玉豆腐前店后厂的经营模式，一天跑十几家菜市场发展加盟商，短短一个月就跑遍了常州的菜市场。同时，他专注于做两件事，一是花大力气、大成本确保食品安全；二是进行公司管理的改革，小到加盟商的服装，大到选址，他都亲力亲为。

艰辛努力获得了回报，他很快还清了贷款，琼玉豆腐也获得了飞速发展。从接手到2015年上半年不到一年的时间，连锁店已经从当初的50多家发展到了240多家，遍

布上海、苏州、无锡、常州、南通、连云港、贵州等多个省市，并带动了3200多名失业人员就业创业。图3-7-1为参加第四届中国“互联网+”大学生创新创业大赛总决赛现场。

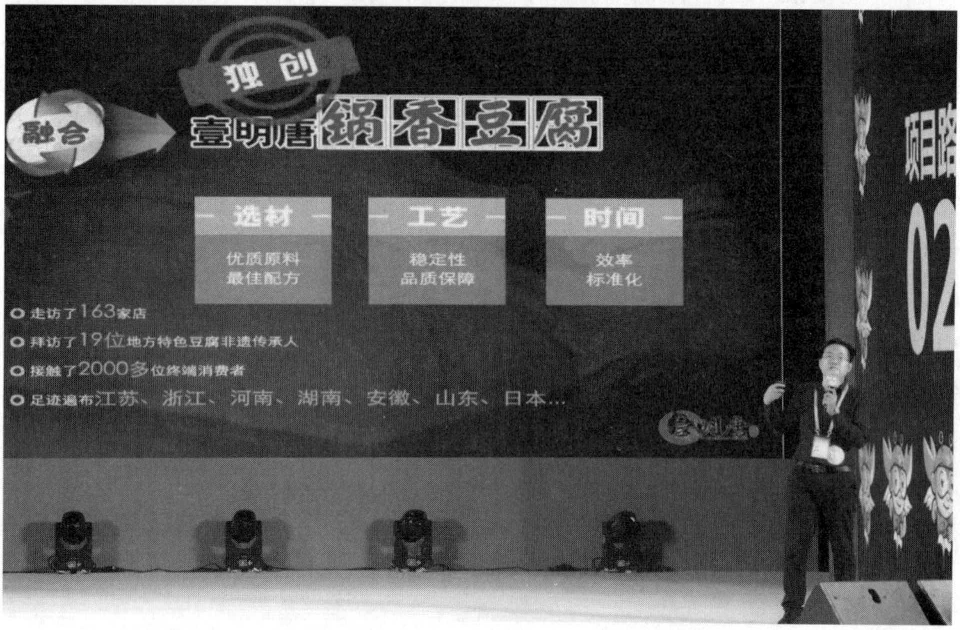

图3-7-1　第四届中国“互联网+”大学生创新创业大赛总决赛现场

2016年，为了弥补琼玉豆腐主要布局在菜市场的运营短板，闫朝恒创立了新的豆制品品牌“壹明唐”。为了做出保质保量的豆腐，壹明唐建立了豆腐的原料生产、加工、销售等一体化全产业链条。他在苏北地区建立了7个有机大豆产业基地，保障优质有机原材料的供应；建立了全产业链食品安全追溯体系，用户可以通过手机移动端随时随地看到大豆的种植、培养、运输、产销的全过程；同时建立了壹明唐实验室，主攻大数据应用、产品与设备的技术开发，以及豆制品行业标准化体系的研究。

壹明唐前店后厂的经营模式保证了豆腐足够的安全、新鲜，与此同时，也注重豆腐的口感。壹明唐豆腐连锁品牌旗下拥有直营门店60家、加盟店700家，孵化品牌 15个，备用品牌200余个，年营业收入达到3630万元，带动就业5000余人，他认为，这是当代青年的社会担当。

2018年，闫朝恒决定将壹明唐由原来的豆腐连锁品牌重新定位为非遗餐饮垂直领域品牌加速器，并塑造“供应链+门店运营+营销推广”三核驱动优势，确立了依托壹明唐资源，打造“1+N”非遗餐饮品牌孵化的商业模式。这个商业模式确立以后，已成功孵化了横山桥百叶、豆市河等新品牌。

二、案例分析

该项目充分体现了民生行业的情怀，即是日常生活类项目，也是带动就业保民生项目，具有非常强的现实意义。创始人闫朝恒从小就喜欢吃豆腐，并一直致力于“鲜”豆腐的研究，带领团队，一起研发豆制品，并塑造三核驱动优势，打造新的非遗餐饮品牌孵化的商业模式，为项目未来发展应用拓展了范围，更增加了项目的商业性。大家平时关注点普遍都在高科技领域方面，但豆腐这种传统的民生行业也是创业者的一片新的蓝海，可以利用新的思维重新做一遍，特别是对于没有太多经验的创业者，投入低，见效快。这类民生行业更贴切老百姓日常生活，具有更强的共情力和可塑性，是属于强刚性需求。

第四章
高教主赛道

案例一：空气洗手装置

项目名称：空气洗手装置

学校名称：浙江大学

团队成员：赵人娴、张源天、刘泓森、周　毅、尹　航、彭　畅、朱　婧

指导老师：朱佐想

创业宣言：中国洗手用水节约行动，小改变创造大价值！

团队简介：由浙江大学赵人娴等学生组成的团队，抓住了源于一位团队成员突发的创意想法，然后这个灵感，通过自学的知识以及请教学长和老师，最终变成了现实。

获奖情况：2016年第二届中国"互联网+"大学生创新创业大赛国赛金奖

项目背景：这个乍看"异想天开"的想法来源于团队成员关于如何节水的一次饭后闲聊：洗手太浪费水，仅有少部分水用于溶解手上的污渍，而绝大部分的水都用于冲走这些污渍。"我们认为这里面蕴藏着巨大的节水潜力，即可以用其他洁净的流体，如空气，来代替水冲走污渍。"将一个看似荒诞的创意坚持下来，真正从理论走向实践，对本科生为主的浙江大学团队而言并非易事。组队近一年的时间里，7名队员几乎将所有课余时间投入在研发中，自学专业知识、数次改进设备，期间也经历了众多的挫折与失败。团队持有"空气洗手装置"的4个专利。

一、项目介绍

空气洗手装置基于流体的共性，以高速气流替代水发挥清洗过程的机械作用，带走污渍，细密的水雾发挥溶解作用，完成高效清洗过程，并实现90%的平均洗手节水率。图4-1-1为产品实物及使用展示。

他们首先通过雾化原理，将空气与水混合。如何获得高速气流，这让同学们花费了一番功夫。"获得高速气流首先要把空气压缩，一开始我们想到的是空压机，但是这样做不仅成本高、噪声大，而且需要另外消耗能源。"几番周折后，一个奇思妙想出现了——

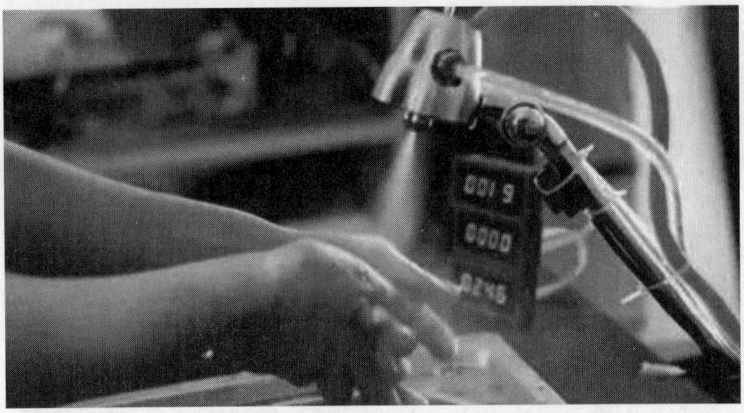

图4-1-1　产品实物及使用展示

利用洗手者自身的重力做功来压缩空气。经过一年研发，团队设计出通过重力驱动的空气洗手装置。使用者站上装置前的踏板，踏板因人体重力而下沉，通过滑轮组牵引活塞，挤压空气获得高速气流，使水龙头喷出雾状水滴和高速气流。图4-1-2为项目团队参加第二届中国“互联网+”大学生创新创业大赛国赛现场。

图4-1-2　项目团队参加第二届中国“互联网+”大学生创新创业大赛国赛现场

用“空气”洗手，真的能洗干净吗？成功研制出装置后，同学们做了一系列实验测试其效果。他们利用显色反应来观测洗手前后手表面的污渍残留情况，又通过细菌实验比较洗手前后手表面的细菌数目。这些实验证明，用“空气”洗手和一般的洗手办法相比效果一致。

这套“空气洗手”装置每分钟出水量约为300毫升，而为了达到相同的清洗效果，目前常见的水龙头需处于每分钟出水3000毫升的工作状态。“在保证相同洗净程度的前提下，用‘空气洗手’装置洗手能够节省大约90%的用水量，而且没有产生其他能耗。”空气洗手龙头耗电约60瓦，实验验证空气洗手可实现优于常规洗手的清洁效果，整个装备成本约400元，在绝大多数的场所都可投入使用，半年内收回运行成本。

二、案例分析

在日常生活中，我们的双手常常会沾染上很多不同程度的脏东西。据统计一双未洗过的双手上最多会有80万个细菌。我们在洗手的过程中其实对水的利用率是非常低的，更多的水资源都会被浪费掉！该项目团队脑洞大开提出要用空气来洗手，团队经过一年多时间的努力，不断地改版升级后得到成品。其工作原理是通过二次雾化原理，依靠自身重力驱动，能在保证洗净程度的同时，节约91%的用水。该作品还先后获得第二届“全球重大挑战峰会”金奖、浙江大学第八届节能减排大赛一等奖、全国节能减排大赛特等奖。

该产品具有安全节能的效果，当然还要充分考虑人们使用时的体验感，包括出水的大小、清洗的速度、人体下降过程中的不适感等，在完美兼顾成本、节能、用户体验感的情况下，在走向商业化、市场化时会更顺畅，在节约能源和城市建设过程中可以发挥巨大作用。

案例二：慧淬：钢轨的延寿专家

项目名称： 钢轨的延寿专家

学校名称： 华中科技大学

团队成员： 孟　丽、周　阳、胡艳萍、高小燕、范佳琪、郑寅岚、周凤军、魏恺文、曹嘉明、胡志恒、郝康达、吴宝业

指导老师： 曾晓雁、胡乾午、王邓志、蒋　明、李祥友、殷　杰

创业宣言： 做钢轨的延寿专家，为铁路事业保驾护航

团队简介： 团队汇聚了材料、机械、电子、计算机和自动化等跨学科、跨专业的10多名研究生与工程技术人员，成员基础扎实，研究能力强。慧淬团队，在中国第二届大学生“互联网+”创新创业大赛上，在十余万只参赛团队中脱颖而出，最终进入决赛，获得全国创意组金奖。

获奖情况： 2016年第二届中国“互联网+”大学生创新创业大赛国赛金奖

项目背景： 钢轨更换耗资巨大，钢轨强度和韧性无法有效匹配，钢轨服役寿命短，急需解决方案。2005年武汉国家光电实验室的曾晓雁教授产生了通过激光淬火的方法提高钢轨的硬度和耐磨性的设想，从那个时候起实验室正式开始通过激光淬取来实现钢轨现场延寿的研究，专门为钢轨延寿的慧淬学生团队诞生。慧淬团队技术研发依托于华中科技大学武汉光电国家实验室，该实验室已从事该技术研究11年，核心成员为具有光电、材料、机械与经济学等专业背景的华中科技大学博硕士以及高级工程师。团队已于2016年7月注册成立公司，近期完成首轮融资3000万元。相关技术获得多项国家重大研发计划支撑，9项国内外发明专利。

一、项目介绍

如今，我国铁道交通迅猛发展，但铁路养护发展较慢，钢轨磨损加剧，更换频次增大，全国每年由于更换钢轨引起的直接经济损失高达100亿元。钢轨服役寿命低已成为制约我国铁路运输业发展的重要瓶颈之一，高速发展的铁路必须解决钢轨磨损及置换问题。

慧淬团队国际首创的“钢轨现场激光延寿系统”，基于激光复合强韧化和高效激光强化两大核心技术，突破现有钢轨强韧性匹配和传统激光加工速度的限制，率先将钢轨强化技术从实验室研究推向工程应用，每年将挽回巨大经济损失。

“钢轨现场激光延寿系统”通过提供整体解决方案，针对钢轨进行现场自主性选择强化，能使钢轨全寿命周期提高10倍以上，强化速度提高15倍以上。技术全球首创，性能世界领先，将推动全球钢轨强化维护发生革命性进展。慧淬，基于不断更新的领先技术，做国际领先的钢轨强化维护整体解决方案提供商。

从最初试验激光全面积淬火到尝试激光选区淬火，再到后来在国际上首次提出了高重频飞行激光扫描淬火技术，并联合武汉铁路局工程技术人员进行长时间试验，钢轨延寿技术及其工业应用示范获得了科技部的重点研发计划支持。“做钢轨的延寿专家”，为了这一目标，慧淬团队一直在努力。项目参加大赛路演现场如图4-2-1所示。

图4-2-1　项目参加大赛路演现场

“最初试验，广泛采用激光全面积淬火，该方法虽然大幅度提高了耐磨性，但存在于硬化层中的大尺寸疲劳裂纹会严重影响列车运行安全性。”在研究团队一筹莫展时，武汉铁路局工程技术人员一同参与此项试验和探索中。

经双方研究决定，团队采用激光选区淬火技术，即使钢轨在服役过程中产生疲劳裂纹，也可在其向基体扩展之前就能通过磨损去除。2012年前后，在大量实验探索基础上，团队又提出高重频飞行激光扫描淬火技术，突破了传统激光淬火功率密度的限制，将激光选区淬火的效率提高了15倍以上。

完成实验室突破后，该团队又突破第三项技术即钢轨现场激光强化技术，其更大的意义在于不用拆卸钢轨的前提下，对钢轨表面进行二次甚至多次强化，使钢轨的全寿命周期较以往提高10倍以上。慧淬团队的技术成熟以后，曾老师也非常鼓励大家利用这项技术进行创业以实现研究成果的产业化，创造经济价值，一起注册成立了自己的公司，并且取得了非常好的进展成效。

二、案例分析

本项目是一个典型的高校科技成果转化项目，由博士团队牵头，历经多年研究，成功研发出国际国内首创的“钢轨现场激光延寿系统”，项目拥有基于激光复合强韧化和高效激光强化两大核心技术，突破现有钢轨强韧性匹配和传统激光加工速度的限制，并在多个铁路局进行了应用。他们的技术能使钢轨全寿命周期提高10倍以上，强化速度提高15倍以上，大大降低铁轨维护成本，具有极大的发展潜力和市场空间，具有很强的经济价值和社会价值。

案例三：荔枝微课

项目名称：荔枝微课

学校名称：华南理工大学

团队成员：黄　冠、陈　劢、林　焰、毛雨思、刘艺璇、罗　晶、陈　婧、罗凌杰、王钊越

指导老师：龚　振、张星明

创业宣言：用互联网消除知识与人之间的鸿沟

团队简介：项目合伙人、荔枝微课项目CEO黄冠和CMO陈劢，带领最初只有19人的荔枝微课闯出了自己的一片天。团队是一支富有个性、年轻和创意的年轻团队，致力于让每个人成为更好的自己，实现每时每刻的成长。

获奖情况：2017年第三届中国“互联网+”大学生创新创业大赛国赛金奖

项目背景：荔枝微课，一个华南理工大学毕业生的创业项目，是一家国内大众知识分享平台，2016年6月产品正式上线，9个月内就获得近亿元融资，至2018年上半年已拥有超过3000万的用户，用户覆盖201个国家地区，拥有117万个课程，听课人次1亿有余，注册讲师100万人，成为国内使用人数最多的知识分享平台。荔枝微课在上线半年时间就获得了素有“捕兽者”之称的朱啸虎先生1000万元的投资，后又收获高榕资本的A轮投资1000万美元。

一、项目介绍

“很多企业选择在微信群里授课，为员工培训。一是人数受限，二是内容无法积淀和传播”，体验并观察着这种微信群的培训方式，陈劢发现了行业痛点问题所在。打造一个平台，使其能最便捷地实现在线教育培训，且能实现分享、评论、打赏等功能的想法在陈劢脑海中一直盘旋，而黄冠是陈劢首先想到的合伙人。两人之前就有过多次合作，彼此之间配合也比较默契，创办在线教育学习平台——荔枝微课，两人也是一拍即合。项目成立之初，在资金和办公场地限制下，黄冠带领团队在广州大学城负责产品研发，陈劢则带领团队在深圳负责产品运营策划，两个团队各司其职、精诚合作。图4-3-1为项目参加第三届中国“互联网+”创业大赛全国总决赛现场。

图4-3-1　参加第三届中国“互联网+”创业大赛全国总决赛现场

（一）竞争壁垒

现在市场上也存在喜马拉雅、得到等付费App，一方面，喜马拉雅只做音频，得到聚焦高端知识付费平台，而荔枝微课做的是大众知识付费平台。另一方面，PPT语音互动功能是荔枝微课首创的一个功能，只要用户点击到一个语音，就可以进入到对应的PPT中，这是其他知识直播付费类App所不具备的功能。在市场优势方面，荔枝微课自有社群超过50000个，具有非常强的客户基础。在技术优势方面，荔枝微课利用人工智能+大数据算法，提升用户的留存率。

（二）运作模式

2016年12月荔枝微课推出专栏内容，2017年3月推出自营、联营内容，大大提升了用户的浏览量以及付费量，其中主要的盈利部分来自推广方面。荔枝微课在自身发展的同时，也更多地关注着公益项目，相继为地震受灾人群提供心理辅导课程、为单亲妈妈抚养教育孩子提供课程、对离婚家庭孩子提供教育课程等进行公益推广，承担更多的社会责任。

二、案例分析

随着社会的快速发展、技术的快速革新，移动互联网的普及应用，生活节奏加快，人们期望用更快更便捷的方式进行学习，荔枝微课正是抓住这样的市场需求，只要想学习，只需要我们打开手机，在任何时间任何地点都可以学到自己想要了解的知识。同时，很多人也可以把自己的一些知识或经验分享到这个平台上，供更多的人学习，为自己增加一部分收入。因此，荔枝微课有很大市场需求和发展前景的，其商业模式也得到了很好地验证，项目近年来也获得不断的发展。

案例四：编程猫

项目名称： 编程猫

学校名称： 山东大学

团队成员： 李天驰、杨　超、孙　悦等

指导老师： 张四化

创业宣言： 做编程教育的先驱探索编程教育的新方式

团队简介： 项目负责人李天驰毕业于山东大学，后进入欧洲创新技术研究院，对图形化编程进行深入研究。2014年在EPA法国创业大赛中凭一款教育产品获得冠军。2015年3月，本将在欧洲创新技术研究院毕业的李天驰与合伙人孙悦一起放弃了共6个硕士学位，归国创办了编程猫，致力打造一种能够培养未来创作者的少儿编程教育。

获奖情况： 2017年第三届中国“互联网+”大学生创新创业大赛国赛金奖

项目背景： 在第三届“互联网+”大学生创新创业大赛中作为山东赛区唯一一支金奖队伍，编程猫没有在特定的领域研究高精尖的AI技术，但却愿意做一所“黄埔军校”，为正在到来的AI时代，培养大量的AI人才。根据公开信息显示，编程猫共获得7轮融资，其中包括被视为国内少儿编程细分领域内金额最大的一笔投资——来自高瓴资本领投，清流资本、清晗基金、猎豹移动跟投的1.2亿B轮融资。2018年5月，时隔4个月，李天驰宣布编程猫获得新一轮3亿元融资。

一、项目介绍

“编程猫”是一家针对少儿编程的在线教育平台，专注于6～16岁中国孩子在线编程教育，提供图形化模块的在线编程教育课程，是深圳点猫科技有限公司自主研发的一款图形化编程工具平台。学员可以在平台上设计游戏、软件、动画等内容并进行展示和交流，借助AI实现规模化一对一教育，解决了编程教师紧缺的问题。编程猫的两款新产品——适用于手机端的编程产品Nemo、编程语言Kitten。Kitten的使用范围不止限于青少年，而是覆盖全年龄段，例如新闻工作者、学术研究者、小程序开发者

等，均可用Kitten建立资料库以及进行资料分析。通过学习编程猫自主研发的图形化编程课，学员可在平台上创作出游戏、软件、动画、故事等，以有趣的方式玩转STEAM学科。

“编程猫”以自身优质的产品、顶尖的团队，在2年间吸引到超过30万海内外少儿用户，获得3轮总额1.4亿投资，并与1053所公立学校，2所海外学校达成合作，市场份额高达60%。

“哪怕我们只教了十个小朋友，他的一生也会因此而完全不同”。编程猫创始人及CEO李天驰以这样的情怀开始了自己与编程猫的故事。现在700多人的团队已经自主研发了适用于中国6～16岁青少儿的编程工具矩阵，目前编程猫平台用户已超200万，接入全球公立院校3000余所。此外，编程猫还与SONY、优必选、猎豹移动、达力动漫开展合作，寻找与少儿编程结合的更多发散点。

“编程猫”参照斯坦福计算机教学体系，从图形化入门到人工智能逐级划分成9级课程体系，并辅以数据结构、算法、线性代数、机器学习等计算机行业知识，以给予不同认知水平的孩子不同的内容。“学习编程最困难的部分是从0到1的入门。编程猫入门课程由超过200个的小游戏组成，涵盖了从自然科学到人文艺术的各学科知识。运用解构思维进行游戏制作，保证课程的趣味性，也让学习可以持续下去，随着学习的深入，“编程猫”的课程会越来越丰富，孩子可以创作出更高阶的程序作品，用编程实现每一个创意。”图4-4-1为项目参加第五届中国“互联网+”大学生创新创业大赛总决赛现场。

图4-4-1　第五届中国“互联网+”大学生创新创业大赛总决赛现场

二、案例分析

“编程猫”项目主打青少年编程教育培训，用户细分主要定位于6～16岁的青少年儿童，业务模式采用线上教育，用户已超200万，成长性强。编程猫参照斯坦福计算机教学体系，从图形化入门到人工智能逐级划分成 9 级课程体系，课程分级，思路清晰，可实施性强。通过借助AI实现规模化一对一教育，解决了编程教师紧缺的问题。项目有广泛的合作资源，与优必选、猎豹移动等开展合作，寻找与少儿编程结合的更多着力点。项目目前已经经过数轮融资，融资规模可观，在K12教育的细分领域具有极大发展潜力。

案例五：罗小馒：云南最火的“罗三长红糖馒头”

项目名称：“罗三长红糖馒头”

学校名称：云南大学滇池学院

团队成员：罗三长、季　鹏、杨应甫、周　姣、朱雨航、徐毓雅、徐戈辉、高信哲、付鹏宇

指导老师：徐东明、桂佳斌、相云燕、李文渊、仇　健

创业宣言：因为相信，所以看见

团队简介：创业团队主要由滇池学院相关专业的同学组成，团队成员有很强的领悟力、自主学习能力，善于接受新事物，思路活跃，创意新颖，能将所学的知识很快内化为能力，外化为创造，参加创新创业大赛荣获金奖。

获奖情况：第三届中国“互联网+”大学生创新创业大赛金奖

第三届中国“互联网+”大学生创新创业大赛最佳带动就业奖

项目背景：罗三长从初中开始接触中餐，发现一到夏天，餐厅的生意会变不好，但卖早点的小店，一年到头生意都非常好。所以他把目光瞄向了早点。做了一番调研后，发现馒头是最符合大众口味的，虽然利润偏低，但可控性很强，投入少回报快，容易实现规模复制。而且红馒头比白馒头有特点和竞争力，而云南市场上的红糖馒头口感又太黏，难以满足多数人，所以最终选择了红糖馒头作为创业目标。在罗三长的推广下，“罗小馒”红糖馒头一个月营业额达到6万多元，因为红糖馒头的口味击中了学校师生，很快“罗小馒”红糖馒头店就开进了云南民族大学等高校，走出了校园，带动了一大批人创业就业。

一、项目介绍

（一）项目概述

罗三长发现云南虽然具有制作红糖馒头的基础经验，但是目前云南市场上并没有特别多经营关于红糖馒头的商店，相比随处可见的白馒头来说，红糖馒头具有较广阔的市场前景。他为了能研制出更具特色的红糖馒头，做过前前后后一百多次实验，为的就是能尽可能地调试出最佳的配方。在经历了20余次不同的选材、200余次不同食材配比、30

余种不同的工艺流程、500多批次的试验馒头和100多天痛苦研发后，2015年11月，首家“罗小馒”红糖馒头店在云南大学滇池学院开业了。

红糖选自临沧哀牢山的特级无沙红糖——金糖，面粉精选自山东滕州的“特精粉”，制作出的馒头不仅营养更丰富，口感也会更好。罗三长希望自己的红糖馒头能在口味与质量上都符合当下人们对于食品的要求与标准。图4-5-1为项目负责人参加第三届中国“互联网+”创业大赛国赛现场。

图4-5-1　项目负责人参加第三届中国“互联网+”创业大赛国赛现场

（二）产品/服务介绍

人们喜欢红糖馒头，多半原因在于，它既有红糖的淡淡香甜味，弥补了白面馒头的单调，又兼具健康养生的特性。如今消费者对于健康、养生的关注，让很多不含其他添加剂的产品成为被追逐的对象，红糖馒头恰恰符合消费者的消费理念和需求。成型后的红糖馒头含有多种微量元素，对于血液、中枢神经和免疫系统，头发、皮肤以及身体各部分的发育和功能都有重要的影响。红糖馒头中富含碳水化合物，是构成机体的重要物质，储存和提供热量，能够促进新陈代谢，提供膳食纤维、蛋白质等，适合各个群体的人们购买。

（三）市场分析

馒头作为我国3000多年来的传统面制主食，尤其是北方人更是几乎顿顿离不开馒头。据相关数据统计，我国县级城市中有70%的家庭经常从市场上买馒头，大、中型城市达到95%以上。

目前的馒头加工多为家庭手工作坊式，而这些作坊小、散、乱、传统的加工方式致使馒头的品质及卫生安全无法得到保障。特别是之前上海发生过“染色馒头”事件，媒体曝光后，馒头质量成为众多市民关心谈论的重点。

目前消费者多从街边摊或者一些早餐店处购买馒头，而且馒头只是这些店铺的副营产品。在我国大部分地区，尤其是北方地区，馒头是多数家庭一日三餐的必备食品，是百姓生活中不可替代的代表性主食食品。馒头在中国食用人数多、食用地域广、食用数量大，整个市场容量很大。

二、案例分析

罗三长通过红糖馒头的创业成功，对于很多大学生来说具有很强的激励性，让许多大学生对创新创业有新的看法，让更多的人敢于实现自己的梦想。看似简简单单的项目，要想做好需要花费更大的功夫，罗三长经历了很多人没有经历过的事情，一放暑假寒假就通过自己的努力去找到工作，并且在工作时认真、努力，之后通过自己对市场的调查，发现了红糖馒头这个商机，远赴台湾学习，历经200余次的实验后才找到合适大家的口味。目前，云南省内外的自营店和加盟店总共136家，直接带动了千余名大学生、下岗职工就业。通过创业大赛，罗三长的红糖馒头有了更大的知名度，为未来的快速发展奠定了良好的基础。

案例六：趣弹音乐

项目名称：趣弹音乐——轻乐器在线教育服务平台

学校名称：广西师范大学

团队成员：帅圳兴、彭　宇、周恒东、班兴华、刘　峰、杨　苓、童心项

指导老师：蒙志明、孙中会、杨日星、黄娜娜、廖　芳

创业宣言：让趣弹成为一种生活方式

团队简介：项目负责人，于2014年9月拉着三个小伙伴，把自己在校内建立的尤克里里社团，变成了桂林第一家尤克里里工作室，做起了尤克里里培训。

获奖情况：第四届中国“互联网+”大学生创新创业大赛国赛金奖

项目背景：2012年，刚好这个乐器尤克里里进入到中国，然后，帅圳兴就带了一把在学校玩，后来，周边的很多同学都特别感兴趣。2014年9月，大三的帅圳兴拉着三个小伙伴，把自己在校内建立的尤克里里社团，变成了桂林第一家尤克里里工作室，做起了尤克里里培训的生意。大三期间，在当时没有资金预算，没有市场调查的情况下，只凭着一股想要做大做强的闯劲，帅圳兴筹集了20万，开始做起了位于甲天下广场的工作室。

一、项目介绍

趣弹音乐是一个社群式的尤克里里在线教育平台。从2012年创办尤克里里校园社团到校外建立培训教室，至2016年年底创办趣弹音乐——在线教学平台，一个类似1对1培训模式的平台。趣弹音乐采用“内容库+督导班”的模式，帮助用户完成“学+练”的课程目标。

同时，针对用户在学练之余的购琴需求，趣弹音乐推出尤克里里电商业务，帮助用户选好琴，买好琴，目前趣弹电商板块已开设：淘宝店铺（趣弹乐器）、微信小程序商城（趣弹好物），每月琴销量达1000把，月营收35万+。乐器产品主要代理国内一线品牌，

均拿下品牌代理授权书，同时打造网红IP，通过IP打造周边衍生产品。图4-6-1为项目负责人参加第四届中国“互联网+”大学生创新创业大赛国赛现场。

图4-6-1　项目负责人参加第四届中国“互联网+”大学生创新创业大赛国赛现场

趣弹音乐创始人帅圳兴说：“大一的时候，刚好这个乐器尤克里里进入到中国，然后，就带了一把在学校玩，后来，周边的很多同学都特别感兴趣，慢慢我就成立了自己的社团。因为它是个新型乐器，所以我们就觉得它市场空间大，所以，就决定把这个当作我们的真正创业项目。”

2017年至今，趣弹音乐视频全网播放量已经突破8000万+，并成功自主孵化了10多名音乐达人为主的内容矩阵，并和网易云音乐、网易云课堂、QQ音乐、新浪微博等媒体平台达成合作。帮助更多音乐内容创作者成功!

二、案例分析

项目团队在尤克里里进入中国之初就开始在学校组建社团，逐步开展乐器销售，线下培训、线上平台、内容产生、网红孵化，抢占行业发展先机，通过线上线下结合打造服务平台，不断增强自身竞争力和行业影响力，具备良好的盈利能力。

案例七：中云智车——未来商用无人车行业定义者

项目名称：中云智车——未来商用无人车行业定义者

学校名称：北京理工大学

团队成员：关超文、倪　俊、邓雨轩、田汉青、李云霄、赵　越、潘　博、翟建坤、张雨甜、刘晓琳等

指导老师：胡继滨

创业宣言：致力于成为未来商用无人车定义者

团队简介：该项目团队从2012年开始组建，核心成员有来自方程式赛车中国国家赛车队中唯一的中国籍工程师、世界房车锦标赛雪佛兰车队电控系统工程师及北京理工大学方程式赛车队等核心成员。项目负责人倪俊，是北京理工大学在读博士，任北理工中云智车团队总负责人，出版专著2部，发表SCI/EI论文70余篇，发明专利30项，个人事迹相关成果被中央电视台等上百次报道。

获奖情况：2018年第四届中国“互联网+”大学生创新创业大赛国赛冠军[金奖]

曾创造世界第一辆无人驾驶赛车，世界第一辆全线控重型无人车，中国第一辆纯电的赛车等，多次为国出战。获“中国方程式汽车大赛”总冠军，“国际汽联方程式锦标赛世界车手”总冠军等10余项奖项。

项目背景：民用领域的无人车普遍采用机器人、代步车等传统底盘改装，严重制约未来无人车大规模应用。军用领域，尚未诞生任何一家有军用高性能无人车研发能力的民营企业。目前采用的机器人底盘、低速代步车改装存在问题：不满足车规级国标要求，可靠性、耐久性差；线控系统不成熟，控制精度低，响应速度慢；续航能力差，负重能力差、轨迹跟踪精度低、机动能力差；缺乏正向设计能力，改装过程冗余，成本极高。

一、项目介绍

北京中云智车科技有限公司成立于2018年2月，已完成数千万天使轮融资，估值近亿元，核心人员31人，构建了完整的技术研究、生产加工、整车装配、测试体系，在河北省固安县完成年产量1500台生产基地建设。图4-7-1为项目参加第四届中国“互联网+”大学生创新创业大赛国赛现场（冠军争夺战），并获得总决赛冠军。

图4-7-1　参加第四届中国“互联网+”大学生创新创业大赛国赛现场（冠军争夺战）

在民用领域，特定场景无人车（无人物流车、无人摆渡车、无人清扫车）等具有短时间内大范围应用前景，将为智能汽车产业升级及国民经济发展作出重大贡献。这个将起码是1.5万亿级别的市场，定义无人车的主机厂。

项目以推动特定场景无人驾驶车辆用户大范围落地为近期目标，致力于无人驾驶车辆车规级通用线控底盘研发，为特定场景无人驾驶车辆用户提供通用的智能底盘。倪俊继而解释道，"我们率先研发成功的小型无人通用底盘'中云1.0'，可根据不同客户的功能和造型需求，上装不同的功能模块，如物流、运输、清扫、巡逻等设备模块。"项目团队先后打造了无人车小型通用底盘中云1.0、车规级无人车中型通用底盘中云2.0、超级无人战车系列等产品，取得了很好的成效。中云智车其中一款产品如图4-7-2所示。

图4-7-2　中云智车

二、案例分析

自动驾驶汽车市场是个巨大的市场从自动无人快递车、无人搜救车、园区无人送货车、无人自动驾驶汽车等民用的各个领域到军用作战等领域，其应用范围极广，而且是一个正在出于起步阶段的领域，市场发展潜力巨大。中云智车项目具有底层技术的创新能力，是其项目竞争力的核心优势。项目团队已经研发出无人车小型通用底盘（中云1.0）、无人车中型通用底盘（中云2.0）、厂区无人运货车等系列产品，甚至延伸到军用无人直升机车领域，并且已经开展了相关合作和应用，项目整体展现出非常好的发展态势。

案例八：交叉双旋翼复合推力尾桨无人直升机

项目名称：交叉双旋翼复合推力尾桨无人直升机

学校名称：清华大学

团队成员：李京阳、王贤宇、印明威、包长春、海日汗等

指导老师：宝音贺西

创业宣言： 改变无人直升机世界格局！

团队简介： 项目负责人清华博士毕业生李京阳，团队中的“得力干将”王贤宇、印明威、包长春、海日汗都是清华实验室“摸爬滚打”出来的铁哥们，研发人员中更是有21人来自清华。

获奖情况： 2019年第五届中国“互联网+”大学生创新创业大赛国赛冠军（金奖）

项目背景： 2015年年底，李京阳和4位清华工科男联合创建北京清航紫荆装备科技有限公司。他们研制出世界首架交叉双旋翼复合推力尾桨无人直升机，具有载重大、操控稳、突防快优势，其载重相比传统构型提高30%，速度相比同级机型提升100千米/时。打破了国外在复合推进高性能直升机领域的垄断，填补了国内空白。2017年，项目参加清华大学校长杯创新挑战赛，获唯一金奖与技术创新奖。2019年，项目在第五届中国“互联网+”大学生创新创业大赛总决赛中，以1250分的高分成绩夺得冠军。

一、项目介绍

2006年，考入清华大学的李京阳，带着扎了根的理想，选择飞行器设计专业学习，直至博士毕业，9年初心未改。“博士毕业后，很多同学都选择了从政、经商或者搞金融。”李京阳和4位清华工科男联合成立清航装备企业，致力于先进无人飞行摇研发，这一造，就是4年。“造飞机”，听起来很有意思，也很高大上，但过程有多艰苦，他们只能默默放在心里。所有的创意绝非来自空想，创新也不是空穴来风。经过广泛调研，最终，他们将目标锁定在军用无人直升机领域。“那时，我国在这一领域还存在空白，需求也极为迫切。”李京阳介绍。在第五届中国“互联网+”大学生创新创业大赛全国总决赛的路演舞台上，李京阳带着他们引以为傲的研发成果，滔滔不绝地讲述他们的产品优势，也分享着他们的创业经验和创新精神。图4-8-1为项目团队参加第五届中国“互联网+”大学生创新创业大赛总决赛现场。

图4-8-1　第五届中国“互联网+”大学生创新创业大赛总决赛现场

有了前期调研为基础，团队通过查阅国内外文献，决定突破常规，将传统的直升机设计中既提供推力又提供升力、不能耦合的主旋翼，改变为采用功能解耦，以交叉旋冀提供升力，并增加新式尾桨，保证推力，即交叉双旋翼复合推力尾桨无人直升机。想法一旦确认，就立即展开行动。李京阳和团队成员从一开始便分工明确，动力系统、飞控系统、机械系统、测试系统和总体设计，每人负责一部分，各司其职，通力合作。为了检验无人直升机在各种极端气候环境下的性能，他们带着无人机体验了高温、高寒、高原、中雨、中雪、吞沙、湿热、盐雾和海洋性气候等各种恶劣环境，此外，还有电磁抗干扰、涂层信号屏蔽、数据链加密等试验。一款无人机从下线到正式定型，至少需要1年时间试飞才能保证产品的可靠性。图4-8-2为交叉双旋翼复合推力尾桨无人直升机在国赛现场进行产品成果展示。

图4-8-2　交叉双旋翼复合推力尾桨无人直升机

现在，清航装备已经在技术上构筑起三大核心竞争力：一是交叉双旋翼的构型设计，二是刚性旋翼，三是高性能电传飞控系统。目前，我们已完成60千克级、100千克级、300千克级交叉双旋翼复合推力尾桨无人直升机的首飞和500千克级的研制，在军工、工业消防、应急救援等领域都将有着广阔的应用空间。“近3年3轮融资1.2亿元，获专利69项，基地占地100亩，空域52.7万亩；提出世界首架交叉双旋冀复合推进无人直升机概念，受到我军该领域首个装备科研支持，并纳入全军武器系统采购网。”在国赛冠军争夺战项目路演中，面对比赛现场150位评委、现场及网络观众，李京阳满怀信心地介绍项目成效。

二、案例分析

项目负责人清华博士毕业生李京阳，不忘造飞机的初心梦想，带领一群志同道合的工科男联合创建北京清航紫荆装备科技有限公司，并成功研制出世界首架交叉双旋翼复合推力尾桨无人直升机。项目团队四年如一日地探索、研究、试验，最终取得三大核心竞技术突破，并填补了这一领域的行业空白，成为项目制胜法宝。项目充分体现了当代大学生着眼于国之所需、民之所需、行业所需。从组建核心团队，研发、创新，搭建基地，到不断开拓市场，以及项目负责人在国赛路演中所展现出来的专著执着、奋斗激情、热爱事业，无不展现出项目团队的凝聚力和当代青年的优秀品质。项目负责人优秀、团队成员优秀、技术优秀、成效优秀、未来潜力大，获得国赛冠军是众望所归。

案例九：工业废水达标处理颠覆者

项目名称：工业废水达标处理颠覆者

学校名称：同济大学

团队成员：袁　霄、赵黄浦、李　杰、刘汨莎、陈　钊、郑　璐、封　涛、张曼翎、赵世超、程　宽

指导老师：李风亭

创业宣言：保护“绿水青山”，守住“金山银山”

团队简介：项目负责人袁霄为同济大学环境科学与工程学院硕士研究生，以水处理药剂的研发与生产、工业废水的集成达标排放为专业特长，拥有丰富的公司管理经验，主要负责公司全面管理及发展规划的制定。市场主管赵黄浦，同济大学环境科学与工程学院硕士研究生，负责公司的产品生产与销售，以及现场技术服务，已走访上百家焦化企业，为四十余家大型煤化工、石化企业提供产品技术服务。研发主管李杰，获同济大学、日本国立筑波大学双博士学位，主要负责难处理废水的研发工作及技术支持工作。

获奖情况：2019年第五届中国“互联网+”大学生创新创业大赛国赛金奖

项目背景：本项目自启动以来，自主研发环保行业领先的水处理药剂技术，在近三年的时间里公司发展迅速，每年的营业收入增长率均超过100%，市场销售额累计3年超过亿元规模。目前主推焦化废水深度处理技术，已为马钢、中煤旭阳、宣钢、陕焦化工等行业内知名企业进行服务。截至2019年，产品已经在全国30余家焦化企业进行应用，得到业主一致认可与好评。

一、项目介绍

近年来，随着钢铁行业的迅猛发展，焦化废水排放持续增加，排污防制还存在着许多漏洞，给生态环境带来严重威胁。尤其是在钢铁工业中焦化废水的处理存在许多潜在的问题。中国的钢铁炼焦占据了全球过半的市场份额，如果焦化废水不达标处理，会直接污染水体。焦化废水是煤在高温干馏过程中以及煤气净化、化学产品精制过程中形成的废水，其中含有酚、氨氮、氰、苯等几十种污染物，成分复杂，污染物浓度高，如直接排放将对水体造成严重污染。作为典型的有毒难降解有机废水，已经是被世界公认的目前最难治理的工业废水。

2016年，袁霄与他的师兄弟们一起创立了上海万狮环保科技有限公司，正式进入工业废水处理行业，致力于为全国政府部门、环保公司及各类排污企业提供效率高、安全、质优的全方位服务。万狮团队改变了以往小分子水处理剂线性水处理剂的缺陷，创造性地研发出三维水处理剂，研发的焦化废水处理剂具有获客成本低、性能稳定、多功能、立竿见影等特性，经过其处理的废水直接能呈现清澈，所有的出水指标都能满足排放标准。图4-9-1和图4-9-2为项目团队参加第五届中国“互联网+”大学生创新创业大赛国赛现场。

图4-9-1　项目团队参加第五届中国“互联网+”大学生创新创业大赛国赛现场

图4-9-2　项目团队参加第五届中国“互联网+”大学生创新创业大赛国赛现场

至2019年公司创立三年之时，其业务已发展到全国30家焦化企业，市场份额达到6%，每年的客户增长都是100%。每年的营业收入增长率、纳税和净利润均超过100%。3年来，万狮依托母校同济大学科研创新平台的支持，研发了焦化废水深度处理剂、熄焦废水处理剂、深度除氟剂、重金属捕集剂等多种高难度废水处理技术，已取得10项专利技术，项目始终以降低排污企业治理成本、提高污水处理效率为出发点，有效支撑了国家的生态文明建设战略与绿水青山的保护事业。

二、案例分析

中国的钢铁炼焦占据了全球过半的市场份额，钢铁冶炼过程中产生的焦化废水含有酚、氨氮等几十种污染物，成分复杂，污染物浓度高，处理不当将对水体造成严重污染，属于钢铁冶炼行业废水处理的重大难题。该项目以焦化废水处理为切入点，由博士硕士团队领衔，依托学校科研创新平台的支持，研发的废水处理剂拥有领先的技术指标和广阔的市场应用前景。项目具备了高起点和技术优势，极具市场竞争力，短短三年时间能够在国内行业中达到领先程度，业务已发展到全国30家焦化企业，未来发展还具有极大的想象空间。

第五章
“青年红色筑梦之旅”赛道

案例一：佳藕天成

项目名称：佳藕天成

学校名称：广西水利电力职业技术学院

团队成员：李业景、卢名童、黄宇炜、蒙炳新、谢玉富、阙光泽、韦　幸、陆家鑫、卢宗基、徐小婷、陆茂都、林进喜、黄海浪、陆红桦、覃科源、张益斌、陈继威、苏圣渊、黄春丽、邓　洁、农东橙、苏　涵、李晓桦、谢　婷、曾华阳等

指导老师：彭　情、谢其琪等

创业宣言：佳藕天成，扶贫助农！

团队简介：佳藕天成团队成立于2017年，团队成员主要来源于广西水利电力职业技术学院大学生创新创业协会。团队主要协助驻村第一书记，围绕旱藕产业发展，助力脱贫攻坚和乡村振兴。目前已连续有5届学生参与，累计参与学生达150多人，成员都是来自于不同的专业，其中包括：电子商务、财务、文秘、汽车营销、建筑设计等专业型人才。

获奖情况：第七届中国“互联网+”大学生创新创业大赛广西选拔赛银奖

项目背景：“十三五”期间，广西是全国扶贫开发攻坚“主战场”之一，贫困地区遍及49个县4000多个村。西部山区耕地面积少、土地贫瘠，而旱藕生命力极强，适应性较广，在栽培上一般无需喷洒农药，是真正的绿色保健食品。旱藕，又名美人藕、芭蕉芋、美人蕉，盛产于广西大化县、马山县、都安县等西部地区，含有丰富的钙、磷、铁、17种氨基酸及维生素，既营养丰富又易于消化，经常食用益血补髓，消热润肺，防止肥胖，具有很高经济价值。旱藕种植、采收、加工、销售等产业链的良好发展对农户增收，促进精准扶贫和乡村振兴具有重要作用。

一、项目介绍

2015年在精准扶贫的背景下，广西水利电力职业技术学院展开了对河池市金城江区

九圩镇6个村的帮扶工作，选派了驻村第一书记进驻河池市金城江区九圩镇。为了更好协助驻村第一书记，围绕旱藕产业发展，助力脱贫攻坚和乡村振兴，以大学生创新创业协会成员为主要构成的佳藕天成团队应运而生。旱藕，又名美人藕、食用美人蕉、芭蕉芋，是一种生命力顽强、本身能抵御蚊虫的植物，在种植旱藕的过程中不用施肥喷药，因它生长在高山之间，无污染，独特的生长环境造就了天然健康的食材，如图5-1-1所示。经过调研了解到，当地村民都是利用边沟、荒地等闲置空地栽种旱藕，虽然是环境相对恶劣，但当地的旱藕长势良好。经过不断发展，旱藕及旱藕粉逐渐成为当地的一个特色农产品。

图5-1-1　旱藕

旱藕粉与其他粉类比具有易熟耐烂、久煮不糊、质地细腻、口感极佳、味道独特、能帮助人体进食消化、排泄人体多余脂肪（减肥）等特点，且可以作为一种保健类的食材，也有一定的药用价值，所含的营养成分比较丰富，含有丰富的钙、磷、铁及17种氨基酸、维生素B、维生素C，具有滋阴补肾、清热解毒、健脾强胃等功效。因此在生活及药用上都有一定的价值。旱藕粉对于调节人体的血糖有一定的作用，能够对于糖尿病患者有一定的保健治疗作用。另外旱藕粉对于一些脾胃虚弱的人来说有一定的健脾开胃的效果，能够促进消化。旱藕粉因为其营养价值很高，有很好的补气养血的功效，对于一些身体虚弱、贫血的患者有一定的补益作用。因此，旱藕粉对于人体来说是一种很好的保健食疗产品。图5-1-2为项目团队在九圩镇开展实践活动。图5-1-3为旱藕粉丝。

图5-1-2　项目团队在九圩镇开展实践活动

图5-1-3　旱藕粉丝

首先项目通过组建专业的包装设计团队，对旱藕粉进行有针对性的网红包装；其次，打造品牌，进行品牌推广，通过拍摄一个品牌故事或图片提供足够的营销素材来展示旱藕粉的特点和优势，提升其在市场中的知名度，奠定一定的消费者基础；再次，通过微博、抖音、微信公众号等平台的网络宣传，持续激发消费者的购买欲望，让旱藕粉走进更多的消费者家庭；最后，授人以鱼不如授人以渔，在当地实施电商培训计划，持续巩固脱贫攻坚成果。

团队通过调研客户对产品的体验感数据总结得出旱藕粉丝仍然有不易煮软、不便食、对产品包装简陋不美观而被“拒之门外”等许多弊病，再通过客户反馈回来的信息，对旱藕粉丝机器制造加工过程进行调整，对加工出来的旱藕粉丝的粗细长度等多个方面进行改进，让旱藕粉煮起来更方便简单快捷，让其成为绿色健康的可速食的新型速食产品。

同时，为了帮助旱藕粉丝等当地特色农产品扩大销售渠道、提高知名度，项目团队还在多个平台开展了直播团购助农扶贫带货等电商平台销售，如图5-1-4、图5-1-5、图5-1-6所示，单场直播点击量高达11.5万，累计开展直播带货20多场次，取得了良好的效果。如图5-1-7所示为项目直播电商团队合影。

图5-1-4　项目团队通过直播介绍当地特产旱藕及旱藕粉

图5-1-5　项目团队通过直播带货销售特色月饼系列产品

图5-1-6　项目团队通过电商直播推介当地的冰皮莲子糕等特色美食

图5-1-7　项目直播电商团队合影

佳藕天成团队通过调研、品牌策划及搭建平台，努力实现供需信息的有效对接，借助互联网技术提升农产品价值最大化。打通生产、物流、营销各个环节上的痛点和难点，创新举，出实招，致力于将旱藕粉打造成为一个有知名度的品牌，让旱藕粉销售额持续增长，成为消费新时尚。如图5-1-8为项目团队参加创新创业大赛合影。

图5-1-8　项目团队参加创新创业大赛合影

二、创业心得

通过参加佳藕天成项目实践活动及“互联网+”大赛，我们收益颇多。从撰写商业计划书，到查阅相应的资料，从制作PPT，到去实地考察研究，从产品设计到直播带货，从市场分析到走访企业洽谈合作，一路走来，对创新创业项目有了更深的认识，对乡村振兴有了更深入的了解，我们的意志与毅力得到了磨练，也从中学到了敢于创新的实践勇气和责任担当。这是我们在大学生活中浓墨重彩的一笔，也是未来创业之路的宝贵经验！

三、案例分析

佳藕天成项目团队，深入贯彻落实习近平总书记给“青年红色筑梦之旅”活动大学生重要回信精神，积极走进革命老区、乡村地区，接受思想洗礼、学习革命精神、传承红色基因，提高实践能力，积极利用专业知识开展创新创业，助力乡村振兴，用创新创业成果服务老区建设和发展，形成一堂生动、有效的实践育人大课。项目团队成员能很好结合学校的帮扶政策，根据学院帮扶对接点及河池市都安瑶族自治县等乡村地区的特色农产品情况，深入金城江、大化、马山等地区进行实地调研，对当地旱藕产业的发展现状及扶贫成效进行研究，在旱藕种植、村民增收、旱藕粉加工及销售等方面进行了相应的实践帮扶，针对旱藕粉及当地特色农产品等进行电商直播销售，取得了很好的帮扶成效和社会反响。项目团队通过自身实际行动践行习近平总书记在十九大报告中有关乡村振兴、精准扶贫等相关精神，助力实现“让贫困人口和贫困地区同全国一道进入全面小康社会”庄严承诺，促进乡村经济发展，助力乡村振兴。

案例二：易惠校园直播团购助农扶贫平台

项目名称： 易惠校园直播团购助农平台

学校名称： 广西水利电力职业技术学院

团队成员： 莫庭富、卜丽云、倪晴阳、李婉姿、叶权锋、黄小玲、李兴源、梁　浩、罗以纯

指导老师： 黎海阳、黄晓芸、赵　娟

创业宣言： 助农扶贫是新时代所需

团队简介： 创业团队主要由广西水利电力职业技术学院信息系等相关专业的同学组成，擅长网络操作、微信小程序开发、平台运营、图片处理、网站搭建等技术，敢于创新，敢于挑战，面对困难绝不退缩，有着出色的学习能力，高度的团队精神。

获奖情况： 第六届“互联网+”大学生创新创业大赛区赛铜奖

第六届“互联网+”大学生创新创业大赛学院金奖

项目背景： 易惠校园团购直播助农平台创建于2020年6月20日，是一个提供助农服务的平台。在为贫困果农提供销售渠道的同时，帮助贫困大学生在校勤工俭学，销售链可以为贫困户提供更多的就业岗位，以此来助农扶贫。其次，搭建大学生购物平台，发展自身业务，把更多的农产品带到校园里面，校内学生可以通过微信小程序下单，使校内学生可以在不出校门的情况下购买到产品，以此来打开销售渠道，达到营销目的。通过直播拼团、电商新零售的营销模式，实现精准扶贫，让更多人知道广西，了解广西特产与文化，带动本土的特色产业发展。

一、项目介绍

（一）项目概述

易惠校园直播团购助农扶贫平台通过“社交+预售+拼团+直播”的模式，让大学生能在平台上自主创业，把助农产品带入到校园内。校园用户可通过线上下单参与团购，平台招募团长进行管理和商品分发，当天下单次日送达，实现消费者的需求。

对学生消费而言，在校园内部的社交关系中，同学之间信任程度较高。根据信任关系、口碑传播进行的推荐和分享，也在一定程度上帮助消费者降低商品选择的难度。正是这些经营模式上的创新，重塑了传统电商的线上线下渠道和流量变现方式。

目前，开展校园团购的门槛不高，不需要特别高的技术，主力消费人群就是校园里的学生，相关合作伙伴为供货的特色产业供应商、农产品供应商、生鲜产品供应商，及提供配送支持物流公司、校园配送团队等。这种“轻资产”的特征，不仅省去了房租、销售人员等成本，同时因为采用预售模式，能够以销定采，脱离了中间环节的桎梏，有效降低了平台的仓储、运营成本。

本项目以帮助大学生自主创业的模式切入团购市场的特点，团队主打具有本地特色的差异化产品的校园拼单。做地区化差异产品的“校园团购”，无疑开创了一个以地区特色产业为主的校园团购，并通过直播更好地把农产品带入到校园里，达到精准扶贫，让广西特产与文化展现给全国各地的人。图5-2-1为项目团队参加第六届中国国际“互联网+”创业大赛“青年红色筑梦之旅”活动。

图5-2-1　项目团队参加第六届中国国际“互联网+”创业大赛“青年红色筑梦之旅”活动

（二）平台/服务介绍

校园团购系统后台可以添加产品和管理社区团长，根据客户需求生成校园团购配送单，合理调配商品至各个校园团长。团长可一键分享易惠校园团购小程序微商城商品链接，生成商品海报。告别传统的手工统计和收单，系统可自动提醒下单的顾客到货、提货，团长佣金可随时提现。学生顾客通过易惠团购小程序即可进入查看购买，快速便捷。如图5-2-2所示为“校园团购助农”平台小程序界面。

图5-2-2　“校园团购助农”平台小程序界面

（三）项目特点

易惠校园直播团购小程序是以微信为载体整合多个校园资源，形成商家集中化管理运营的“社交+预售+团购+直播”的校园商业模式。各团长发起的校园团购微信群，每个群都相当于一个店，通过“社交+预售+拼团+直播”的模式，让商品主动呈现给消费者。

通过同学关系建立起的校园团购微信群信任感强、售后无忧，且主打的农副产品都是在校内学生的消费能力范围内的，客源稳定并能保证持续消费。

（四）市场分析

社区团购模式在互联网创业圈越来越火，目前兴盛优选、美家买菜、食享会、十荟团、呆萝卜等社区拼团企业纷纷做到了上亿的月流水。随着越来越多行业和群体的关注，这个风口也启发了许多校园创业者将此模式运用到校园电商领域，并催生了窝边优选、小虎团、轻享校园团等大学生社区团购平台获得百万级、千万级的融资，主要适用场景也被挖掘出更多的可能性。

5G时代的来临，让直播社交电商行业迎来大风口。据艾媒咨询《2020—2021年中国直播电商行业运行大数据分析及趋势研究报告》，2020年，直播电商行业规模达9000亿元。回顾2019年，淘宝直播、快手、抖音等各大直播平台群雄逐鹿，对商家、主播、用户端的争夺进入白热化状态。伴随着直播行业的高速发展，直播卖货给各大平台带来了丰厚的流量及收益，据淘宝直播2020年3月30日最新发布的《2020淘宝直播新经济报告》显示，2019年淘宝直播全年商品交易总额已顺利突破2000亿元。

广西是少数民族聚集的地方，充满民族风情。民俗文化、区域地貌等因素创造了具有丰富区域色彩的特色产品。少数企业靠着“特产”标签，扬名海内外，然而大多数“特产”企业，偏安一隅，举步维艰。如何利用“特产”特色，塑造品牌“特产”，打造一批有产量、有规模、有品质和有品牌的特产企业，带领广西特产整体行销全国、走向世界，成为特产企业亟待破解之难题。图5-2-3为团队下乡调研农产品基地。

图5-2-3　团队下乡调研农产品基地

（五）营销策略

易惠校园平台和农户合作社以及特色产业供应商等形成稳定供应链关系，并在校园招募团长推广，由团长对订单进行管理配送。平台推广分为校外推广和校内推广，结合线上线下营销推广活动。网络创客e家公众号，现有7000校园粉丝能够转化成易惠校园平台的用户。营销策略如图5-2-4所示。

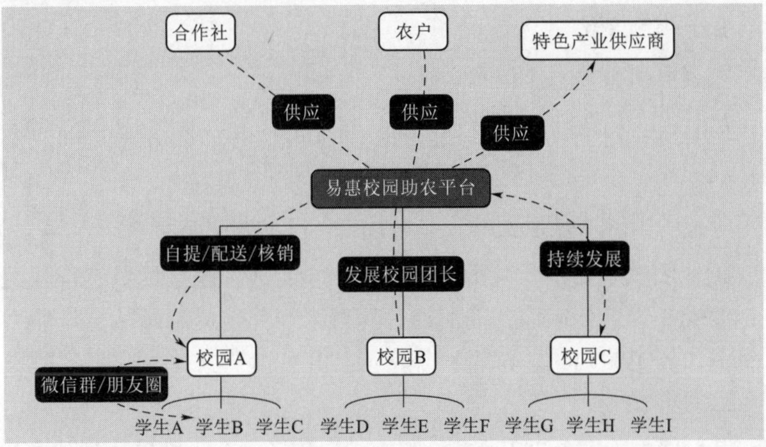

图5-2-4　营销策略

二、创业心得

回想项目实施过程，从一无所知和一筹莫展到目标明确、方案清晰，从面对项目手足无措到学会写商业计划书、调研报告，“互联网+”大学生创新创业大赛让我受益匪浅。在查阅相关参考文献时，大脑的进一步思考也让我得到了焕然的新生，接触了与原生圈子不同的世界，打开了新世界的大门。

在项目的不断研发过程中，我们主动动手动脑，勤于思考，这和课堂上的被动学习差距甚大，也是因为如此，才让我们体会到了善思主动的好处。这个项目对于我们来说是一个没有接触过的领域，我们依靠不断思考让自己进步。思考也使我们冷静，虽然偶尔也会因为观念不合而起到争执、甚至因为一个观点停滞不前，却让我们学会了换位思考，也让我们交换了彼此的思想，开拓了眼界。

勤学、善思、创新、主动是每一个项目必不可少的关键点，这是比赛给我们带来的最受益的方面。同时，团队合作也起到了非常大的作用，很感谢这个项目给我带来了锻炼与成长的机会。

三、案例分析

随着新冠肺炎疫情的发展和疫情防控常态化，出现了校园封校、果农产品滞销等现象。由此，该团队想到了这个项目，为农户的农产品提供流量支持、销售渠道，为因疫情滞销的农产品打开销路，同时为封校大学生带来便利，还能为校内部分贫困生带来勤工俭学的项目，让学生能够靠自己的能力来实现自给自足。

案例三：弘扬醒狮文化

项目名称：弘扬醒狮文化

学校名称：广西水利电力职业技术学院

团队成员：郑海锋、莫荣壮、马世远、兰　雄、周广元、林楚健、赵子溏

指导老师：牟　林、邓登云、张海明、巫尚荣、邓永权

创业宣言：只有中国的才是最美的，只有民族的才是最有内涵的。

团队简介：创业团队主要由学院醒狮协会的同学组成，团队成员有很强的民族感。他们爱好音乐与运动，他们通过舞狮来培养与提高团队合作能力，在把醒狮引入校园的同时，积极对外交流与宣传醒狮文化，为推广醒狮文化做出自己的贡献。

获奖情况：第六届中国国际“互联网+”大学生创新创业大赛院内选拔赛银奖

项目背景：广西水利电力职业技术学院醒狮协会由一群志同道合的校园醒狮爱好者于2015年年初开始组建，这支舞狮队是自发成立的，完全靠个人自觉进行训练。经费主要的来源主要有学校社团拨款、社团成员活动经费以及对外商演纪念品销售。来自广西水利电力职业技术学院醒狮协会的郑海锋等同学，为了在年轻人与社区中发扬民族传统文化，他们在校园中广发寻找爱好者，并一起走出校园到社会中宣传。

一、项目介绍

2006年，醒狮经国务院批准，列入了第一批国家级非物质文化遗产。醒狮，原名为瑞狮，意为吉祥如意，是民间独有的庆祝方式。直到鸦片战争的战火蔓延到这片南方之地，因为“瑞”字在粤语方言谐音“睡”，具有民族忧患意识的人们便将其改为“醒狮”，从此，“有华人之处，必有醒狮”，这成为了扬民族之威，立中国之魂的重要仪式。只有中国的才是最美的，只有民族的才是最有内涵。我们提高民族自信、坚定文化自信。图5-3-1为醒狮协会进行日常训练。

醒狮寓意着吉祥如意、旺财发达、逢凶化吉。在历史上，黄飞鸿所倡导的南狮狮艺，正是这样一种民族气节——团结、开拓、不畏艰险，以雄健的精神表现出中华民族艺术的魅力和自强不息的精神。每头狮子由两个人合作表演，一人舞狮头，一人舞狮尾，舞南狮时会配以锣、鼓、镲伴奏。醒狮可以培养运动、音乐、舞蹈、团队协作能力。为了推广优秀的传统文化，提高民族自信、坚定文化自信，协会进行了醒狮推广实践活动，尝试将优秀传统文化进一步地传承与推广。图5-3-2为项目团队成员对表演进行讨论和演练。

图5-3-1　醒狮协会进行日常训练

图5-3-2　项目团队成员对表演进行讨论和演练

醒狮目前的众多爱好者中，年轻人占了一大部分，但这些爱好者中一大部分人没有机会去认真学习醒狮文化。为了弘扬传统文化，现在有些地方把醒狮文化正式引进校园，当代年轻人的任务是将醒狮文化一届一届传承下去，并且发扬光大。

二、创业心得

创业艰难百战多。虽然创业很难，但这也是一种学习、一种挑战。在学习的过程中使自己对创办一个企业有了更加正确和清晰的认识，从中受益匪浅，在这里真诚地感谢各位领导、各位老师和同学们的帮助，因为大家的帮助让我学到了很多关于创业的知识。

首先，作为醒狮爱好者的我，受到了广西南狮醒狮文化的渴望和熏陶，开始了解这项传统文化。舞狮能磨练人们吃苦耐劳的精神，既活动了筋骨，锻炼了身体，又弘扬了民族传统文化，是利国利民利己的善举，一举多得。醒狮意为，吉祥如意，是民间独有的庆祝方式。有华人之处，必有醒狮，这也就成为了立民主之威，扬中国之魂的重要仪式。

项目初期，由于知识方面的欠缺，挖掘得不够深入，我们进度较慢。通过询问指导老师，及时调整方案，认真学习相关知识，我们才慢慢步入正轨。我认为，在创新创业比赛中，首先需要有一个好的方案。一个好的方案是一块敲门砖，可以让别人知道你所做的东西是可行的，是能够吸引人的，可以给人们带来一些益处的东西，一个好的方案能带团队走得更远。

通过这几次的创新创业比赛，让我受益颇深，指导老师把他们的经验传授与我们，对我们来说是个极其宝贵的机会，这让我们能少走很多弯路，提高了我们创业成功的概率。我相信，我以后不论是创业者还是就业者，这次的创新创业比赛都将对我有很大的帮助。在接下来的生活中我会运用这次学到知识指导我的人生航向。

三、案例分析

本项目是一个非遗传承项目，具有极大的社会价值、文化价值和历史价值。醒狮在我国有着悠久的历史，在民间很多地方都有着广泛流传，很有特色和表演张力。项目团队自发爱好开展本非遗项目，组建团队，既体现出青年学生热爱传统优秀文化，自觉践行保护非遗传承行动，也展现出了大学生把社团活动、兴趣爱好与创新创业项目相结合的创业精神和创业意识。项目依托学校社团组织已经开展多年，也取得一定的成效，未来需要更多考虑在传承过程中如何去创新，如何吸引更多年轻人加入，如何提升这项活动的大众喜爱程度，如何降低大众参与这项活动的门槛，如何提升这项活动的商业价值和社会价值，这样才能使得醒狮非遗项目在未来能有更好的保护和发展。

案例四：我知盘中餐：大数据精准助农新平台

项目名称：我知盘中餐：大数据精准助农新平台

学校名称：厦门大学

团队成员：江建烽，韩奕，陈欢，尤镇，卢静，陈彦君

指导老师：张得富，张青富，周运宁，吴吉富

创业宣言：我知盘中餐，红色筑梦人，我们要开创中国智慧农业的新未来！

团队简介：团队拥有大数据电商专业领域的多个高技术人才。

获奖情况：第四届中国“互联网+”大学生创新创业大赛国赛金奖

项目背景："我知盘中餐"致力于解决农产品产供销问题。长久以来，国内都面临着这样的问题，一方面食品安全问题层出不穷，消费者苦于买不到放心菜；另一方面，许多地区较为闭塞，农产品相对绿色天然，却苦于没有销路。基于这样的背景，2012年在厦门大学信息科学与技术学院张德富教授的带领下，福建省厦大师生共创叩鼎（厦门）大数据科技有限公司，创建了"我知盘中餐"大数据电商平台。

一、项目介绍

"我知盘中餐"搭建的是一个大数据精准助农新平台，基于大数据和人工智能技术，解决农产品供销问题，为农村与农户提供农产品价值链四大核心环节的服务：种植规划服务、种植技术服务、市场营销服务和品牌建设服务。"我知盘中餐"大数据应用平台是基于互联网模式的企业对企业（B2B）和企业对用户（B2C）商业平台。平台切入农产品销路和食品安全两大痛点，利用数字福建大数据基础技术和厦门研究院大数据与计算智能实验室的核心研究成果，结合人工智能技术，致力于解决农产品产供销问题，让消费者吃得安心，用得放心。"我知盘中餐"，采用了一种全新的模式，把农户/合作社以及消费者直接联系起来，是一个全国独有的"大数据+人工智能+农业专家库+智能配送+全网营销矩阵"的产业链平台。

目前产品跨越移动端和PC端，可为消费者提供快捷注册登录、购物车管理、个人订单与信息管理、物流跟踪和积分系统管理等服务，设置有积分商城、团购速递、特产汇、健康饮食等多个销售板块，并设置分享有礼环节，支持多种支付方式接入。平台致力于为消费者提供便捷友好的购物服务，注重用户的使用体验。同时，其也为农产品供应商、个体农户提供产品管理、订单管理、成交记录、财务统计、数据分析等服务，帮助产品供应商和消费者实现精准对接。如图5-4-1所示为项目团队在第四届中国"互联网+"大学生创新创业大赛全国总决赛现场。

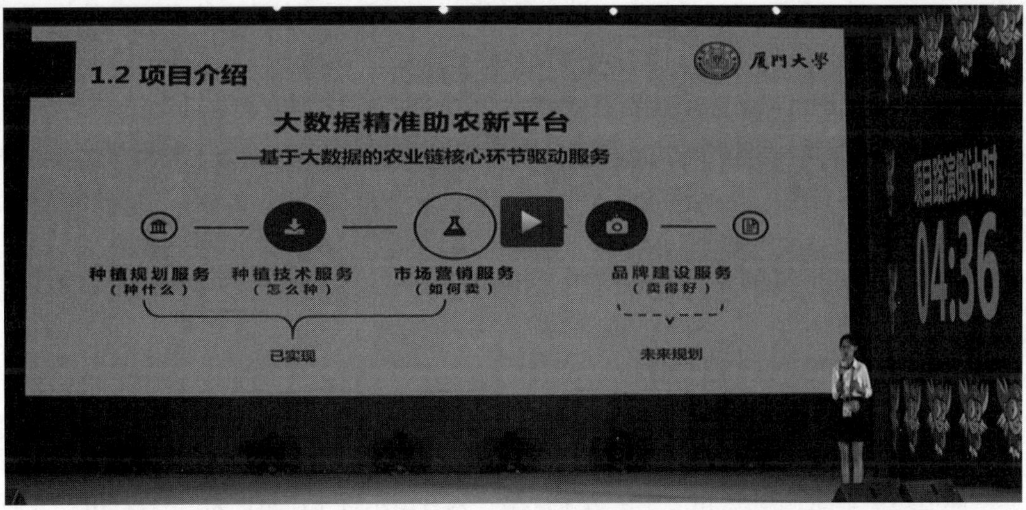

图5-4-1　项目团队在第四届中国"互联网+"大学生创新创业大赛全国总决赛现场

二、案例分析

"我知盘中餐"搭建的是一个大数据精准助农新平台，是基于大数据和人工智能技术解决农产品供销问题，为农村与农户提供种植规划服务、种植技术服务、市场营销服务等服务。几年来，项目团队成员的足迹踏遍云南临沧、西藏那曲等全国各地，覆盖面和影响力都获得不断提升。用新技术服务三农发展，既符合国家精准扶贫和乡村振兴战略，更找准了未来农业高质量发展的必经之路。项目团队成员利用所学知识，转化为助农新动力，学以致用，成就创业梦想，既帮助了农民，又获得锻炼，很好地体现出创新创业教育的重要意义。

案例五：果蔬卫士——科技扶贫保鲜致富

项目名称：果蔬卫士——科技扶贫保鲜致富

学校名称：厦门大学

团队成员：贾玉龙、沈嘉祺、李孟浩、潘奇莉

指导老师：陈清西

创业宣言：果蔬卫士——开启保鲜扶贫新篇章

团队简介：项目团队成员来自厦门大学自生命科学学院、环境与生态学院、经济学院、药学院、管理学院、医学院、新闻传播学院等不同学科专业，组成交叉学科的团队结构。项目负责人贾玉龙博士师从我校生命科学学院陈清西教授。陈清西教授原是加州大学伯克利分校研究员，同时也是我国多个著名高新技术企业的技术顾问。在他的指导下，"果蔬卫士"团队历经多年攻关，自主研发了天然提取物果蔬保鲜配方和常温保鲜技术，突破了国外技术壁垒，掌握了先进的常温保鲜核心技术。

获奖情况：第四届中国"互联网+"大学生创新创业大赛国赛金奖

项目背景：2018年7月，果蔬卫士——科技扶贫保鲜致富团队参加了"青年红色筑梦之旅"广西对接活动。他们去到广西钦州，发现当地村民广泛种植荔枝，然而2018年村民们受到了果蔬保鲜问题的沉重打击，有40吨荔枝没有来得及出售就烂在地里，这对于本就贫困的村民无异于雪上加霜。果蔬保鲜已经成为制约农业高质量发展的一大难题。

一、项目介绍

我国是果蔬出口和生产的第一大国，2016年我国的果蔬年产量达到了10亿吨，而腐损量却达到了2.4亿吨，这相当于果蔬生产第一大省山东省年产量的2.5倍，经济损失高达2800亿元。这么大的经济损失催生了果蔬保鲜的广阔市场，现有化学和生物两种主流

保鲜方式。化学保鲜市场占有率高，但具有一定的安全隐患。生物保鲜稳定高效、安全无毒，是未来果蔬保鲜的发展趋势，但是生物保鲜技术长期被外国企业垄断，国内的生物保鲜成本居高不下。

果蔬卫士是一款新型国产生物保鲜剂，售价每瓶30元，采用简易的喷洒浸泡的方式处理大量的果蔬，能延长果蔬保鲜期2～5倍，处理每千克果蔬的成本低至0.03元。果蔬卫士具有开创性的保鲜原理，能做到在果蔬表面有效抑制繁衍物的滋生，在果蔬内部抑制果肉与酪氨酸酶结合产生的酶素反应，提高保鲜效果。图5-5-1为果蔬卫士项目团队参加第四届中国“互联网+”大学生创新创业大赛国赛现场。

图5-5-1　果蔬卫士项目团队参加第四届中国“互联网+”大学生创新创业大赛国赛现场

果蔬卫士项目具有强大的技术核心，从天然植物熊果中提取有效成本，配制成独创性的配方，掌握了先进的常温保鲜技术，形成自身的技术壁垒。团队根据不同的果蔬特性，研制出了20种系列产品。目前产品成分已经经过了国际权威机构和海关的检测，达到了安全无毒标准。目前果蔬卫士已用于土豆、荔枝等多种果蔬的常用保鲜。图5-5-2为项目解决方案。

图5-5-2　项目解决方案

二、案例分析

在第四届中国“互联网+”大学生创新创业大赛国赛中，果蔬卫士团队作为青年红色筑梦之旅赛道队伍，展示出了当代青年学子将创业梦想融入国家脱贫攻坚和乡村振兴的激昂风采，呈现出“勇立时代潮头敢闯会创，扎根中国大地谱写人生华章”的气势。“互联网+”大赛的青年红色筑梦之旅赛道与精准扶贫和乡村振兴息息相关，通过创新创业项目，为革命老区、乡村地区、建设新农村注入新的智慧力量。“果蔬卫士”团队积极响应“青年红色筑梦之旅”活动这一号召，深入田间地头与大量农户进行了对接，将产品从实验室带到最需要的农户手中，解决了当地农民们果蔬保鲜的燃眉之急，促进了科技成果的转化。项目注重食品安全，与化学保鲜不同，其主打生物方面的果蔬保鲜技术，构建了自己独创的技术壁垒，价格也具有竞争优势，相信在未来人们越来越注重食品安全的趋势下具有更大的市场需求。

案例六：“彩云本草”——乌蒙山区种养殖领域的扶贫先锋

项目名称：“彩云本草”——乌蒙山区种养殖领域的扶贫先锋

学校名称：云南大学滇池学院

团队成员：赵庆早、杨永坤、杨素珍、杨　琪、徐　青、郑佳慧、孔韦谕、高信哲、李启升、马　俊、王世鹏、周祝伊、马　腾

指导老师：仇　健、徐东明、杨　姣、刘　鑫、桂佳斌、夏　雨、明　超

创业宣言：科技服务农业，品质决定未来

团队简介：团队由一群立志用知识和科技改变家乡贫穷落后面貌，帮助贫困地区人民脱贫致富的大学生组成。为了改变家乡人民靠天吃饭的局面，团队将目光落在了乌蒙山区广袤的贫瘠土地上。

获奖情况：第四届中国“互联网+”大学生创新创业大赛国赛金奖

项目背景：2015年，云南大学滇池学院“彩云本草”项目负责人工程管理专业学生赵庆早带领一群90后大学生先后走访了乌蒙山区的会泽、罗平、富源等县，与农民同吃同住同劳动。在走访距离昆明200余公里的云南曲靖市会泽县山区的一个村子时，大家被眼前的景象惊呆了。村子里全都是石头房和茅草房，家徒四壁，漆黑昏暗，肮脏不堪。与某些纪录片中看到的云南山区一模一样。村子里没有年轻人，只有留守的儿童和老人，平日里就吃一锅粥糊糊，村中的贫穷远远超出了小组成员们的想象。

一、项目介绍

乌蒙山片区，干旱缺水、土地贫瘠，青年人大多外出务工，当地村民缺乏资金和技

术，2015年贫困发生率依然非常高，是全国贫困程度最深的地区之一。云南大学滇池学院"90后"大学生赵庆早带领的"彩云本草"团队立志为改变家乡的贫困面貌贡献自己的青春和智慧。该团队依托乌蒙山区得天独厚的自然环境，打造智能化中药材种植，为人们提供优质、低价的好药材。2015年8月，乌蒙山区第一个农业合作社——会泽山绿种植专业合作社正式成立。2015年12月，注册成立了昆明痴香土农业科技有限公司，"彩云本草"项目正式启动。项目采用"政府+农户+公司"的模式进行经营，与地方政府相连接，在政府支持下，建立种植专业合作社。"彩云本草"项目创业团队就多次深入乌蒙山区、扎根大山深处，推广滇黄精、白芍、旱半夏、白芨等经济价值高的中药材种植，带领当地贫困村民脱贫致富。

2017年，在第三届中国"互联网+"大学生创新创业大赛"青年红色筑梦之旅"活动中，"彩云本草"项目力压群芳，从全国千余个项目中脱颖而出，成为全国大学生创业团队签订帮扶延安革命老区脱贫致富项目之一。"彩云本草"项目成为云南结对帮扶延安革命老区的脱贫项目，与延安市富县恒康高原绿色专业种植合作社、富县富鹿农副产品有限公司进行对接，助力延安革命老区产业脱贫工作。

2018年起，该团队为当地档立卡贫困户免费投放5000余窝中华蜂。2018年5月，云南彩云本草食疗科技有限公司成立，由"彩云本草"延伸出的项目"三棵药一窝蜂"在禄劝县团街镇高家村后山村民小组正式挂牌。"三棵药一窝蜂"项目建立在"彩云本草"项目之上，保留原有的中药材种植环节，发展以中药材花粉作为养殖蜜蜂的蜜源、产出药蜜的项目，立足大健康产业发展和生物医药产业，实现中药材和蜜蜂养殖产业链的结合。同时，他们还规划建设万亩中药材种植示范区，助力更多农户脱贫致富，如图5-6-1所示。

图5-6-1　中药材种植示范区基地

二、案例分析

2015年，项目负责人赵庆早带领团队成员后走访了乌蒙山区的会泽、罗平、富源等地，当地干旱缺水、土地贫瘠，贫困发生率依然非常高。"彩云本草"团队立志通过发展中草药种植项目为改变家乡的贫困面貌，依托乌蒙山区得天独厚的自然环境，打造智能化中药材种植。赵庆早属于连续创业者，先后注册成立了昆明痴香土农业科技有限公司、云南彩云本草食疗科技有限公司，他早期也开展过一些中草药相关的种植和销售，为后期积累了一定的经验。2017年，项目团队积极响应“青年红色筑梦之旅”活动号召，奔赴延安，把乌蒙山区的成功经验带到延安革命老区，助力更多农户脱贫致富。项目采取的“政府+农户+公司”模式也是一种比较成熟的方式，可行性高，关键在于种植技术和智慧农业新技术的应用，彻底改变过去靠天吃饭的旧面貌，掌控好种植的亩产量、成本、品质等核心环节。

案例七：小猪豪豪——中国边疆少数民族深度贫困地区脱贫攻坚路上最靓的崽

项目名称： 小猪豪豪——中国边疆少数民族深度贫困地区脱贫攻坚路上最靓的崽

学校名称： 云南大学

团队成员： 何永群、张清然、王　凤、丁　蓉、张　伟、杨成龙、赛燕玲、李卓瑾、邓　舒

指导老师： 姚建文、高　核

创业宣言： 豪猪不是猪，却是乡村振兴、脱贫攻坚路上最靓的崽

团队简介： 何永群是云南大学商旅学院2018届工商管理硕士毕业生，曾在全国就业创业工作会上作为唯一创业典型发言，受到了孙春兰副总理、胡春华副总理和云南省张国华副省长等各级领导的高度赞扬。她同时也是云大启迪K栈众创空间、云南启迪军创的创业导师，曾在云大启迪K栈众创空间为创业者及周边高校师生分享交流“返乡创业养殖豪猪”的经验历程，引发强烈反响。

获奖情况： 第五届中国“互联网+”大学生创新创业大赛国赛金奖

项目背景： 脱贫攻坚期间，云南省迪庆藏族自治州下辖的县级市香格里拉，是国家层面的深度贫困地区，由于地广人稀、山高坡陡、土地贫瘠，无经济作物种植替代，且传统畜牧养殖（牛、羊、猪）成本高，脱贫攻坚任务重。

一、项目介绍

2015年，还在云南大学攻读硕士学位的何永群，决定休学回到迪庆创业，在其研究生导师建议下进行豪猪养殖。何永群对豪猪养殖业做了充足的市场调研，发现豪猪全身都是宝，肉可以食用，瘦肉率高达95%，刺和胃可以入药，也可以加工成工艺品，市场空间非常大。

2015年9月，何永群注册成立迪庆香格里拉沃夫农林开发有限责任公司，引进了第

一批102只豪猪种苗，并取名为"小猪豪豪"。"豪猪肉质鲜美，润肠活血；豪猪刺可入药，有清热消毒，软化血管等功效。"项目负责人何永群介绍道，我国中医相关典籍和现代研究均记载了它的药效和食疗价值。

但养殖之路并非坦途，何永群常四处奔走解决各种困难，还不惜把刚毕业的弟弟动员回乡和她一起干。为破解豪猪品质与养殖成本之间的矛盾，她回到学校，与云南大学农学院、云南农业大学等单位合作，研制出特殊配比的豪猪饲料，既保证了豪猪的成长速度，又确保了出栏品质。2016年，当地乡政府主动联系何永群，希望与沃夫公司合作，一起发展豪猪养殖，带动当地贫困户脱贫。由贫困村集体整合帮扶资金建设豪猪圈舍，建好后由沃夫公司派团队进行管理运营，贫困户用产业资金入股公司参与分红。

经过不断发展，项目已探索出政府补贴猪苗、农户标准喂养、猪场回购加工、互联网线上销售、实体店线下体验的豪猪养殖产销新模式，初步实现了布局养殖、加工、服务三大产业的目标。在云南怒江、楚雄、昭通等地新建了4个养殖基地，吸引了8名大学生返乡创业，100多人在养殖基地就业。逐渐走出一条"公司+政府合作社+建档立卡贫困户+保险公司+渠道销售商"的可复制、可推广的产业扶贫模式。有了资金、政策、高校等支持，豪猪养殖扶贫产业如源头活水，致力于中国边疆少数民族深度贫困地区脱贫攻坚及乡村振兴。

二、案例分析

云南大学"小猪豪豪"项目是一个大学生团队通过创新创业项目带领少数民族深度贫困地区脱贫致富的优秀创业典型，更体现出一位边疆少数民族深度贫困地区返乡创业者的执着与坚守。脱贫攻坚期间，项目负责人所在地作为国家深度贫困地区，生存条件比较恶劣、地理位置偏远、资源贫乏，产业欠基础、少条件、缺项目，扶贫难度可想而知。大学生作为社会新技术、新思想、新文化的前沿群体，到深度贫困地区进行产业开发与发展，需要真正下去深入当地去了解、去调研、去研究适合当地发展的产业。何永群对豪猪养殖业做了充足的市场调研，结合当地情况，以豪猪养殖作为创业项目，找准定位，不断克服技术、饲料、场地等方面困难，最终取得良好的经济效益和社会效益，带领村民脱贫致富。项目经历了一个快速发展的阶段，成绩喜人，接下来可能需要考虑如何把项目进一步做大、做强、做久，以及做出品牌效应，带动养殖户从脱贫走向共同富裕，在乡村振兴的宏伟进程中持续发挥更大作用。

案例八：不惑青春——中国首个南疆卫国老兵关爱及英雄精神传承项目

项目名称：不惑青春——中国首个南疆卫国老兵关爱及英雄精神传承项目

学校名称：南宁学院

团队成员：陆辰艳、张小妞、阙法雄、吴滢滢、廖志鸿、王海铭、凌远锦、喻瀚锋、薛石兰、黄丽坚、叶万龙、杨媚媚

指导老师：马　骏、黄　如、邓海贝、韦林杉

创业宣言：关爱卫国老兵，传承英雄精神！

团队简介：2017年，受到习近平总书记给“青年红色筑梦之旅”大学生坚信鼓舞，项目团队开启了“不惑青春”关爱南疆老兵项目。

获奖情况：第五届中国“互联网+”大学生创新创业大赛国赛银奖

项目背景：当同龄人都在“追星”的时候，他们在“追兵”的路上孜孜不倦：与231名南疆卫国老兵历史对话。项目的前身可以追溯到该校陈雄章副校长多年前开展的红色精神研究和对老兵的关爱，至今已有近20年的历史。该项目旨在关爱卫国老兵，记录英雄故事，传承英雄精神，让当代大学生青春不惑，共筑中国梦。

一、项目介绍

“不惑青春”项目旨在关爱卫国老兵，记录英雄故事，传承英雄精神，让当代大学生青春不惑，共筑中国梦。主要使命有两方面，一是对南疆卫国老兵及烈士遗属给予精神和物质上的关爱，二让英雄精神激励着现在和未来的年轻人为实现“中国梦”而奋斗。该项目主要通过“口述历史”的方式，记录、整理当年老兵卫国的故事，形成鲜活的影音及文字资料，让英雄故事、红色精神代代相传；打造爱国小兵IP，有偿授权使用，开发IP衍生产品进行义卖，会同政府部门及慈善组织进行定向扶助，改善困难老兵及烈士遗属的生活。

“那是在历史学者陈雄章教授的讲座上，报告厅的大屏幕上显示着一张照片，一位白发苍苍的老妈妈抚摸着冰冷的墓碑，仰面痛哭。”与陆辰艳一同被触动的，还有报告厅里的500余名大学新生。“我们的创业故事就始于这场讲座。”陆辰艳介绍道。通过陈教授的讲述，才得知那段被尘封的中越边境战争历史。照片中老妈妈的儿子就是在1984年卫国战斗中所牺牲的，并长眠于云南麻栗坡烈士陵园。从上海崇明到麻栗坡，时隔20年，老妈妈在嵩明县民政局的资助下，终于得见儿子，即便面前只是一座冰冷的墓碑。这只是那场卫国战斗中万分之一个感人故事。

在指导老师们的引导下，“不惑青春”项目成立了。团队由退伍返校的军人、南疆卫国英雄的后代、中共党员组成，招募了来自全国各地红爱传播使者300余人。

经过不懈努力，项目团队的公益行动逐渐有了成效。目前，项目已经深入采访了231名南疆卫国老兵，摄制视频材料超过13000分钟，录制音频材料超过16500分钟，记录的文字材料逾190万字，已举办红色英雄传承讲座300余场，形成了红色故事传播专辑。此外，项目设立了“广西慈善总会·不惑青春关爱南疆卫国老兵基金”，目前已吸引社会团体、企事业单位捐出280余万元，关爱和资助了600余位老兵及烈士遗属。项目还邀请了

共和国勋章获得者李延年、时任老山主攻团代政委黄宏将军作为项目指导顾问。在多方共同努力下，项目还成立了"不惑青春英雄精神体验传承基地"让大学生近距离体验英雄精神，积极参与关爱卫国老兵，传承英雄精神。

二、案例分析

源于一次讲座，激发了同学们自发组织成立"不惑青春"项目，积极开展关爱卫国老兵，记录英雄故事，传承英雄精神的公益活动。项目通过"口诉历史"的方式，记录、整理当年老兵卫国的故事，形成影音及文字资料，让英雄故事、红色精神代代相传。该公益创业项目角度独特，地域特色鲜明，既是关爱老兵，也是传承红色精神，既是创新创业，更是社会责任。项目经过多年发展，取得了非常好的效果，引起了很好的社会反响，未来还可以通过多方面进提高参与人数、受益人群、影响范围，让公益活动发挥更大价值。

案例九：扶摇织梦——瑶族扶贫之路的先行者

项目名称：扶摇织梦——瑶族扶贫之路的先行者

学校名称：贺州学院

团队成员：潘水珍、仇广政、叶嘉乐、叶于桢、覃开狼、常天慧、郝铭扬、时辰婧、周　越、王纪伟、雷　蕾、陈金华、徐之龙、高　凡、汪　健

指导老师：卢念念、江　浩、朱晓佳、吴德峰、孔祥翔、莫　涛、马小骅

创业宣言：致力于打造独创的瑶族文化特色品牌！

团队简介：扶瑶织梦团队深入瑶寨，了解到瑶族地区的发展痛点，开设非遗手工合作社。团队已培养637位绣娘，通过成立技能培训中心使零散的绣娘走向规模化、产业化、系统化。

获奖情况：2020年第六届中国"互联网+"大学生创新创业大赛国赛金奖（青年红色筑梦之旅赛道）

2020年第六届中国"互联网+"大学生创新创业大赛"社区治理奖"

项目背景：扶瑶织梦团队成立的契机源自一次有意义的调研。在一次和导师调研的过程中，当地瑶族的现状给他们带来了冲击：生活环境艰苦、交通不便、教育滞后等，代表瑶族文化的瑶绣面临传承困境。调研后，他们希望做一些力所能及的事情，改变瑶族同胞的生活现状，希望更多的人了解瑶族文化和瑶绣。

一、项目介绍

扶瑶织梦团队深入瑶寨，了解到瑶族地区的发展痛点，开设非遗手工合作社。团队

现已培养637位绣娘，通过成立技能培训中心使零散的绣娘走向规模化、产业化、系统化；同时建立广西瑶族服饰传习馆，馆藏623件原生态瑶族服饰与饰品，建立全国唯一瑶族元素库，归类整理了1854类不同支系的瑶族元素纹样，组织绣娘有序开展设计、生产、销售流程，带动瑶族绣娘增收创收，促进瑶族地区的经济发展，为瑶族同胞脱贫攻坚收官之战助力。目前，团队项目获得了国家艺术基金立项资助，工作坊获全国第五届大学生艺术展金奖、作品多次获得广西工艺美术八桂天工奖的金奖和银奖等奖项。目前项目入选联合国开发计划可持续旅游发展实施单位，联合国中国代表处官员办公用品指定供应商，广西民族博物馆伴手礼指定采购商。团队致力于打造独创的瑶族文化特色品牌。

有一次，项目团队去到贺州的黄洞瑶乡三岐村进行调研，看到那里的山路坡度很大，弯弯绕绕特别艰险，深受感触。这次调研后他们对于项目的落实更加有干劲，希望做一些力所能及的事情，改变瑶族同胞的现状，也为了让大山里的孩子们绽放出更美的笑容。

在推进项目和比赛备赛过程中，他们遇到了许多困难，包括前期对瑶族创意产品的开发设计、联系并组织绣娘、支教扶贫、直播带货；中期的资料收集归纳、整理分析；后期的项目计划书与项目PPT的修改完善。团队指导老师卢念念从2007年开始就和几位志同道合的老师潜心研究瑶族非遗文化，为项目的有效推进保驾护航。“在备战过程中有过52个小时的不眠奋战，这一过程中我被团队的‘团魂’深深打动！这期间，团队的孩子们练就的坚韧不拔、吃苦耐劳的精神，这会成为他们生命中最珍贵的财富！”团队指导老师卢念念分享了难忘的备赛经历。

“热爱”是卢念念老师凝练、传授给他们的指导思想，也是团队前行的精神支柱。他们热爱瑶族文化。那些精美的刺绣、五彩斑斓的服饰、精湛的工艺让他们为之惊叹。他们热爱帮助瑶族同胞脱贫致富的事业，还把成功的模式带到都安瑶族自治县，帮助更多瑶族同胞一起创造美好未来。

二、案例分析

扶瑶织梦项目与精准扶贫、乡村振兴相结合，具有少数民族的特色，也是一个非物质文化遗产传承的项目，很好地践行了习近平总书记给“青年红色筑梦之旅”活动大学生的回信精神。团队深入瑶寨了解到瑶族地区的发展痛点，开设非遗手工合作社，已培养600多位绣娘，建立了广西瑶族服饰传习馆，作品多次获得广西工艺美术八桂天工奖等奖项，项目开展取得了很好的效果。团队成员将所学专业知识与瑶族传统文化、传统技艺相结合，既传承了非物质文化遗产，又探索出了有效可行的扶贫模式，有效地带动了瑶族乡村地区经济发展，对推动产学研用相结合、探索新文科建设、促进高校创新创业实践模式构建具有重要的意义。

第六章 创新创业教育国家重要文件精神

国家创新驱动发展战略纲要

2016年5月19日，中共中央、国务院印发了《国家创新驱动发展战略纲要》，并发出通知，要求各地区各部门结合实际认真贯彻执行。

《国家创新驱动发展战略纲要》主要内容如下。

党的十八大提出实施创新驱动发展战略，强调科技创新是提高社会生产力和综合国力的战略支撑，必须摆在国家发展全局的核心位置。这是中央在新的发展阶段确立的立足全局、面向全球、聚焦关键、带动整体的国家重大发展战略。为加快实施这一战略，特制定本纲要。

一、战略背景

创新驱动就是创新成为引领发展的第一动力，科技创新与制度创新、管理创新、商业模式创新、业态创新和文化创新相结合，推动发展方式向依靠持续的知识积累、技术进步和劳动力素质提升转变，促进经济向形态更高级、分工更精细、结构更合理的阶段演进。

创新驱动是国家命运所系。国家力量的核心支撑是科技创新能力。创新强则国运昌，创新弱则国运殆。我国近代落后挨打的重要原因是与历次科技革命失之交臂，导致科技弱、国力弱。实现中华民族伟大复兴的中国梦，必须真正用好科学技术这个最高意义上的革命力量和有力杠杆。

创新驱动是世界大势所趋。全球新一轮科技革命、产业变革和军事变革加速演进，科学探索从微观到宇观各个尺度上向纵深拓展，以智能、绿色、泛在为特征的群体性技术革命将引发国际产业分工重大调整，颠覆性技术不断涌现，正在重塑世界竞争格局、改变国家力量对比，创新驱动成为许多国家谋求竞争优势的核心战略。我国既面临赶超跨越的难得历史机遇，也面临差距拉大的严峻挑战。惟有勇立世界科技创新潮头，才能赢得发展主动权，为人类文明进步作出更大贡献。

创新驱动是发展形势所迫。我国经济发展进入新常态，传统发展动力不断减弱，粗放型增长方式难以为继。必须依靠创新驱动打造发展新引擎，培育新的经济增长点，持续提升我国经济发展的质量和效益，开辟我国发展的新空间，实现经济保持中高速增长和产业迈向中高端水平“双目标”。

当前，我国创新驱动发展已具备发力加速的基础。经过多年努力，科技发展正在进入由量的增长向质的提升的跃升期，科研体系日益完备，人才队伍不断壮大，科学、技术、工程、产业的自主创新能力快速提升。经济转型升级、民生持续改善和国防现代化建设对创新提出了巨大需求。庞大的市场规模、完备的产业体系、多样化的消费需求与互联网时代创新效率的提升相结合，为创新提供了广阔空间。中国特色社会主义制度能够有效结合集中力量办大事和市场配置资源的优势，为实现创新驱动发展提供了根本保障。

同时也要看到，我国许多产业仍处于全球价值链的中低端，一些关键核心技术受制于人，发达国家在科学前沿和高技术领域仍然占据明显领先优势，我国支撑产业升级、引领未来发展的科学技术储备亟待加强。适应创新驱动的体制机制亟待建立健全，企业创新动力不足，创新体系整体效能不高，经济发展尚未真正转到依靠创新的轨道。科技人才队伍大而不强，领军人才和高技能人才缺乏，创新型企业家群体亟需发展壮大。激励创新的市场环境和社会氛围仍需进一步培育和优化。

在我国加快推进社会主义现代化、实现“两个一百年”奋斗目标和中华民族伟大复兴中国梦的关键阶段，必须始终坚持抓创新就是抓发展、谋创新就是谋未来，让创新成为国家意志和全社会的共同行动，走出一条从人才强、科技强到产业强、经济强、国家强的发展新路径，为我国未来十几年乃至更长时间创造一个新的增长周期。

二、战略要求

（一）指导思想

以邓小平理论、“三个代表”重要思想、科学发展观为指导，深入贯彻习近平总书记系列重要讲话精神，按照“四个全面”战略布局的要求，坚持走中国特色自主创新道路，解放思想、开放包容，把创新驱动发展作为国家的优先战略，以科技创新为核心带动全面创新，以体制机制改革激发创新活力，以高效率的创新体系支撑高水平的创新型国家建设，推动经济社会发展动力根本转换，为实现中华民族伟大复兴的中国梦提供强大动力。

（二）基本原则

紧扣发展。坚持问题导向，面向世界科技前沿、面向国家重大需求、面向国民经济主战场，明确我国创新发展的主攻方向，在关键领域尽快实现突破，力争形成更多竞争优势。

深化改革。坚持科技体制改革和经济社会领域改革同步发力，强化科技与经济对接，遵循社会主义市场经济规律和科技创新规律，破除一切制约创新的思想障碍和制度藩篱，构建支撑创新驱动发展的良好环境。

强化激励。坚持创新驱动实质是人才驱动，落实以人为本，尊重创新创造的价值，激发各类人才的积极性和创造性，加快汇聚一支规模宏大、结构合理、素质优良的创新型人才队伍。

扩大开放。坚持以全球视野谋划和推动创新，最大限度用好全球创新资源，全面提升我国在全球创新格局中的位势，力争成为若干重要领域的引领者和重要规则制定的参与者。

（三）战略目标

分三步走：

第一步，到2020年进入创新型国家行列，基本建成中国特色国家创新体系，有力支撑全面建成小康社会目标的实现。

——创新型经济格局初步形成。若干重点产业进入全球价值链中高端，成长起一批具有国际竞争力的创新型企业和产业集群。科技进步贡献率提高到60%以上，知识密集型服务业增加值占国内生产总值的20%。

——自主创新能力大幅提升。形成面向未来发展、迎接科技革命、促进产业变革的创新布局，突破制约经济社会发展和国家安全的一系列重大瓶颈问题，初步扭转关键核心技术长期受制于人的被动局面，在若干战略必争领域形成独特优势，为国家繁荣发展提供战略储备、拓展战略空间。研究与试验发展（R&D）经费支出占国内生产总值比重达到2.5%。

——创新体系协同高效。科技与经济融合更加顺畅，创新主体充满活力，创新链条有机衔接，创新治理更加科学，创新效率大幅提高。

——创新环境更加优化。激励创新的政策法规更加健全，知识产权保护更加严格，形成崇尚创新创业、勇于创新创业、激励创新创业的价值导向和文化氛围。

第二步，到2030年跻身创新型国家前列，发展驱动力实现根本转换，经济社会发展水平和国际竞争力大幅提升，为建成经济强国和共同富裕社会奠定坚实基础。

——主要产业进入全球价值链中高端。不断创造新技术和新产品、新模式和新业态、新需求和新市场，实现更可持续的发展、更高质量的就业、更高水平的收入、更高品质的生活。

——总体上扭转科技创新以跟踪为主的局面。在若干战略领域由并行走向领跑，形成引领全球学术发展的中国学派，产出对世界科技发展和人类文明进步有重要影响的原创成果。攻克制约国防科技的主要瓶颈问题。研究与试验发展（R&D）经费支出占国内生产总值比重达到2.8%。

——国家创新体系更加完备。实现科技与经济深度融合、相互促进。

——创新文化氛围浓厚，法治保障有力，全社会形成创新活力竞相迸发、创新源泉不断涌流的生动局面。

第三步，到2050年建成世界科技创新强国，成为世界主要科学中心和创新高地，为我国建成富强民主文明和谐的社会主义现代化国家、实现中华民族伟大复兴的中国梦提供强大支撑。

——科技和人才成为国力强盛最重要的战略资源，创新成为政策制定和制度安排的核心因素。

——劳动生产率、社会生产力提高主要依靠科技进步和全面创新，经济发展质量高、能源资源消耗低、产业核心竞争力强。国防科技达到世界领先水平。

——拥有一批世界一流的科研机构、研究型大学和创新型企业，涌现出一批重大原创性科学成果和国际顶尖水平的科学大师，成为全球高端人才创新创业的重要聚集地。

——创新的制度环境、市场环境和文化环境更加优化，尊重知识、崇尚创新、保护产权、包容多元成为全社会的共同理念和价值导向。

三、战略部署

实现创新驱动是一个系统性的变革，要按照“坚持双轮驱动、构建一个体系、推动六大转变”进行布局，构建新的发展动力系统。

双轮驱动就是科技创新和体制机制创新两个轮子相互协调、持续发力。抓创新首先要抓科技创新，补短板首先要补科技创新的短板。科学发现对技术进步有决定性的引领作用，技术进步有力推动发现科学规律。要明确支撑发展的方向和重点，加强科学探索和技术攻关，形成持续创新的系统能力。体制机制创新要调整一切不适应创新驱动发展的生产关系，统筹推进科技、经济和政府治理等三方面体制机制改革，最大限度释放创新活力。

一个体系就是建设国家创新体系。要建设各类创新主体协同互动和创新要素顺畅流动、高效配置的生态系统，形成创新驱动发展的实践载体、制度安排和环境保障。明确企业、科研院所、高校、社会组织等各类创新主体功能定位，构建开放高效的创新网络，建设军民融合的国防科技协同创新平台；改进创新治理，进一步明确政府和市场分工，构建统筹配置创新资源的机制；完善激励创新的政策体系、保护创新的法律制度，构建鼓励创新的社会环境，激发全社会创新活力。

六大转变就是发展方式从以规模扩张为主导的粗放式增长向以质量效益为主导的可持续发展转变；发展要素从传统要素主导发展向创新要素主导发展转变；产业分工从价值链中低端向价值链中高端转变；创新能力从“跟踪、并行、领跑”并存、“跟踪”为主向“并行”“领跑”为主转变；资源配置从以研发环节为主向产业链、创新链、资金链统筹配置转变；创新群体从以科技人员的小众为主向小众与大众创新创业互动转变。

四、战略任务

紧紧围绕经济竞争力提升的核心关键、社会发展的紧迫需求、国家安全的重大挑战，采取差异化策略和非对称路径，强化重点领域和关键环节的任务部署。

（一）推动产业技术体系创新，创造发展新优势

加快工业化和信息化深度融合，把数字化、网络化、智能化、绿色化作为提升产业竞争力的技术基点，推进各领域新兴技术跨界创新，构建结构合理、先进管用、开放兼容、自主可控、具有国际竞争力的现代产业技术体系，以技术的群体性突破支撑引领新兴产业集群发展，推进产业质量升级。

（1）发展新一代信息网络技术，增强经济社会发展的信息化基础。加强类人智能、自然交互与虚拟现实、微电子与光电子等技术研究，推动宽带移动互联网、云计算、物联网、大数据、高性能计算、移动智能终端等技术研发和综合应用，加大集成电路、工业控制等自主软硬件产品和网络安全技术攻关和推广力度，为我国经济转型升级和维护国家网络安全提供保障。

（2）发展智能绿色制造技术，推动制造业向价值链高端攀升。重塑制造业的技术体系、生产模式、产业形态和价值链，推动制造业由大到强转变。发展智能制造装备等技术，加快网络化制造技术、云计算、大数据等在制造业中的深度应用，推动制造业向自动化、智能化、服务化转变。对传统制造业全面进行绿色改造，由粗放型制造向集约型制造转变。加强产业技术基础能力和试验平台建设，提升基础材料、基础零部件、基础工艺、基础软件等共性关键技术水平。发展大飞机、航空发动机、核电、高铁、海洋工程装备和高技术船舶、特高压输变电等高端装备和产品。

（3）发展生态绿色高效安全的现代农业技术，确保粮食安全、食品安全。以实现种业自主为核心，转变农业发展方式，突破人多地少水缺的瓶颈约束，走产出高效、产品安全、资源节约、环境友好的现代农业发展道路。系统加强动植物育种和高端农业装备研发，大面积推广粮食丰产、中低产田改造等技术，深入开展节水农业、循环农业、有机农业和生物肥料等技术研发，开发标准化、规模化的现代养殖技术，促进农业提质增效和可持续发展。推广农业面源污染和重金属污染防治的低成本技术和模式，发展全产业链食品安全保障技术、质量安全控制技术和安全溯源技术，建设安全环境、清洁生产、生态储运全覆盖的食品安全技术体系。推动农业向一二三产业融合，实现向全链条增值和品牌化发展转型。

（4）发展安全清洁高效的现代能源技术，推动能源生产和消费革命。以优化能源结构、提升能源利用效率为重点，推动能源应用向清洁、低碳转型。突破煤炭石油天然气等化石能源的清洁高效利用技术瓶颈，开发深海深地等复杂条件下的油气矿产资源勘探开采技术，开展页岩气等非常规油气勘探开发综合技术示范。加快核能、太阳能、风能、生物质能等清洁能源和新能源技术开发、装备研制及大规模应用，攻克大规模供需互动、储能和并网关键技术。推广节能新技术和节能新产品，加快钢铁、石化、建材、有色金属等高耗能行业的节能技术改造，推动新能源汽车、智能电网等技术的研发应用。

（5）发展资源高效利用和生态环保技术，建设资源节约型和环境友好型社会。采用系统化的技术方案和产业化路径，发展污染治理和资源循环利用的技术与产业。建立大气重污染天气预警分析技术体系，发展高精度监控预测技术。建立现代水资源综合利用体系，开展地球深部矿产资源勘探开发与综合利用，发展绿色再制造和资源循环利用产业，建立城镇生活垃圾资源化利用、再生资源回收利用、工业固体废物综合利用等技术体系。完善环境技术管理体系，加强水、大气和土壤污染防治及危险废物处理处置、环境检测与环境应急技术研发应用，提高环境承载能力。

（6）发展海洋和空间先进适用技术，培育海洋经济和空间经济。开发海洋资源高效可持续利用适用技术，加快发展海洋工程装备，构建立体同步的海洋观测体系，推进我国海洋战略实施和蓝色经济发展。大力提升空间进入、利用的技术能力，完善空间基础设施，推进卫星遥感、卫星通信、导航和位置服务等技术开发应用，完善卫星应用创新链和产业链。

（7）发展智慧城市和数字社会技术，推动以人为本的新型城镇化。依靠新技术和管理创新支撑新型城镇化、现代城市发展和公共服务，创新社会治理方法和手段，加快社会治安综合治理信息化进程，推进平安中国建设。发展交通、电力、通信、地下管网等市政基础设施的标准化、数字化、智能化技术，推动绿色建筑、智慧城市、生态城市等领域关键技术大规模应用。加强重大灾害、公共安全等应急避险领域重大技术和产品攻关。

（8）发展先进有效、安全便捷的健康技术，应对重大疾病和人口老龄化挑战。促进生命科学、中西医药、生物工程等多领域技术融合，提升重大疾病防控、公共卫生、生殖健康等技术保障能力。研发创新药物、新型疫苗、先进医疗装备和生物治疗技术。推进中华传统医药现代化。促进组学和健康医疗大数据研究，发展精准医学，研发遗传基因和慢性病易感基因筛查技术，提高心脑血管疾病、恶性肿瘤、慢性呼吸性疾病、糖尿病等重大疾病的诊疗技术水平。开发数字化医疗、远程医疗技术，推进预防、医疗、康复、保健、养老等社会服务网络化、定制化，发展一体化健康服务新模式，显著提高人口健康保障能力，有力支撑健康中国建设。

（9）发展支撑商业模式创新的现代服务技术，驱动经济形态高级化。以新一代信息和网络技术为支撑，积极发展现代服务业技术基础设施，拓展数字消费、电子商务、现代物流、互联网金融、网络教育等新兴服务业，促进技术创新和商业模式创新融合。加快推进工业设计、文化创意和相关产业融合发展，提升我国重点产业的创新设计能力。

（10）发展引领产业变革的颠覆性技术，不断催生新产业、创造新就业。高度关注可能引起现有投资、人才、技术、产业、规则“归零”的颠覆性技术，前瞻布局新兴产业前沿技术研发，力争实现“弯道超车”。开发移动互联技术、量子信息技术、空天技术，推动增材制造装备、智能机器人、无人驾驶汽车等发展，重视基因组、干细胞、合成生物、再生医学等技术对生命科学、生物育种、工业生物领域的深刻影响，开发氢能、燃料电池等新一代能源技术，发挥纳米、石墨烯等技术对新材料产业发展的引领作用。

（二）强化原始创新，增强源头供给

坚持国家战略需求和科学探索目标相结合，加强对关系全局的科学问题研究部署，增强原始创新能力，提升我国科学发现、技术发明和产品产业创新的整体水平，支撑产业变革和保障国家安全。

（1）加强面向国家战略需求的基础前沿和高技术研究。围绕涉及长远发展和国家安全的“卡脖子”问题，加强基础研究前瞻布局，加大对空间、海洋、网络、核、材料、能源、信息、生命等领域重大基础研究和战略高技术攻关力度，实现关键核心技术安全、自主、可控。明确阶段性目标，集成跨学科、跨领域的优势力量，加快重点突破，为产业技术进步积累原创资源。

（2）大力支持自由探索的基础研究。面向科学前沿加强原始创新，力争在更多领域引领世界科学研究方向，提升我国对人类科学探索的贡献。围绕支撑重大技术突破，推进变革性研究，在新思想、新发现、新知识、新原理、新方法上积极进取，强化源头储备。促进学科均衡协调发展，加强学科交叉与融合，重视支持一批非共识项目，培育新兴学科和特色学科。

（3）建设一批支撑高水平创新的基础设施和平台。适应大科学时代创新活动的特点，针对国家重大战略需求，建设一批具有国际水平、突出学科交叉和协同创新的国家实验室。加快建设大型共用实验装置、数据资源、生物资源、知识和专利信息服务等科技基础条件平台。研发高端科研仪器设备，提高科研装备自给水平。建设超算中心和云计算平台等数字化基础设施，形成基于大数据的先进信息网络支撑体系。

（三）优化区域创新布局，打造区域经济增长极

聚焦国家区域发展战略，以创新要素的集聚与流动促进产业合理分工，推动区域创新能力和竞争力整体提升。

（1）构建各具特色的区域创新发展格局。东部地区注重提高原始创新和集成创新能力，全面加快向创新驱动发展转型，培育具有国际竞争力的产业集群和区域经济。中西部地区走差异化和跨越式发展道路，柔性汇聚创新资源，加快先进适用技术推广和应用，在重点领域实现创新牵引，培育壮大区域特色经济和新兴产业。

（2）跨区域整合创新资源。构建跨区域创新网络，推动区域间共同设计创新议题、互联互通创新要素、联合组织技术攻关。提升京津冀、长江经济带等国家战略区域科技创新能力，打造区域协同创新共同体，统筹和引领区域一体化发展。推动北京、上海等优势地区建成具有全球影响力的科技创新中心。

（3）打造区域创新示范引领高地。优化国家自主创新示范区布局，推进国家高新区按照发展高科技、培育新产业的方向转型升级，开展区域全面创新改革试验，建设创新型省份和创新型城市，培育新兴产业发展增长极，增强创新发展的辐射带动功能。

（四）深化军民融合，促进创新互动

按照军民融合发展战略总体要求，发挥国防科技创新重要作用，加快建立健全军民融合的创新体系，形成全要素、多领域、高效益的军民科技深度融合发展新格局。

（1）健全宏观统筹机制。遵循经济建设和国防建设的规律，构建统一领导、需求对接、资源共享的军民融合管理体制，统筹协调军民科技战略规划、方针政策、资源条件、成果应用，推动军民科技协调发展、平衡发展、兼容发展。

（2）开展军民协同创新。建立军民融合重大科研任务形成机制，从基础研究到关键技术研发、集成应用等创新链一体化设计，构建军民共用技术项目联合论证和实施模式，建立产学研相结合的军民科技创新体系。

（3）推进军民科技基础要素融合。推进军民基础共性技术一体化、基础原材料和零部件通用化。推进海洋、太空、网络等新型领域军民融合深度发展。开展军民通用标准制定和整合，推动军民标准双向转化，促进军民标准体系融合。统筹军民共用重大科研基地和基础设施建设，推动双向开放、信息交互、资源共享。

（4）促进军民技术双向转移转化。推动先进民用技术在军事领域的应用，健全国防知识产权制度、完善国防知识产权归属与利益分配机制，积极引导国防科技成果加速向民用领域转化应用。放宽国防科技领域市场准入，扩大军品研发和服务市场的开放竞争，引导优势民营企业进入军品科研生产和维修领域。完善军民两用物项和技术进出口管制机制。

（五）壮大创新主体，引领创新发展

明确各类创新主体在创新链不同环节的功能定位，激发主体活力，系统提升各类主体创新能力，夯实创新发展的基础。

（1）培育世界一流创新型企业。鼓励行业领军企业构建高水平研发机构，形成完善的研发组织体系，集聚高端创新人才。引导领军企业联合中小企业和科研单位系统布局创新链，提供产业技术创新整体解决方案。培育一批核心技术能力突出、集成创新能力强、引领重要产业发展的创新型企业，力争有一批企业进入全球百强创新型企业。

（2）建设世界一流大学和一流学科。加快中国特色现代大学制度建设，深入推进管、办、评分离，扩大学校办学自主权，完善学校内部治理结构。引导大学加强基础研究和追求学术卓越，组建跨学科、综合交叉的科研团队，形成一批优势学科集群和高水平科技创新基地，建立创新能力评估基础上的绩效拨款制度，系统提升人才培养、学科建设、科技研发三位一体创新水平。增强原始创新能力和服务经济社会发展能力，推动一批高水平大学和学科进入世界一流行列或前列。

（3）建设世界一流科研院所。明晰科研院所功能定位，增强在基础前沿和行业共性关键技术研发中的骨干引领作用。健全现代科研院所制度，形成符合创新规律、体现领域特色、实施分类管理的法人治理结构。围绕国家重大任务，有效整合优势科研资源，建设综合性、高水平的国际化科技创新基地，在若干优势领域形成一批具有鲜明特色的世界级科学研究中心。

（4）发展面向市场的新型研发机构。围绕区域性、行业性重大技术需求，实行多元化投资、多样化模式、市场化运作，发展多种形式的先进技术研发、成果转化和产业孵化机构。

（5）构建专业化技术转移服务体系。发展研发设计、中试熟化、创业孵化、检验检测认证、知识产权等各类科技服务。完善全国技术交易市场体系，发展规范化、专业化、市场化、网络化的技术和知识产权交易平台。科研院所和高校建立专业化技术转移机构和职业化技术转移人才队伍，畅通技术转移通道。

（六）实施重大科技项目和工程，实现重点跨越

在关系国家安全和长远发展的重点领域，部署一批重大科技项目和工程。

面向2020年，继续加快实施已部署的国家科技重大专项，聚焦目标、突出重点，攻克高端通用芯片、高档数控机床、集成电路装备、宽带移动通信、油气田、核电站、水污染治理、转基因生物新品种、新药创制、传染病防治等方面的关键核心技术，形成若干战略性技术和战略性产品，培育新兴产业。

面向2030年，坚持有所为有所不为，尽快启动航空发动机及燃气轮机重大项目，在量子通信、信息网络、智能制造和机器人、深空深海探测、重点新材料和新能源、脑科学、健康医疗等领域，充分论证，把准方向，明确重点，再部署一批体现国家战略意图的重大科技项目和工程。

面向2020年的重大专项与面向2030年的重大科技项目和工程，形成梯次接续的系统布局，并根据国际科技发展的新进展和我国经济社会发展的新需求，及时进行滚动调整和优化。要发挥社会主义市场经济条件下的新型举国体制优势，集中力量，协同攻关，持久发力，久久为功，加快突破重大核心技术，开发重大战略性产品，在国家战略优先领域率先实现跨越。

（七）建设高水平人才队伍，筑牢创新根基

加快建设科技创新领军人才和高技能人才队伍。围绕重要学科领域和创新方向造就一批世界水平的科学家、科技领军人才、工程师和高水平创新团队，注重培养一线创新人才和青年科技人才，对青年人才开辟特殊支持渠道，支持高校、科研院所、企业面向全球招聘人才。倡导崇尚技能、精益求精的职业精神，在各行各业大规模培养高级技师、技术工人等高技能人才。优化人才成长环境，实施更加积极的创新创业人才激励和吸引政策，推行科技成果处置收益和股权期权激励制度，让各类主体、不同岗位的创新人才都能在科技成果产业化过程中得到合理回报。

发挥企业家在创新创业中的重要作用，大力倡导企业家精神，树立创新光荣、创新致富的社会导向，依法保护企业家的创新收益和财产权，培养造就一大批勇于创新、敢于冒险的创新型企业家，建设专业化、市场化、国际化的职业经理人队伍。

推动教育创新，改革人才培养模式，把科学精神、创新思维、创造能力和社会责任感的培养贯穿教育全过程。完善高端创新人才和产业技能人才“二元支撑”的人才培养体系，加强普通教育与职业教育衔接。

（八）推动创新创业，激发全社会创造活力

建设和完善创新创业载体，发展创客经济，形成大众创业、万众创新的生动局面。

（1）发展众创空间。依托移动互联网、大数据、云计算等现代信息技术，发展新型创业服务模式，建立一批低成本、便利化、开放式众创空间和虚拟创新社区，建设多种形式的孵化机构，构建“孵化+创投”的创业模式，为创业者提供工作空间、网络空间、社交空间、共享空间，降低大众参与创新创业的成本和门槛。

（2）孵化培育创新型小微企业。适应小型化、智能化、专业化的产业组织新特征，推动分布式、网络化的创新，鼓励企业开展商业模式创新，引导社会资本参与建设面向小微企业的社会化技术创新公共服务平台，推动小微企业向“专精特新”发展，让大批创新活力旺盛的小微企业不断涌现。

（3）鼓励人人创新。推动创客文化进学校，设立创新创业课程，开展品牌性创客活动，鼓励学生动手、实践、创业。支持企业员工参与工艺改进和产品设计，鼓励一切有益的微创新、微创业和小发明、小改进，将奇思妙想、创新创意转化为实实在在的创业活动。

五、战略保障

实施创新驱动发展战略，必须从体制改革、环境营造、资源投入、扩大开放等方面加大保障力度。

（一）改革创新治理体系

顺应创新主体多元、活动多样、路径多变的新趋势，推动政府管理创新，形成多元参与、协同高效的创新治理格局。

建立国家高层次创新决策咨询机制，定期向党中央、国务院报告国内外科技创新动态，提出重大政策建议。转变政府创新管理职能，合理定位政府和市场功能。强化政府战略规划、政策制定、环境营造、公共服务、监督评估和重大任务实施等职能。对于竞争性的新技术、新产品、新业态开发，应交由市场和企业来决定。建立创新治理的社会参与机制，发挥各类行业协会、基金会、科技社团等在推动创新驱动发展中的作用。

合理确定中央各部门功能性分工，发挥行业主管部门在创新需求凝炼、任务组织实施、成果推广应用等方面的作用。科学划分中央和地方科技管理事权，中央政府职能侧重全局性、基础性、长远性工作，地方政府职能侧重推动技术开发和转化应用。

构建国家科技管理基础制度。再造科技计划管理体系，改进和优化国家科技计划管理流程，建设国家科技计划管理信息系统，构建覆盖全过程的监督和评估制度。完善国家科技报告制度，建立国家重大科研基础设施和科技基础条件平台开放共享制度，推动科技资源向各类创新主体开放。建立国家创新调查制度，引导各地树立创新发展导向。

（二）多渠道增加创新投入

切实加大对基础性、战略性和公益性研究稳定支持力度，完善稳定支持和竞争性支持相协调的机制。改革中央财政科技计划和资金管理，提高资金使用效益。完善激励企业研发的普惠性政策，引导企业成为技术创新投入主体。

探索建立符合中国国情、适合科技创业企业发展的金融服务模式。鼓励银行业金融机构创新金融产品，拓展多层次资本市场支持创新的功能，积极发展天使投资，壮大创业投资规模，运用互联网金融支持创新。充分发挥科技成果转化、中小企业创新、新兴产业培育等方面基金的作用，引导带动社会资本投入创新。

（三）全方位推进开放创新

抓住全球创新资源加速流动和我国经济地位上升的历史机遇，提高我国全球配置创新资源能力。支持企业面向全球布局创新网络，鼓励建立海外研发中心，按照国际规则并购、合资、参股国外创新型企业和研发机构，提高海外知识产权运营能力。以卫星、高铁、核能、超级计算机等为重点，推动我国先进技术和装备走出去。鼓励外商投资战略性新兴产业、高新技术产业、现代服务业，支持跨国公司在中国设立研发中心，实现引资、引智、引技相结合。

深入参与全球科技创新治理，主动设置全球性创新议题，积极参与重大国际科技合作规则制定，共同应对粮食安全、能源安全、环境污染、气候变化以及公共卫生等全球性挑战。丰富和深化创新对话，围绕落实“一带一路”战略构想和亚太互联互通蓝图，合作建设面向沿线国家的科技创新基地。积极参与和主导国际大科学计划和工程，提高国家科技计划对外开放水平。

（四）完善突出创新导向的评价制度

根据不同创新活动的规律和特点，建立健全科学分类的创新评价制度体系。推进高校和科研院所分类评价，实施绩效评价，把技术转移和科研成果对经济社会的影响纳入评价指标，将评价结果作为财政科技经费支持的重要依据。完善人才评价制度，进一步改革完善职称评审制度，增加用人单位评价自主权。推行第三方评价，探索建立政府、社会组织、公众等多方参与的评价机制，拓展社会化、专业化、国际化评价渠道。改革国家科技奖励制度，优化结构、减少数量、提高质量，逐步由申报制改为提名制，强化对人的激励。发展具有品牌和公信力的社会奖项。完善国民经济核算体系，逐步探索将反映创新活动的研发支出纳入投资统计，反映无形资产对经济的贡献，突出创新活动的投入和成效。改革完善国有企业评价机制，把研发投入和创新绩效作为重要考核指标。

（五）实施知识产权、标准、质量和品牌战略

加快建设知识产权强国。深化知识产权领域改革，深入实施知识产权战略行动计划，提高知识产权的创造、运用、保护和管理能力。引导支持市场主体创造和运用知识产权，以知识产权利益分享机制为纽带，促进创新成果知识产权化。充分发挥知识产权司法保护的主导作用，增强全民知识产权保护意识，强化知识产权制度对创新的基本保障作用。健全防止滥用知识产权的反垄断审查制度，建立知识产权侵权国际调查和海外维权机制。

提升中国标准水平。强化基础通用标准研制，健全技术创新、专利保护与标准化互动支撑机制，及时将先进技术转化为标准。推动我国产业采用国际先进标准，强化强制性标准制定与实施，形成支撑产业升级的标准群，全面提高行业技术标准和产业准入水平。支持我国企业、联盟和社团参与或主导国际标准研制，推动我国优势技术与标准成为国际标准。

推动质量强国和中国品牌建设。完善质量诚信体系，形成一批品牌形象突出、服务平台完备、质量水平一流的优势企业和产业集群。制定品牌评价国际标准，建立国际互认的品牌评价体系，推动中国优质品牌国际化。

（六）培育创新友好的社会环境

健全保护创新的法治环境。加快创新薄弱环节和领域的立法进程，修改不符合创新导向的法规文件，废除制约创新的制度规定，构建综合配套精细化的法治保障体系。

培育开放公平的市场环境。加快突破行业垄断和市场分割。强化需求侧创新政策的引导作用，建立符合国际规则的政府采购制度，利用首台套订购、普惠性财税和保险等政策手段，降低企业创新成本，扩大创新产品和服务的市场空间。推进要素价格形成机制的市场化改革，强化能源资源、生态环境等方面的刚性约束，提高科技和人才等创新要素在产品价格中的权重，让善于创新者获得更大的竞争优势。

营造崇尚创新的文化环境。大力宣传广大科技工作者爱国奉献、勇攀高峰的感人事迹和崇高精神，在全社会形成鼓励创造、追求卓越的创新文化，推动创新成为民族精神的重要内涵。倡导百家争鸣、尊重科学家个性的学术文化，增强敢为人先、勇于冒尖、大胆质疑的创新自信。重视科研试错探索价值，建立鼓励创新、宽容失败的容错纠错机制。营造宽松的科研氛围，保障科技人员的学术自由。加强科研诚信建设，引导广大科技工作者恪守学术道德，坚守社会责任。加强科学教育，丰富科学教育教学内容和形式，激发青少年的科技兴趣。加强科学技术普及，提高全民科学素养，在全社会塑造科学理性精神。

六、组织实施

实施创新驱动发展战略是我们党在新时期的重大历史使命。全党全国必须统一思想，各级党委和政府必须切实增强责任感和紧迫感，统筹谋划，系统部署，精心组织，扎实推进。

加强领导。按照党中央、国务院统一部署，国家科技体制改革和创新体系建设领导小组负责本纲要的具体组织实施工作，加强对创新驱动发展重大战略问题的研究和审议，指导推动纲要落实。

分工协作。国务院和军队各有关部门、各省（自治区、直辖市）要根据本纲要制定具体实施方案，强化大局意识、责任意识，加强协同、形成合力。

开展试点。加强任务分解，明确责任单位和进度安排，制订年度和阶段性实施计划。对重大改革任务和重点政策措施，要制定具体方案，开展试点。

监测评价。完善以创新发展为导向的考核机制，将创新驱动发展成效作为重要考核指标，引导广大干部树立正确政绩观。加强创新调查，建立定期监测评估和滚动调整机制。

加强宣传。做好舆论宣传，及时宣传报道创新驱动发展的新进展、新成效，让创新驱动发展理念成为全社会共识，调动全社会参与支持创新积极性。

全党全社会要紧密团结在以习近平同志为总书记的党中央周围，把各方面力量凝聚到创新驱动发展上来，为全面建成创新型国家、实现中华民族伟大复兴的中国梦而努力奋斗。

国务院办公厅关于深化高等学校创新创业教育改革的实施意见

国办发〔2015〕36号

各省、自治区、直辖市人民政府，国务院各部委、各直属机构：

深化高等学校创新创业教育改革，是国家实施创新驱动发展战略、促进经济提质增效升级的迫切需要，是推进高等教育综合改革、促进高校毕业生更高质量创业就业的重要举措。党的十八大对创新创业人才培养作出重要部署，国务院对加强创新创业教育提出明确要求。近年来，高校创新创业教育不断加强，取得了积极进展，对提高高等教育质量、促进学生全面发展、推动毕业生创业就业、服务国家现代化建设发挥了重要作用。但也存在一些不容忽视的突出问题，主要是一些地方和高校重视不够，创新创业教育理念滞后，与专业教育结合不紧，与实践脱节；教师开展创新创业教育的意识和能力欠缺，教学方式方法单一，针对性实效性不强；实践平台短缺，指导帮扶不到位，创新创业教育体系亟待健全。为了进一步推动大众创业、万众创新，经国务院同意，现就深化高校创新创业教育改革提出如下实施意见。

一、总体要求

（一）指导思想

全面贯彻党的教育方针，落实立德树人根本任务，坚持创新引领创业、创业带动就业，主动适应经济发展新常态，以推进素质教育为主题，以提高人才培养质量为核心，以创新人才培养机制为重点，以完善条件和政策保障为支撑，促进高等教育与科技、经济、社会紧密结合，加快培养规模宏大、富有创新精神、勇于投身实践的创新创业人才队伍，不断提高高等教育对稳增长促改革调结构惠民生的贡献度，为建设创新型国家、实现“两个一百年”奋斗目标和中华民族伟大复兴的中国梦提供强大的人才智力支撑。

（二）基本原则

坚持育人为本，提高培养质量。把深化高校创新创业教育改革作为推进高等教育综合改革的突破口，树立先进的创新创业教育理念，面向全体、分类施教、结合专业、强化实践，促进学生全面发展，提升人力资本素质，努力造就大众创业、万众创新的生力军。

坚持问题导向，补齐培养短板。把解决高校创新创业教育存在的突出问题作为深化高校创新创业教育改革的着力点，融入人才培养体系，丰富课程、创新教法、强化师资、改进帮扶，推进教学、科研、实践紧密结合，突破人才培养薄弱环节，增强学生的创新精神、创业意识和创新创业能力。

坚持协同推进，汇聚培养合力。把完善高校创新创业教育体制机制作为深化高校创新创业教育改革的支撑点，集聚创新创业教育要素与资源，统一领导、齐抓共管、开放合作、全员参与，形成全社会关心支持创新创业教育和学生创新创业的良好生态环境。

（三）总体目标

2015年起全面深化高校创新创业教育改革。2017年取得重要进展，形成科学先进、广泛认同、具有中国特色的创新创业教育理念，形成一批可复制可推广的制度成果，普及创新创业教育，实现新一轮大学生创业引领计划预期目标。到2020年建立健全课堂教学、自主学习、结合实践、指导帮扶、文化引领融为一体的高校创新创业教育体系，人才培养质量显著提升，学生的创新精神、创业意识和创新创业能力明显增强，投身创业实践的学生显著增加。

二、主要任务和措施

（一）完善人才培养质量标准

制订实施本科专业类教学质量国家标准，修订实施高职高专专业教学标准和博士、硕士学位基本要求，明确本科、高职高专、研究生创新创业教育目标要求，使创新精神、创业意识和创新创业能力成为评价人才培养质量的重要指标。相关部门、科研院所、行业企业要制修订专业人才评价标准，细化创新创业素质能力要求。不同层次、类型、区域高校要结合办学定位、服务面向和创新创业教育目标要求，制订专业教学质量标准，修订人才培养方案。

（二）创新人才培养机制

实施高校毕业生就业和重点产业人才供需年度报告制度，完善学科专业预警、退出管理办法，探索建立需求导向的学科专业结构和创业就业导向的人才培养类型结构调整新机制，促进人才培养与经济社会发展、创业就业需求紧密对接。深入实施系列“卓越计划”、科教结合协同育人行动计划等，多形式举办创新创业教育实验班，探索建立校校、校企、校地、校所以及国际合作的协同育人新机制，积极吸引社会资源和国外优质教育资源投入创新创业人才培养。高校要打通一级学科或专业类下相近学科专业的基础课程，开设跨学科专业的交叉课程，探索建立跨院系、跨学科、跨专业交叉培养创新创业人才的新机制，促进人才培养由学科专业单一型向多学科融合型转变。

（三）健全创新创业教育课程体系

各高校要根据人才培养定位和创新创业教育目标要求，促进专业教育与创新创业教育有机融合，调整专业课程设置，挖掘和充实各类专业课程的创新创业教育资源，在传授专业知识过程中加强创新创业教育。面向全体学生开发开设研究方法、学科前沿、创业基础、就业创业指导等方面的必修课和选修课，纳入学分管理，建设依次递进、有机衔接、科学合理的创新创业教育专门课程群。各地区、各高校要加快创新创业教育优质课程信息化建设，推出一批资源共享的慕课、视频公开课等在线开放课程。建立在线开放课程学习认证和学分认定制度。组织学科带头人、行业企业优秀人才，联合编写具有科学性、先进性、适用性的创新创业教育重点教材。

（四）改革教学方法和考核方式

各高校要广泛开展启发式、讨论式、参与式教学，扩大小班化教学覆盖面，推动教师把国际前沿学术发展、最新研究成果和实践经验融入课堂教学，注重培养学生的批判性和创造性思维，激发创新创业灵感。运用大数据技术，掌握不同学生学习需求和规律，为学生自主学习提供更加丰富多样的教育资源。改革考试考核内容和方式，注重考查学生运用知识分析、解决问题的能力，探索非标准答案考试，破除“高分低能”积弊。

（五）强化创新创业实践

各高校要加强专业实验室、虚拟仿真实验室、创业实验室和训练中心建设，促进实验教学平台共享。各地区、各高校科技创新资源原则上向全体在校学生开放，开放情况纳入各类研究基地、重点实验室、科技园评估标准。鼓励各地区、各高校充分利用各种资源建设大学科技园、大学生创业园、创业孵化基地和小微企业创业基地，作为创业教育实践平台，建好一批大学生校外实践教育基地、创业示范基地、科技创业实习基地和职业院校实训基地。完善国家、地方、高校三级创新创业实训教学体系，深入实施大学生创新创业训练计划，扩大覆盖面，促进项目落地转化。举办全国大学生创新创业大赛，办好全国职业院校技能大赛，支持举办各类科技创新、创意设计、创业计划等专题竞赛。支持高校学生成立创新创业协会、创业俱乐部等社团，举办创新创业讲座论坛，开展创新创业实践。

（六）改革教学和学籍管理制度

各高校要设置合理的创新创业学分，建立创新创业学分积累与转换制度，探索将学生开展创新实验、发表论文、获得专利和自主创业等情况折算为学分，将学生参与课题研究、项目实验等活动认定为课堂学习。为有意愿有潜质的学生制定创新创业能力培养计划，建立创新创业档案和成绩单，客观记录并量化评价学生开展创新创业活动情况。优先支持参与创新创业的学生转入相关专业学习。实施弹性学制，放宽学生修业年限，允许调整学业进程、保留学籍休学创新创业。设立创新创业奖学金，并在现有相关评优评先项目中拿出一定比例用于表彰优秀创新创业的学生。

（七）加强教师创新创业教育教学能力建设

各地区、各高校要明确全体教师创新创业教育责任，完善专业技术职务评聘和绩效考核标准，加强创新创业教育的考核评价。配齐配强创新创业教育与创业就业指导专职教师队伍，并建立定期考核、淘汰制度。聘请知名科学家、创业成功者、企业家、风险投资人等各行各业优秀人才，担任专业课、创新创业课授课或指导教师，并制定兼职教师管理规范，形成全国万名优秀创新创业导师人才库。将提高高校教师创新创业教育的意识和能力作为岗前培训、课程轮训、骨干研修的重要内容，建立相关专业教师、创新创业教育专职教师到行业企业挂职锻炼制度。加快完善高校科技成果处置和收益分配机制，支持教师以对外转让、合作转化、作价入股、自主创业等形式将科技成果产业化，并鼓励带领学生创新创业。

（八）改进学生创业指导服务

各地区、各高校要建立健全学生创业指导服务专门机构，做到“机构、人员、场地、经费”四到位，对自主创业学生实行持续帮扶、全程指导、一站式服务。健全持续化信息服务制度，完善全国大学生创业服务网功能，建立地方、高校两级信息服务平台，为学生实时提供国家政策、市场动向等信息，并做好创业项目对接、知识产权交易等服务。各地区、各有关部门要积极落实高校学生创业培训政策，研发适合学生特点的创业培训课程，建设网络培训平台。鼓励高校自主编制专项培训计划，或与有条件的教育培训机构、行业协会、群团组织、企业联合开发创业培训项目。各地区和具备条件的行业协会要针对区域需求、行业发展，发布创业项目指南，引导高校学生识别创业机会、捕捉创业商机。

（九）完善创新创业资金支持和政策保障体系

各地区、各有关部门要整合发展财政和社会资金，支持高校学生创新创业活动。各高校要优化经费支出结构，多渠道统筹安排资金，支持创新创业教育教学，资助学生创新创业项目。部委属高校应按规定使用中央高校基本科研业务费，积极支持品学兼优且具有较强科研潜质的在校学生开展创新科研工作。中国教育发展基金会设立大学生创新创业教育奖励基金，用于奖励对创新创业教育作出贡献的单位。鼓励社会组织、公益团体、企事业单位和个人设立大学生创业风险基金，以多种形式向自主创业大学生提供资金支持，提高扶持资金使用效益。深入实施新一轮大学生创业引领计划，落实各项扶持政策和服务措施，重点支持大学生到新兴产业创业。有关部门要加快制定有利于互联网创业的扶持政策。

三、加强组织领导

（一）健全体制机制

各地区、各高校要把深化高校创新创业教育改革作为“培养什么人，怎样培养人”的重要任务摆在突出位置，加强指导管理与监督评价，统筹推进本地本校创新创业教育工作。各地区要成立创新创业教育专家指导委员会，开展高校创新创业教育的研究、咨询、指导和服务。各高校要落实创新创业教育主体责任，把创新创业教育纳入改革发展重要议事日程，成立由校长任组长、分管校领导任副组长、有关部门负责人参加的创新创业教育工作领导小组，建立教务部门牵头，学生工作、团委等部门齐抓共管的创新创业教育工作机制。

（二）细化实施方案

各地区、各高校要结合实际制定深化本地本校创新创业教育改革的实施方案，明确责任分工。教育部属高校需将实施方案报教育部备案，其他高校需报学校所在地省级教育部门和主管部门备案，备案后向社会公布。

（三）强化督导落实

教育部门要把创新创业教育质量作为衡量办学水平、考核领导班子的重要指标，纳入高校教育教学评估指标体系和学科评估指标体系，引入第三方评估。把创新创业教育相关情况列入本科、高职高专、研究生教学质量年度报告和毕业生就业质量年度报告重点内容，接受社会监督。

（四）加强宣传引导

各地区、各有关部门以及各高校要大力宣传加强高校创新创业教育的必要性、紧迫性、重要性，使创新创业成为管理者办学、教师教学、学生求学的理性认知与行动自觉。及时总结推广各地各高校的好经验好做法，选树学生创新创业成功典型，丰富宣传形式，培育创客文化，努力营造敢为人先、敢冒风险、宽容失败的氛围环境。

国务院办公厅
2015年5月4日
（此件公开发布）

国务院办公厅关于进一步支持大学生创新创业的指导意见

国办发〔2021〕35号

各省、自治区、直辖市人民政府，国务院各部委、各直属机构：

纵深推进大众创业万众创新是深入实施创新驱动发展战略的重要支撑，大学生是大众创业万众创新的生力军，支持大学生创新创业具有重要意义。近年来，越来越多的大学生投身创新创业实践，但也面临融资难、经验少、服务不到位等问题。为提升大学生创新创业能力、增强创新活力，进一步支持大学生创新创业，经国务院同意，现提出以下意见。

一、总体要求

以习近平新时代中国特色社会主义思想为指导，深入贯彻落实党的十九大和十九届二中、三中、四中、五中全会精神，全面贯彻党的教育方针，落实立德树人根本任务，立足新发展阶段、贯彻新发展理念、构建新发展格局，坚持创新引领创业、创业带动就业，支持在校大学生提升创新创业能力，支持高校毕业生创业就业，提升人力资源素质，促进大学生全面发展，实现大学生更加充分更高质量就业。

二、提升大学生创新创业能力

（一）将创新创业教育贯穿人才培养全过程。深化高校创新创业教育改革，健全课堂教学、自主学习、结合实践、指导帮扶、文化引领融为一体的高校创新创业教育体系，增强大学生的创新精神、创业意识和创新创业能力。建立以创新创业为导向的新型人才培养模式，健全校校、校企、校地、校所协同的创新创业人才培养机制，打造一批创新创业教育特色示范课程。（教育部牵头，人力资源社会保障部等按职责分工负责）

（二）提升教师创新创业教育教学能力。强化高校教师创新创业教育教学能力和素养培训，改革教学方法和考核方式，推动教师把国际前沿学术发展、最新研究成果和实践经验融入课堂教学。完善高校双创指导教师到行业企业挂职锻炼的保障激励政策。实施高校双创校外导师专项人才计划，探索实施驻校企业家制度，吸引更多各行各业优秀人才担任双创导师。支持建设一批双创导师培训基地，定期开展培训。（教育部牵头，人力资源社会保障部等按职责分工负责）

（三）加强大学生创新创业培训。打造一批高校创新创业培训活动品牌，创新培训模式，面向大学生开展高质量、有针对性的创新创业培训，提升大学生创新创业能力。组织双创导师深入校园举办创业大讲堂，进行创业政策解读、经验分享、实践指导等。支持各类创新创业大赛对大学生创业者给予倾斜。（人力资源社会保障部、教育部等按职责分工负责）

三、优化大学生创新创业环境

（四）降低大学生创新创业门槛。持续提升企业开办服务能力，为大学生创业提供高效便捷的登记服务。推动众创空间、孵化器、加速器、产业园全链条发展，鼓励各类孵化器面向大学生创新创业团队开放一定比例的免费孵化空间，并将开放情况纳入国家级科技企业孵化器考核评价，降低大学生创新创业团队入驻条件。政府投资开发的孵化器等创业载体应安排30%左右的场地，免费提供给高校毕业生。有条件的地方可对高校毕业生到孵化器创业给予租金补贴。（科技部、教育部、市场监管总局等和地方各级人民政府按职责分工负责）

（五）便利化服务大学生创新创业。完善科技创新资源开放共享平台，强化对大学生的技术创新服务。各地区、各高校和科研院所的实验室以及科研仪器、设施等科技创新资源可以面向大学生开放共享，提供低价、优质的专业服务，支持大学生创新创业。支持行业企业面向大学生发布企业需求清单，引导大学生精准创新创业。鼓励国有大中型企业面向高校和大学生发布技术创新需求，开展“揭榜挂帅”。（科技部、发展改革委、教育部、国资委等按职责分工负责）

（六）落实大学生创新创业保障政策。落实大学生创业帮扶政策，加大对创业失败大学生的扶持力度，按规定提供就业服务、就业援助和社会救助。加强政府支持引导，发挥市场主渠道作用，鼓励有条件的地方探索建立大学生创业风险救助机制，可采取创业风险补贴、商业险保费补助等方式予以支持，积极研究更加精准、有效的帮扶措施，及时总结经验、适时推广。毕业后创业的大学生可按规定缴纳“五险一金”，减少大学生创业的后顾之忧。（人力资源社会保障部、教育部、财政部、民政部、医保局等和地方各级人民政府按职责分工负责）

四、加强大学生创新创业服务平台建设

（七）建强高校创新创业实践平台。充分发挥大学科技园、大学生创业园、大学生创客空间等校内创新创业实践平台作用，面向在校大学生免费开放，开展专业化孵化服务。结合学校学科专业特色优势，联合有关行业企业建设一批校外大学生双创实践教学基地，深入实施大学生创新创业训练计划。（教育部、科技部、人力资源社会保障部等按职责分工负责）

（八）提升大众创业万众创新示范基地带动作用。加强双创示范基地建设，深入实施创业就业“校企行”专项行动，推动企业示范基地和高校示范基地结对共建、建立稳定合作关系。指导高校示范基地所在城市主动规划和布局高校周边产业，积极承接大学生创新成果和人才等要素，打造“城校共生”的创新创业生态。推动中央企业、科研院所和相关公共服务机构利用自身技术、人才、场地、资本等优势，为大学生建设集研发、孵化、投资等于一体的创业创新培育中心、互联网双创平台、孵化器和科技产业园区。（发展改革委、教育部、科技部、国资委等按职责分工负责）

五、推动落实大学生创新创业财税扶持政策

（九）继续加大对高校创新创业教育的支持力度。在现有基础上，加大教育部中央彩票公益金大学生创新创业教育发展资金支持力度。加大中央高校教育教学改革专项资金支持力度，将创新创业教育和大学生创新创业情况作为资金分配重要因素。（财政部、教育部等按职责分工负责）

（十）落实落细减税降费政策。高校毕业生在毕业年度内从事个体经营，符合规定条件的，在3年内按一定限额依次扣减其当年实际应缴纳的增值税、城市维护建设税、教育费附加、地方教育附加和个人所得税；对月销售额15万元以下的小规模纳税人免征增值税，对小微企业和个体工商户按规定减免所得税。对创业投资企业、天使投资人投资于未上市的中小高新技术企业以及种子期、初创期科技型企业的投资额，按规定抵扣所得税应纳税所得额。对国家级、省级科技企业孵化器和大学科技园以及国家备案众创空间按规定免征增值税、房产税、城镇土地使用税。做好纳税服务，建立对接机制，强化精准支持。（财政部、税务总局等按职责分工负责）

六、加强对大学生创新创业的金融政策支持

（十一）落实普惠金融政策。鼓励金融机构按照市场化、商业可持续原则对大学生创业项目提供金融服务，解决大学生创业融资难题。落实创业担保贷款政策及贴息政策，将高校毕业生个人最高贷款额度提高至20万元，对10万元以下贷款、获得设区的市级以上荣誉的高校毕业生创业者免除反担保要求；对高校毕业生设立的符合条件的小微企

业，最高贷款额度提高至300万元；降低贷款利率，简化贷款申报审核流程，提高贷款便利性，支持符合条件的高校毕业生创业就业。鼓励和引导金融机构加快产品和服务创新，为符合条件的大学生创业项目提供金融服务。（财政部、人力资源社会保障部、人民银行、银保监会等按职责分工负责）

（十二）引导社会资本支持大学生创新创业。充分发挥社会资本作用，以市场化机制促进社会资源与大学生创新创业需求更好对接，引导创新创业平台投资基金和社会资本参与大学生创业项目早期投资与投智，助力大学生创新创业项目健康成长。加快发展天使投资，培育一批天使投资人和创业投资机构。发挥财政政策作用，落实税收政策，支持天使投资、创业投资发展，推动大学生创新创业。（发展改革委、财政部、税务总局、证监会等按职责分工负责）

七、促进大学生创新创业成果转化

（十三）完善成果转化机制。研究设立大学生创新创业成果转化服务机构，建立相关成果与行业产业对接长效机制，促进大学生创新创业成果在有关行业企业推广应用。做好大学生创新项目的知识产权确权、保护等工作，强化激励导向，加快落实以增加知识价值为导向的分配政策，落实成果转化奖励和收益分配办法。加强面向大学生的科技成果转化培训课程建设。（科技部、教育部、知识产权局等按职责分工负责）

（十四）强化成果转化服务。推动地方、企业和大学生创新创业团队加强合作对接，拓宽成果转化渠道，为创新成果转化和创业项目落地提供帮助。鼓励国有大中型企业和产教融合型企业利用孵化器、产业园等平台，支持高校科技成果转化，促进高校科技成果和大学生创新创业项目落地发展。汇集政府、企业、高校及社会资源，加强对中国国际“互联网+”大学生创新创业大赛中涌现的优秀创新创业项目的后续跟踪支持，落实科技成果转化相关税收优惠政策，推动一批大赛优秀项目落地，支持获奖项目成果转化，形成大学生创新创业示范效应。（教育部、科技部、发展改革委、财政部、国资委、税务总局等按职责分工负责）

八、办好中国国际“互联网+”大学生创新创业大赛

（十五）完善大赛可持续发展机制。鼓励省级人民政府积极承办大赛，压实主办职责，进一步加强组织领导和综合协调，落实配套支持政策和条件保障。坚持政府引导、公益支持，支持行业企业深化赛事合作，拓宽办赛资金筹措渠道，适当增加大赛冠名赞助经费额度。充分利用市场化方式，研究推动中央企业、社会资本发起成立中国国际“互联网+”大学生创新创业大赛项目专项发展基金。（教育部、国资委、证监会、建设银行等按职责分工负责）

（十六）打造创新创业大赛品牌。强化大赛创新创业教育实践平台作用，鼓励各学段学生积极参赛。坚持以赛促教、以赛促学、以赛促创，丰富竞赛形式和内容。建立健全中国国际“互联网+”大学生创新创业大赛与各级各类创新创业比赛联动机制，推进大赛国际化进程，搭建全球性创新创业竞赛平台，深化创新创业教育国际交流合作。（教育部等按职责分工负责）

九、加强大学生创新创业信息服务

（十七）建立大学生创新创业信息服务平台。汇集创新创业帮扶政策、产业激励政策和全国创新创业教育优质资源，加强信息资源整合，做好国家和地方的政策发布、解读等工作。及时收集国家、区域、行业需求，为大学生精准推送行业和市场动向等信息。加强对创新创业大学生和项目的跟踪、服务，畅通供需对接渠道，支持各地积极举办大学生创新创业项目需求与投融资对接会。（教育部、发展改革委、人力资源社会保障部等按职责分工负责）

（十八）加强宣传引导。大力宣传加强高校创新创业教育、促进大学生创新创业的必要性、重要性。及时总结推广各地区、各高校的好经验好做法，选树大学生创新创业成功典型，丰富宣传形式，培育创客文化，营造敢为人先、宽容失败的环境，形成支持大学生创新创业的社会氛围。做好政策宣传宣讲，推动大学生用足用好税费减免、企业登记等支持政策。（教育部、中央宣传部牵头，地方各级人民政府、各有关部门按职责分工负责）

各地区、各有关部门要认真贯彻落实党中央、国务院决策部署，抓好本意见的贯彻落实。教育部要会同有关部门加强协调指导，督促支持大学生创新创业各项政策的落实，加强经验交流和推广。地方各级人民政府要加强组织领导，深入了解情况，优化创新创业环境，积极研究制定和落实支持大学生创新创业的政策措施，及时帮助大学生解决实际问题。

国务院办公厅

2021年9月22日

（此件公开发布）